北京石刻艺术博物馆 编

北京地区近代石刻选粹

学苑出版社

图书在版编目（CIP）数据

北京地区近代石刻选粹 / 北京石刻艺术博物馆编. —— 北京：学苑出版社，2019.1
ISBN 978-7-5077-5655-5

Ⅰ．①北… Ⅱ．①北… Ⅲ．①石刻－汇编－北京－近代 Ⅳ．①K877.4

中国版本图书馆CIP数据核字(2019)第013684号

出 版 人：孟　白
责任编辑：潘占伟
印制总监：张　翔
出版发行：学苑出版社
社　　址：北京市丰台区南方庄2号院1号楼
邮政编码：100079
网　　址：www.book001.com
电子信箱：xueyuanpress@163.com
联系电话：010－67601101（销售部）　67603091（总编室）
经　　销：新华书店
印 刷 厂：北京信彩瑞禾印刷厂
开本尺寸：889×1194　1/16
印　　张：24
字　　数：510千字
版　　次：2019年5月第1版
印　　次：2019年5月第1次印刷
定　　价：380.00元（精装）

课题组组长：明晓艳

副 组 长：王晓静　　王宏辉

执 行 主 编：王晓静

撰 稿 人：明晓艳　　王晓静　　王宏辉　　熊　鹰

　　　　　　张永平　　李　巍　　滕艳玲　　李　菁（北京奥运博物馆）

摄　　　影：王宏辉　　王晓静

凡 例

一、本书系著录北京地区近代石刻之著作，是1998—2000年北京市文物局课题"北京近代名人名碑"（2000年6月结题）的扩展和深化。2010年以来北京市的行政区划有过两次变更，本书收录石刻原址及现存地点，仍按2010年前的行政区划进行著录。

二、收录石刻年代：1840—1949年。

三、收录石刻范围：北京地区的各类文字石刻，包括摩崖、刻石、碑碣、墓志等。

四、行文格式：一石或一组石刻为一条。每一条首列名称，下系年代、额题、首题、书撰人、形制、纹饰、尺寸、书体、来源等，并附有简略按语，简述石刻现状、流传经历或相关人物、事件等。其后，著录石刻文字。

五、石刻中有漫漶无法辨识的文字，用"□"表示，一个"□"表示一字；连续多字漫漶，又无法确定泐文字数，用"☒"表示；石刻文字现已漫漶，但根据相关文献或做合理推测补录的文字，外加方框表示，如"囚"。文字转行用"｜"表示。

六、本书所收录石刻文字，概遵照原文，以规范简体字录文，并保留碑别字。

七、本书所收录石刻，按时间排序。基本原则是：时间准确者放前，模糊者放后。

北京地区近代石刻概述

王晓静

北京素有刻石立碑的传统。从北京最早的铭文石刻——东汉的秦君神道柱算起，迄今已有近两千年的历史。北京地区石刻数量巨大，尤以明清为最；种类繁多，有摩崖、造像、碑碣、墓志、刻经、法帖等；题材广泛，内容丰富；各类石刻造型精美，镌刻精良，颇有帝都气派。蔚为壮观的房山石经，堪称人类文化瑰宝；快雪堂帖、三希堂法帖以及赵孟頫书写的《张天师神道碑》等，可谓书法艺术珍品；进士题名碑是传统科举制度的历史见证；传教士墓碑则为中西文化交流的珍贵实物。明清时期的北京石刻在规格和气势上超迈前代，尤其在乾隆时期，石刻种类繁多，数量巨大，丰碑广立，雕饰精美，在形式上也有所创新，出现了四面碑、卧碑等，雍容气派，形式规矩严谨，体现了帝都风范。总之，北京石刻具有重要的历史价值和艺术价值，诚可谓一部反映北京历史文化与社会生活的历史档案和百科全书。

从北京地区石刻的发展史看，经过明清尤其是康乾盛世的高度繁荣，近代石刻可说是进入了相对的低谷时期。这一时期，石刻在种类和形式上不再有发展和创造，与前代相比最显著的变化是丰碑巨制明显减少。丰碑的减少主要表现在体现皇家风范与帝都气派的御制碑、敕赐碑、敕建碑、谕祭碑、圣旨碑的减少。究其原因，近代中国的内忧外患使皇帝贵胄们无闲情雅兴以抒怀，战乱饥荒也确无文治武功可吹嘘，近代石刻的整体雕刻水平亦逊于前代。

但是，北京地区的近代石刻自有其独特的价值。1840年至1928年，北京作为全国的政治、经济、军事和文化中心，其地位的重要性是其他城市无可比拟的，加之近代社会的复杂多变，决定了近代北京石刻具有超越前代的丰富内涵和珍贵的历史价值。

石刻资料由于具有丰富的史料价值、艺术价值，为传统金石家、史学家所重视并被著录、研究。有关北京石刻的书籍卷帙浩繁，如《日下旧闻考》、《八琼室金石补证》、《雪屐访碑录》等，但这些书籍因成书年代较早，基本未收录近代石刻。中华人民共和国成立以来出版的《明清北京工商会馆碑刻》、《北京图书馆藏中国历代石刻拓本汇编》等，著录了一些近代的碑刻。21世纪以来，北京石刻艺术博物馆在对全市石刻文物进行普查、整理的基础上出版了一些石刻学方面的专著，如《新中国出土墓志·北京卷》、《北京地区摩崖石刻》、《北京石刻艺术博物馆藏石刻拓片编目提要》、《新日下访碑录》（已出版有房山卷、石景山卷、门头沟卷、大兴卷、通州卷、顺义卷）等；一些区县出版了文物志或石刻志，如《门头沟文物志》、《妫川碑石》等。这些著作对近代石刻有所著录，但系统地考察、著录、整理和研究北京地区近代石刻的专著尚未见问世；就目前石刻学的整体研究状况而言，学界普遍比较重视对早期石刻的著录、整理和研究。

事实上，不仅是石刻学界对近代石刻重视程度不够，目前的文物博物馆界也普遍对近现代文物不够重视，并影响其搜集、整理、收藏和研究。随着现代科学技术和经济建设的快速发展，社会生产、生活和物质条件迅猛改善，近现代历史上各类具有重要价值的实物资料（包括近代石刻文物）正在加速灭亡，抢救保护工作日趋紧迫，刻不容缓。

著名的近代史学家陈旭麓先生说："近代中国是我们祖国刚刚走过来的昨天，与我们的生活如此亲切，它的遭遇和前进更不能不使我们百回千转地思之了。"但是记录和反映我们的昨天和亲切生活的近代石刻却面临着调查研究欠缺、保护不力的窘境。本课题拟将北京地区零碎的近代石刻材料汇集起来，运用石刻学理论和方法进行系统的整理、著录和研究，以期发掘北京地区近代石刻的价值，填补北京地区近代石刻及相关研究方面的空白。

北京近代石刻的收录范围为立碑时间在1840年至1949年的北京地区的各类石刻。

近代石刻的数量目前尚无确切统计，《北京图书馆藏北京石刻拓片目录》收录了近代石刻约2000种，仅次于清前期，较明代的1100余种为多。这个数字离实际的数目还有一定的差距。近代石刻的数量巨大，北京的18个区县（现为16个区）均有分布。

近代石刻在种类上没有变化，有碑碣、墓志、塔铭、经幢、摩崖、题名题记等，但形式有一些新的特点。如墓碑，它是陵墓建筑的重要组成部分，长期以来，是身份和等级的象征，因而碑的形制和大小有严格规定，《清史稿·志六十八》关于品官丧礼的碑制规定："其墓门勒碑，公、侯、伯螭首高三尺二寸，碑身高九尺，广三尺六寸，龟趺高三尺八寸。一品螭首，二品麒麟首，三品天禄辟邪首。四至七品圆首方趺，首视公、侯、伯递杀二尺至尺八寸止，碑身递杀五寸至五尺五寸止，广递杀二寸至二尺二寸止，趺递杀二寸至二尺四寸止。"民国以前，北京作为帝都，其墓碑形制规矩，谨守礼制，形式有螭首龟趺、螭首方座、方首方座、圆首方座等。但民国以后，体现专制和等级的碑制已不复存在，因此墓碑形式开始多样化，有仿古埃及的方尖碑，如孙中山先生奉安纪念碑，系1929年6月为纪念孙中山移灵南京中山陵奉安入葬而建；有塔幢式的，如三一八烈士公墓；也有组合式的，如辛亥滦州革命先烈纪念园，有立碑、幢、卧碑、塔等；还有自行设计的墓碑，如梁启超的墓碑即由著名建筑学家梁思成和林徽因设计。

值得一提的是摩崖。摩崖是指利用天然石壁以刻文纪事的石刻，是最原始的石刻种类之一，从先秦绵延至今，分布地域很广，尤其以陕西、河南、山东为最。北京地区摩崖从现存材料看始于北朝，隋、唐、辽、金均有发现，元、明、清至民国逐渐增多，蔚为大观。近代摩崖数量众多，内容广泛，多为名人书写，有较高的艺术价值。著名者有：海淀区樱桃沟梁启超题写的"退谷"摩崖、八大处公园林长民题写的"潴波"摩崖、海淀区温泉显龙山顶英敛之书写的"水流云在"摩崖、石景山区天泰山慈善寺和海淀区温泉辛亥滦州革命先烈纪念园等地冯玉祥题写的摩崖等。

近代北京汇集了众多名人，他们或籍贯北京，或在此游历、求学、考试、做官、经商等，或死后葬于此，因而在北京留下了众多的石刻，是其他地方无可比拟的，构成了北京独特的人文景观。许多门额、榜书为名人书写，如陈宝琛书"兴记"匾、吴佩孚书"长春会馆"匾、那桐书"清华学堂"、詹天佑书"清华园火车站"等。会馆石刻亦多为本省或本乡在京做官的人士撰写，如"新建安徽会馆碑""庐州会馆碑"为李鸿章撰文，"粤东会馆碑"为张阴桓撰文等。墓碑、墓志等更是荟萃了众多名人手笔，"王国维纪念碑"，陈寅恪撰文，林志钧书丹，马衡篆额；"韦素园墓碑"，鲁迅书写；"刘半农墓碑"，蔡元培撰文，钱玄同书丹，章太炎篆额。名人书写的碑刻题记更是数不胜数，朱琦撰文的《顾亭林先生祠记》、潘祖荫撰文的《福荫紫竹院碑》、康有为在袁崇焕祠墓的题记等，文笔、书法俱佳。北京的名人墓葬也非常多，有奕䜣、荣禄、李莲英、詹天佑、李大钊、王国维、梁启超、熊希龄、张绍曾、吴佩孚、佟麟阁、高君宇、石评梅等人墓葬，从而留下了可观的墓葬石刻。这些历史名人的史迹，具有较高的历史价值。

石刻为书法艺术的重要载体，汉隶、魏碑、唐楷、宋以后延续至清的刻帖，均与石刻结下了不解之缘。石刻记录了书法艺术的发展演变，使我们由此可窥见各时代的书法风格。近代处于书法史上的碑学兴盛时期，许多著名书法家在北京留下了珍贵的墨宝，如碑学著名代表人物康有为在袁督师庙书写了"袁督师庙"石门额、对联及《明袁督师庙记》等，其书法古朴雄劲、气势开张，有较高的艺术价值；冯玉祥隶书的摩崖《礼记·大同篇》气势宏伟，磅礴大气；张海若书丹的《陆母王太夫人墓碑》仿北齐书法。

从近代石刻中可看出近代人偏好隶书，潘仕成《京师番禺会馆碑记》，张海若《孙岳墓碑》，关崇谦《重兴灵光寺碑》《重修灵光寺碑》，甘鹏云《楚学精庐刻石》，冯玉祥辛亥滦州革命先烈纪念园摩崖、门额等，均为隶书。

近代石刻中也不乏雕刻精良的丰碑，如"僧格林沁祠碑"，原立于清政府为其所立的显忠祠。其因战功封亲王，故其祠堂碑的规格非常高，碑文为同治皇帝御制；通高514厘米，螭首方座，碑身阳阴的边框及两侧均雕龙，碑座四面雕二龙戏珠，均为高浮雕，碑文为满汉文合璧。此碑雕饰精美、华丽典雅、庄重气派，堪为官刻的代表作。"王锡彤妻赵蓉轩墓碣"，位于香山普觉寺王氏墓园内，高107厘米，宽179厘米，碑文为著名书法家张海若书丹，四周环刻精美的画像。此墓碣新颖别致，书、画、刻工俱佳，为民间石刻的代表。

碑刻的质量与刻工水平的高低有很大关系。近代石刻中也记载了一些著名刻工的名字。如琉璃厂的李月庭、陈云亭等，近代许多碑刻出自他们之手：孙岳墓碑、孙岳墓志、安平公所碑等为李月庭所刻；京兆通俗教育馆碑、行健会刊石等为陈云亭所刻。

近代石刻的价值主要体现在纪事铭史的历史作用，它们记录了近代北京历史的变迁，勾勒出百年近代史发展之脉络："任亮墓碑"记载了1860年英法联军火烧圆明园时，任亮奋起抵抗、英勇牺牲的经过；"辛亥滦州革命先烈纪念园"是1936年冯玉祥为纪念滦州起义殉难烈士而建，是辛亥革命的历史见证；"长城抗战古北口战役阵亡将士公墓碑"是为纪念抵抗日本侵略的古北口战役阵亡将士，带我们追忆了长城抗战的历史；众多的近代名人墓碑，还有现藏于北京石刻艺术博物馆的近代传教士狄仁吉、田嘉璧等人墓碑，是研究近代历史和人物的珍贵实物资料。

近代石刻也反映了中国从传统社会向现代化迈进的转型时期，北京社会的方方面面发生的深刻变化。近代石刻所涉及的内容非常广泛，包括政治、教育、工商业、公共事业、慈善事业、宗教、民俗等，简直称得上是一部地方史志。

政治制度方面，近代中国经历了从帝制、立宪到共和，法律、官制也随之变化。"司法部修建官廨碑"记载了晚清至民国初年中国司法制度称谓、机构建制、职能等方面的变化。

教育的变革表现在科举制度废除和各类大、中、小学堂的兴办，从"慧仙女工学校碑"、"金韵梅大夫墓碑"、"京兆通俗教育馆记"、"西南联大纪念碑"等碑刻中可窥见近代教育演进之历程。

工商业方面，碑刻中有不少关于工商业行会的成立沿革、行规、捐资情况、铺号人名等方面的内容，可窥见封建性质的行会向资本主义性质的同业公会演变的轨迹。

北京乘首都的天时、地利之便，为五方辐辏之地，商贾云集，商业繁盛，会馆碑刻提供了大量有关工商业行会的材料。"猪行公议条规碑"记录了猪行行规、管理制度、店铺名称及所祀行业神等。"如有新开猪店，必须在财神圣前献戏一天，设筵请客，方准上市生理。如不献戏、请客，同行之人，该不准其上市生理"，从中亦可见行会排挤外行商人加入本行、限制本行扩大经营及另开新号的落后性一面。"糖饼行碑"记载了本行业的工作时间及工钱等内容。

清末民初，资本主义工商业有了一定发展，但举步维艰，内有"胜清末叶，政体专制……横被苛吏之纷扰"，"民国二年，铺捐议起"，外有"欧风东渐"，在夹缝中生存的民族资本主义，为"角逐于商战之场"，开始树立"无分畛域、内外市商，皆得联为一体"的商界大团体意识，于是"萃群策群力，共同扶助"而成立了资本主义性质的京师商务总会和同业公会，外同列强商战，内向封建专制抗争。"五金业公会碑"为我们提供了该公会的成立背景、宗旨和机构组织情况。鞋靴行加入京师商务总会后，"平安日久，商务日兴"。"米面业公会碑"、"钱业公会刻石"等碑刻记录了从旧行会向资本主义性质的同业公会过渡的经过。

公共图书馆和博物馆也是近代以来出现的新生事物。公共图书馆、博物馆与古代藏书楼及私人收藏的不同之处在于后者重收藏，"束之高阁"，很少流通使用，而前者为面向公众开放的社会性机构。北京的近代图书馆萌芽于19世纪。辛亥革命后，北京的图书馆事业有了很大进步。"五四运动"后,呈现繁荣局面。从藏书楼到公共图书馆的建立,标志着社会的进步。"北平图书馆刻石"记录了北平图书馆成立的经过及发展、变迁,从中可看到近代图书馆事业发展之脉络。

近代北京地区的博物馆事业走在了时代前列。1876年京师同文馆设立的博物馆,是中国人创办博物馆的开始。1912年在北京建立的历史博物馆,是中国近代建立的第一个国立博物馆。"京兆通俗教育馆碑"、"观福开森古物刻石"等石刻是记录北京地区博物馆事业发展的珍贵史料。

公园作为"公共高尚娱乐场所",是文明都市的标志。公园是民国成立后出现的新事物,一些皇家禁苑如颐和园、社稷坛(中央公园)、地坛(京兆公园)、先农坛、景山等先后开放为公园,供市民游览休憩。"中央公园刻石"、"修京兆公园碑"等碑刻是其历史见证。平民可以游览皇家园林是民国的一件大事,表明至高无上的帝王尊严被打破,公园的创建也说明了北京已具有现代城市的雏形。

公益事业方面,从"庐凤义园碑"、"东北义园碑"、"整容行公益会碑"可知,周济贫病、养生送死的慈善事业多由同乡会馆或行业会馆举办,义园即为同乡或同行死后停灵埋葬之所。

北京的消防,历来为私设,如"安平公所碑"记载的安平水会,即民间创办的消防组织,后来发展到不仅救火,还集救济京师一带遭受水灾的灾民。

医疗卫生方面,晚清时传统中医占主要地位。民国时,北京市政府开始设立管理卫生的机构,引进西医,建立现代医院,西医逐渐在医疗中占据主导地位,中国人集资兴建了中央医院、儿童医院等。"太医院碑"、"创建中央医院碑"、"金韵梅墓碑"等反映了这段历史的变迁。

近代体育随着教会学校的创办传入北京。民国初年,西方各种体育项目被引入北京。学校方面,设体育课,并增设球类、田径等近代体育项目,运动场地亦有一定规模,从"开办学校操场碑"可知当时对学校体育的重视。社会体育方面,1915年4月,朱启钤发起组织行健会,会址设在中央公园,运动项目有棋球、投壶、网球、射击等,是北京官商界人士休息、娱乐的场所,记载这一史迹的"行健会刊石"展现了社会中上层人士重视体育的风气。

记录宗教内容的石刻数量相当多,涉及佛教、道教、伊斯兰教、天主教、基督教、东正教等,其中以佛教和道教数量最多。民国时期,伊斯兰教在北京的影响呈扩展趋势。1912年牛街阿訇王宽(字浩然)组织中国回教俱进会。1928年北京回族各界人士组建北平回民公会,在牛街和三里河清真寺留下了许多有关王宽、马福祥等回民著名人士的石刻,如"王浩然述德碑"、"马福祥捐资助学碑"等。北京的天主教石刻也较多,如四大教堂、正福寺墓地、马尾沟墓地等,均有不少近代石刻遗存。基督教(新教)、东正教在北京也有相当数量的石刻,如"通州公理会教友殉难碑"、"东正教俄国墓地墓碑"等,是近代基督教在京流传的历史见证。

近代石刻还保存了许多民俗方面的珍贵资料。在行业会馆碑刻中,有许多关于行业神崇拜的内容,如玉器行祖师爷为丘处机,绦行信仰哪吒,梨园行供奉喜神等。从大量的碑刻中亦可看出行会的公所，不仅是工商业同行开会议事的场所，共同祀神也是行会活动的重要内容。在东岳庙、妙峰山、慈善寺、戒台寺、潭柘寺中，保存了数量众多的庙会、进香、善会石刻，反映了近代北京普通百姓的风俗、信仰，及社会心理等。

近代石刻距今年代不远，有的距今仅几十年，由于不受重视，加上人为的破坏、时代的变迁，许多石刻已经不复存在或下落不明。幸运者如"四行储蓄会"匾，1927年四行储蓄会解体后被弃置一旁，后埋入天安门广场地下，1998年整修时才得以重见天日，现保存在北京石刻艺术博物馆。但许多近代石刻没有得到妥善保护，有些已经被毁坏了。因此，对近代石刻的保护、研究刻不容缓。对近代石刻的整理、保护和研究可以多层面地丰富北京近代史地研究，深化北京区域史、社会史研究，丰富北京作为历史文化名城的内涵，对增强首都人民的文物保护意识和历史自豪感具有积极的意义。

目 录

盛泉岩捐资铸钟摩崖碑 /1
太原会馆重修碑 /2
科道公捐松筠庵祀典刻石 /3
重修京都吉安义园碑 /5
山右会馆碑 /7
猪行公议条规碑 /8
玉行长春会馆重修碑 /9
庐州会馆刻石 /11
顾亭林先生祠刻石 /13
潜山义园碑 /15
都城越岘山馆刻石 /17
可园刻石 /19
任亮墓碑 /21
糖饼行碑 /23
重修庐郡会馆碑 /25
晋赠太傅文华殿大学士桂良之碑 /26
京师番禺会馆碑 /28
房山县保甲条款榜示碑 /30
正福寺公教公墓石座 /31
北极宫地基图像及地亩碑 /32
居庸关重修关帝庙创建魁星阁摩崖碑 /34
利公（空利）禅师碑 /36
翼城会馆重修碑 /39
重修广东旧义园刻石 /40
新建安徽会馆碑 /42

步军统领衙署内土地庙重修碑 /44
求贤坝碑 /46
庐州会馆碑 /48
中州乡祠重修并建嵩云草堂刻石 /49
嵩云草堂条规刻石 /52
玉虚宫重修碑 /54
药方碑 /56
味增爵会士狄公（仁吉）墓碑 /58
杭州会馆碑 /59
煤行公议碑 /60
豁免煤税碑 /62
王德榜修筑永定河题刻 /63
邱长春真人事实之碑 /64
昌平州严禁州役沿途勒索民财告示碑 /66
喀尔喀馆碑 /67
松筠庵刻石 /68
田嘉壁墓碑 /69
顺天府尹为给宛平县东芦城知悉告示碑 /72
福荫紫竹院碑 /74
重建紫竹院碑 /75
梨园聚议庙会碑 /76
天主堂迁建谕旨碑 /77
迁建天主堂碑 /79
成善水局碑 /80
达里布墓碑 /82

重修万寿寺戒坛碑 /83
北上二号漫口合龙将军显著灵异碑 /84
南海增广会馆碑 /86
绦行圣会碑 /88
重建万寿寺碑 /89
僧格林沁祠碑 /91
重修松筠庵景贤堂刻石 /93
施地租碑 /95
公田碑 /96
重修粤东会馆碑 /97
隆聚木厂地契碑 /99
经正书院碑 /100
创建经正书院碑 /104
云山别墅规条刻石 /108
通州公理会教友殉道碑 /110
克林德碑 /112
王友三、王浩然述德碑 /113
昌平州署重修碑 /116
天主教传教士新茔刻石 /118
光绪三十年甲辰恩科进士题名碑 /119
吴柳堂先生故宅碑 /130
万诚善会碑 /132
荣禄谕祭碑 /134
重建太医院碑 /135
成衣行重修浙慈馆三皇殿碑 /136
重修江阴会馆刻石 /137
三晋东馆西馆三忠祠重修碑 /138
玉皇庙改建学堂 /139
慧仙女工学校碑 /141
糖饼行北案重整行规碑 /144

糖饼行北案重整行规碑 /145
英亲王后裔绰公墓刻石 /147
詹天佑书"清华园火车站"石匾 /148
清花翎二品顶戴内廷大总管李公墓志碑 /149
皇清花翎二品顶戴内廷大总管李公墓地碑 /151
创办青韭园行历年功绩碑 /153
清宣统三年（1911）秋月 /153
那桐书"清华学堂"石额 /154
香冢刻石 /155
鹦鹉冢刻石 /156
里闬报德记碑 /157
"德胜门"匾 /158
靴鞋行财神会碑 /159
重修浮山会馆碑 /161
重建嵩云草堂刻石 /164
西峰寺溥儒摩崖诗刻 /165
龙岩新馆碑 /167
龙潭湖袁督师庙石刻一组 /169
袁公祠刻石 /178
海甸绅商为共和军保护治安捐资碑 /180
创建中央医院碑 /182
杨继盛狱中手植榆树刻石 /183
杨继盛狱中手植榆树歌刻石 /184
许文肃公（景澄）赞悕刻石 /185
司法部修建官廨碑 /187
东莞新馆刻石 /189
安平公所碑 /191
潞郡会馆纪念碑 /193
陆征祥家族祠墓石刻一组 /194
马福祥捐资助学碑 /213

第二监狱碑 /214
顾亭林祠刻石 /215
静园刻石 /217
翼城晋翼两馆并一碑 /218
整容行公益会碑 /219
地质调查所图书馆刻石 /222
熊希龄诗刻 /225
中国地学会新置会所碑 /226
五更月偈碑 /229
美国总统哈定雕像座 /231
京师凤阳会馆碑 /233
柳州会馆建置始末碑 /235
京城内外农圃研究所成立始末碑 /238
王金铭像座 /241
冯检阅使德政碑 /242
镇威军张总司令以工代赈创修永定河汽车路德政碑 /244
中央公园碑 /246
修京兆公园碑 /248
京兆通俗教育馆碑 /249
京师饭庄商会成立始末碑 /251
牛骨行行规碑 /253
"四行储蓄会"匾 /254
京兆女子蚕桑传习所校舍碑 /255
孙岳墓志 /256
"三一八"烈士墓表 /258
孙岳墓碑 /261
孙中山先生奉安纪念碑 /263
海宁王静安先生纪念碑 /264
梨苓公墓碑 /266
重修襄陵会馆碑 /269

国立北平图书馆碑 /270
创建徐州会馆刻石 /272
北平米面同业公会成立暨公廨告成始末碑 /274
北平止园图刻石 /276
韦素园墓碑 /278
陈瀚"黄金台诗"刻石 /279
帽行公会碑 /280
芝麻油业同业工会成立始末暨购置公廨碑 /281
重修南枣义园碑 /284
张绍增墓志 /286
李大钊墓碑 /289
长城抗战古北口战役阵亡将士公墓碑 /290
清真寺财产管理碑 /292
金韵梅大夫墓碑 /293
梨苓公墓碑 /295
西苑驻军公墓碑 /299
北平市五金业同业公会创立纪念碑 /301
陶然亭记刻石 /303
长春会馆碑 /304
楚学精庐碑 /307
张文襄公祠堂碑 /310
故国务总理兼交通总长潘公（复）墓志铭盖 /313
观福开森古物刻石 /314
滦州起义诸先烈纪念塔塔铭 /315
"培根女学校"匾 /318
刘半农墓碑 /319
故音乐大师刘天华墓碑 /326
推断尺刻石之一 /328
推断尺刻石之二 /329
行健会刊石 /330

奉天会馆碑 /332
碑林刻石 /334
"教忠坊"匾发现刻石 /335
柳林居故村附近迁移公墓纪念碑 /336
铁良墓志 /337
通州事件棉花关系殉职者慰灵碑 /340
北平余氏宗祠刻石 /342
武庙历代名将传赞刻石一组 /344
五色鹦鹉冢刻石 /347
李君创设玉器商场碑 /348

钱业公会记刻石 /350
白乙化纪念碑 /354
玄奘灵骨塔铭 /356
宛平县人民八年抗战为国牺牲烈士纪念碑 /357
吴佩孚墓志 /361
航空创办人陆军中将秦公国镛墓碑 /363
高步瀛墓碑 /364
中兴通教寺碑 /365
雷孙秀英静宜女士墓碑 /367
张西曼教授之墓 /368

盛泉岩捐资铸钟摩崖碑

清道光二十三年（1843）上春月吉日

额题：万古流芳

摩崖碑方首云纹，无座，通高123厘米，宽56厘米。额文双钩正书，碑文正书。

碑摩刻于门头沟区木城涧岩里沟盛泉岩道观遗址附近崖壁。

按：碑为民间石刻，文中别字较多。碑文记载附近村民为盛泉岩道观捐资铸钟的情况。遗址向北不远，有古道通往王平口关城，再北行里许为玉成桥。

录文：

额题：万古」流芳」

伏以善台若问碑碣所写何故？次道光己亥年有南土洪都尹喜祖派玄门弟子久在」京都白云观常住，丙申年天仙戒考诸子三十八名、号玉明子，发慧归山，游方到此山」口，见广慧门窣合我情也，又见岩篇先世明朝加（按："加"字当为"嘉"之误）靖释子创立，优（按："优"当为"又"之误）见殿上香炉二世大」清康熙二十一年玄门弟子重修，中世弟子只望到此函养，谁知德浅事搅乱，因铸钟」前事未成，后从化王平口村置钟一口。衲者坐思前后事，务立碑一块，为记中世人不」能责修以等后世有福人到来，乘修先世之福地。办买平阜门玉皇阁钟一口，」沿柳沟盛泉岩次立重修。□后摆□数载，衲者自来开山募化安□，王平口合村施钱拾」三吊五佰文，禅堂、白道、小店、王平口四村共施香灯月米，大台村牛升毕常施费用□。」廿一年同至，廿

盛泉岩捐资铸钟摩崖碑

二年住持钱粮短少无法可化，因尤铸钟，出帖更改卧龙山赛天宫募」化。十方善台首士开列于左：」

（以左8行为捐资题名，列有村落名、人名及捐资数目，从略）」

大清道光二十三年上春月吉日立。」

1

太原会馆重修碑

清道光二十五年（1845）岁次乙巳秋八月望日（十五）

额篆：重修碑记

贾克慎撰文并书丹

碑身拓高112厘米，宽68厘米；额拓高、宽均18厘米。额文篆书，碑文正书。

碑原址在宣武区储库营胡同路北15号太原会馆内，现下落不详。中国国家图书馆存拓片。

按：太原会馆分东西两部分，东部为会馆，西部为乡贤祠和阎若璩寓所。中华人民共和国成立后辟为民宅。

录文：

额篆：重修｜碑记｜

吾郡会馆自创建以来，修葺者屡矣，然工不甚大，费易集而事易兴。今则岁久｜失修，残毁已甚。往年夏，武蓉洲工部，渠石臣兵部，孟又章、郭棣园两比部慨焉｜有重修之意，商之于余，余颇以工费浩繁为虑。诸君谓，宜先谋之诸商人。因订｜期集议，诸商人愿共捐钱若干缗，计尚不足费之半耳。余复与在京诸公竭力｜捐助，并寓书郡绅之官于四方者。以壬寅岁二月兴工，至明年八月始蒇事，其｜乐楼、庭院一仍旧观，惟车门及东北隅各屋稍为变通。非率更曩规，凡以利居｜止也。是役也，工阅一载，费逾万缗，非又章之勇于任事，蓉洲、棣园之精于谋画，｜与夫同郡士商之好义急公，盖未易易。余惟司其出纳，与诸君子乐观厥成而｜已。工既竣，略识颠末，俾览者知大工不易举、重费不易集，偶有残朽，以时补葺，｜无负乡先达当日创建之意焉可。本馆地址：东邻李宅，西接四川会馆，南、北俱临街。｜

经理人孟先颖、武蔚文、郭景僖。｜

道光二十五年岁次乙巳秋八月望日，贾克慎并书。｜

科道公捐松筠庵祀典刻石

清道光二十七年（1847）仲秋月（八月）谷旦

首题：科道公捐松筠庵祀典记

刻石中部断裂，个别文字漫漶。石高32厘米，宽96厘米，厚8厘米。刻石文字正书。

刻石原址应在宣武区达智桥松筠庵，不知何故弃在上斜街置道旁砖堆，中部断裂，个别文字漫漶。1983年11月6日征集，现藏北京石刻艺术博物馆。

按：杨继盛（1516—1555），字仲芳，号椒山，河北容城人。明代嘉靖年间著名谏臣，因上《请诛贼臣疏》，力劾严嵩"五奸十大罪"，下狱后遇害，年仅40岁。后人为纪念他，将其位于宣武门外的故居改为松筠庵。

录文：

科道公捐松筠庵祀典记」

松筠庵在宣武门西，前明杨忠愍公之」故宅也。为堂数楹，中肖公像，而以当时」奔走赴难者从祀左右；后堂并祀公夫」人及两公子，如汤阴岳庙仪。祀典久虚，」论者惜之。道光四年汉科道景仰英规，」肇行秋祭，醵署中公使钱为每岁牲醴」香灯之用。十四年，满科诸公一体捐资」入祀，而满道及河南掌道不与焉。二十」七年秋大集同台，议均神贶，乡之不与」祭者咸请捐助，人无异辞。于是谏垣八」十人均襄祀事矣。谨案，忠愍疏劾分宜」与唐周子谅弹牛仙客事相等，而周君」奕世之后声沈响寂，柳子厚作碣已不」能举其名字。公死事之日距今三百年，」谏草犹存，旧庐宛在，馨香俎豆赫然，与」武穆争光，固公之丹炳有以自永于天」壤间，亦由二三君子发潜阐幽、肃将禋」祀之故。用是纪其颠末，以谂来者俾捐助，永奉成规，庙祀克垂久远，则所以风」□言官，为」朝廷除邪佞，为宇宙植纲常。埋轮折槛」之风未始，非此作之气也，后之君子其」无忽诸？！」

规条列左：」

一、每岁八月十六日秋祭，届时质明科道公」服诣庙，行一跪三叩礼。」

一、祭品用赠卿礼，谨遵」会典昭忠祠四品卿仪式，羊一、豕一、果实五盘」（红枣、荔枝、龙眼、□□、桃），锡尊一、锡爵三、帛匣一。」

一、满汉科道每位岁捐香资银一两贰钱，六」科由户科于七月饭银内扣发，十五道由」京畿道于河东两广饭银内扣发，河南、满」汉掌道自于秋季饭银内扣发，交住持僧」具领，置备香灯祭品□□之用。」

道光二十七年仲秋月谷旦阖台公立。」

京畿道御史花咏春、史佩玱、恩符、荣椿、田润恭录勒石。」

松筠庵照片一组

重修京都吉安义园碑

清道光二十八年（1848）岁次戊申孟冬月（十月）

首题：重修京都吉安义园碑记

郡人黄赞汤记

石为嵌墙横石，高95厘米，宽32厘米，厚9厘米。刻石文字正书。

刻石于1993年10月7日征集自宣武区广内大街153号，现藏北京石刻艺术博物馆。

按：宣武区广安门大街清泰寺有清道光二十四年（1844）七月一日刻"重修吉安义园碑"一通，署"前云南盐法道郡人王赠芳撰"，可为参照。

录文：

重修京都吉安义园碑记」

京都二忠祠落成，郡人有为余言者曰："义」园围墙几尽塌，牧者、樵者、闲游者俱往来」其中，墓且渐平，久之，基址且弗考。非可岁」月待者，盍急图之？"余思义园，亦死者旅舍」也。葬于此者，其父母、后嗣曾无一盂茶浇，」惟乡人是赖。顾乡人坐视其不能安处，于」心安乎？爰集郡人在京者，倡为永图。拟搜」节公帑，治砖而翼之。周勤垣墉而工费几」何？曰若干。墍茨之，几何？曰若干。公帑余几」何？曰乌有。随谋合捐之。列数等，某某应助」如许，某某杀，某某再杀，合得三百余金，尚」未足以蒇事。因先称贷以益之，俟邮书京」外好施者，补其不足以偿之。佥议曾君子」苏董其事，以其监修二忠祠，始终无懈无」私也。曾君购料鸠工，朝夕经画，逾月而竣」。共修围墙长一百二十一丈，高六尺，砖俱」用整，砌俱用灰。坟共修四百三十三冢。又」于门内西偏东向，盖瓦房一间，厅长一丈」二尺，宽一丈五寸，阶俱用石，地俱用砖，加」之丹雘，为岁时祭扫退坐之所。旧房渗漏」者治之，左右店房倾圮者并修之。计费京」钱一千八百余缗。呜呼！货恶其弃于地，力」恶其私于己。是役也，不私力，不弃货，咸谓」可以百年。虽然，百年有尽者也。余宦京师」十六载，目睹斯园之修者，壬寅、甲辰、至今，」兹凡三。无论未堪百年，诚百年矣，其又能」恝然置之耶？噫！是可以观今之人矣，是将」以观后之人矣。」

道光二十八年岁次戊申孟冬月，郡人黄」赞汤记。」

捐输芳名：」

都察院左副都御史庐陵黄赞汤银五十两」

刑部主事安福王坦银三十两」

翰林院编修庐陵彭□钟银三十两」

同知衔大兴县知县庐陵黄赞禹银三十两」

礼部主事安福周立瀛银三十两」

刑部主事庐陵王廷柱银三十两」

通政司知事庐陵萧奎文银三十两」

山西□补孟县知县庐陵康孔昭银三十两」

州同衔泰和萧品琼钱一百贰拾千」

广西思恩府司狱泰和曾春昂钱拾千」

湖南即补从九品吉水曾彦诚钱拾千」

职员庐陵熊树北钱叁拾千」

职员吉水李若钊钱贰拾千」

职员庐陵龚在忠钱拾千」

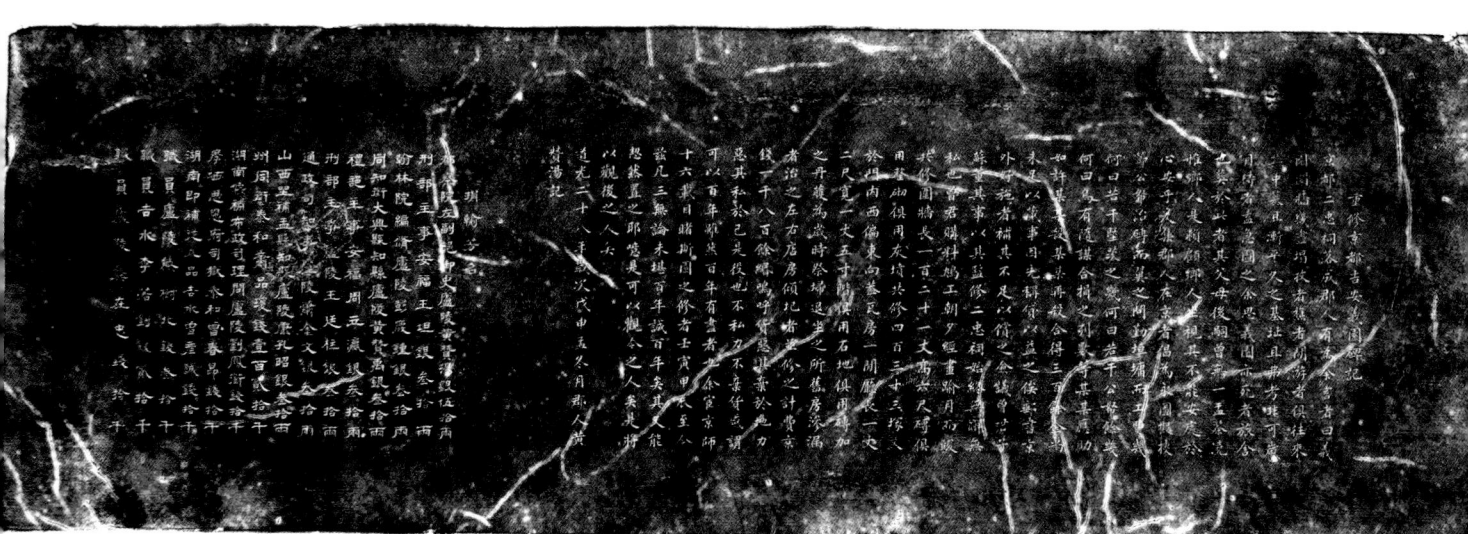

重修京都吉安义园碑拓片

山右会馆碑

大清道光二十九年（1849）菊月望日（九月十五）

额题：万古流芳

亿盛号李攀桂拜篆

诰授光禄大夫工部尚书加三级纪录三次杜受田拜书

阳、阴拓均高115厘米，宽95厘米；阳额拓高22厘米，宽21厘米。额文、碑文均正书。碑原址在崇文区清华街明因寺，已不存。中国国家图书馆存拓片。

按：山右即山西省。

录文：

额题：万古」流芳」

盖闻创立基业，时有兴而复衰；义在人谋，事遂成而不」败。兹缘明因寺街山右会馆历年久远，房宇、墙垣焕然」而固。经管会首本系数家，不意驹光迅速，各家渐次萧」条，仅余六必居一家管理。馆中虽有积项，乃逢敬祀之」期，既已举目无人，尤觉独力难支，且恐日久废弛，更难」振作。今拟临襄会馆谊切同乡，即将山右馆中字据、账」目归附在临襄馆，每届山右馆中嘉时吉日，约同临襄」俱赴山右欢聚，虔诚一体祭祀。至于一切需费，仍由山」右馆中出支。庶几山右旧业，不致败落泯灭，而敬祀得」以率由旧章。现在约同临襄诸位会首，率诚公议，意见」相同。惟恐他日别有异言，致乖善举，敬撰碑词，镌石立」碑，以昭永远。是为序。」

今将两馆归一各会首芳名开列于左。」

亿盛号李攀桂拜篆。」

诰授光禄大夫工部尚书加三级纪录三次杜受田拜书。」

大清道光二十九年菊月望日立。」

（碑阴）

众善太和坊李潭岩、段天智，涌福坊曹僖、杨福，元华坊张立、王家桢，寿昌号景堂、张景龙，六必居贾颐、李春发，通达号田自习、王久盛，德昌号冀方庆、王家祥，亿盛号李攀桂、李茂林，益顺公记张铃、赵永寿，鼎和号刘振、杨禄，玉生号张致恭、崔逢亮，鼎茂恒孔麟、王臣义，保和坊段文柄、孙万库，复昌号张禄、刘作栋，鸿昌号范文成、乔廷栋，聚和号陈光远、邓辛□，公隆号乔荣任、吕志，润和号白扩基、王世玺，泉和号杨佐杰、李溢，成玉号张晋安、景怀义，鼎和庆田万寿、范之周，福兴号苏训、张永法，南洪泰梁兆凤、孙㷱，聚泰号王万镒、乔□源，西隆泰号张禄、王林选公议立。

猪行公议条规碑

清道光二十九年（1849）九月十七日

额题：永垂不朽

碑身阳、阴拓均高 100 厘米，宽 55 厘米；阳额拓高 18 厘米，宽 16 厘米。额文、碑文均正书。阴刻财神圣会猪税局及猪店题名。

碑原址在西城区西四北大街真武庙，现下落不详。中国国家图书馆存拓片。

录文：

额题：永垂｜不朽｜

立议碑。西城右翼猪市，凡设立猪店，曾有议规。原议年例，凡我同行之人，每年｜财神献戏一天；新开猪店者，在｜财神圣前献戏一天，设筵请客，同行之人方许上市生理。此议之后，俱各遵守，并无异说。｜近年北张羊、王两家开张之时，并未献戏，请我同行。此皆年远日久，议规未申，以故｜废饬。今同行公议，重整行规，以申旧制。自议之后，如有新开猪店，必须在｜财神圣前献戏一天，设筵请客，方准上市生理。如不献戏、请客，同行之人，该不准其上市｜生理。所有公议条例开列于后：｜

一、议各店轮流置年，经理钱文；｜

一、议每年公择一人助理置年；｜

一、议各店卖猪一口，积钱六文；｜

一、议有新开猪店者，亦遵公议；｜

一、议所积钱文，每年于三月十六日公庆｜财神圣前献戏一天之用。｜

自议之后，如有半途废饬、不遵公议者，公中不准其生理。｜

道光二十九年九月十七日立。｜

（碑阴）

财神圣会会末人等：猪税局王文珍、王文佩，新李猪店曹经圃、郭久猪店郭宗孝、新郭猪店郭均、陈李猪店周永祥。

玉行长春会馆重修碑

清咸丰辛亥年〔元年（1851）〕仲秋（八月）吉日谷旦

额题：万古长春（阳）永垂不朽（阴）

碑方首座佚，碑首阳面刻二龙戏珠，阴面刻祥云纹。碑首身通高178厘米，宽61厘米，厚18厘米。额文、碑文均正书。碑阴列会馆房产及会首轮班情况。

碑原址在宣武区琉璃厂小沙土园，现藏北京石刻艺术博物馆。

按：石刻又名"玉行长春会馆馆产碑"。据碑阴记载，玉行长春会馆创自清乾隆五十四年。

录文：

额题：万古丨长春丨

启云：玉行公立长春会馆，已有年矣。兹因重修殿宇，创立碑记，以光前人之志，裕后人好丨善向义之端。敬将历来始创之由谨铭于左。于乾隆五十四年，蒙工部侍郎印成施助丨空地一块，在北城面沙土园，四至分明，报明批准，所盖殿宇房间，遵例赴县投税，过民红丨契纸一张。后又续盖灰棚，复于嘉庆庚辰年、道光戊戌（按：当为"戌"之误。）年、癸卯年并二十五年、二十六年、二丨十九年，经会末人等俱有添盖修补工程，共各添盖房若干间，使费银若干两，并具有底账，丨订本存记，共经手会末各位姓名，俱铭刻碑阴，一存誉望。及今经历多年，一切殿宇房间有丨无损坏不等之处，经本年会末值年人宝德斋王德兴经理添盖房间佛殿，诚供丨财神、邱祖、鲁班圣像，创立碑文。所为美事相传，以期久远，善因获报，理在必然。非为挟私媚福，实祈合行众丨等咸登福地，共叨安康之嘉荫也。丨

金琇、丨刘义、丨张长义、丨韩成瑞、丨王德兴、丨曹文举。丨

咸丰辛亥年仲秋吉日谷旦。丨

（碑阴）

额题：永垂丨不朽丨

谨记。于乾隆五十四年起建立，承办王、饶、傅、李。馆内现在房间数目铭刻于左：丨

前院大川堂三堂三间，耳房二间，东西厢房六间，西小平台一间。丨

后层佛殿三间，耳房二间，东西厢房六间，东平台二间。丨

西院头层正房三间，西平台一间，富有斋承盖。丨

二层正房四间，顺合斋承盖。丨

三层正房六间，西平台一间。丨

四层正房六间，西平台一间，宝德斋承盖。丨

五层正房三间，义古斋承盖。原有四间，二共七间。丨

六层正房七间，南平台一间，宝德斋承盖。丨

玉行长春会馆重修碑碑阳拓片

玉行长春会馆重修碑碑阴拓片

七层正房四间，义古斋承盖。」
八层正房六间，南房一间半，宝德斋承盖。」
门房二间，添盖大栅栏一间，宝德斋承盖。」
前后共计房七十六间半。」
咸丰元年六月初一日立。」
韩姓公同馆内民红契纸一章，交明望下轮流一年。」
账目、契纸、所管钱物、家居。」
本年王姓所管一年。」
金姓所管一年。」
张姓所管一年。」
曹姓所管一年。」
轮流四年，望下推班。」
如若在，请会首轮流推班。」

庐州会馆刻石

清咸丰三年（1853）癸丑孟秋（七月）

首题：庐州会馆记

合肥李文玕撰文

舒城孙观书丹

石为嵌墙横石，高 29 厘米，宽 57 厘米。石剥蚀甚，大部文字模糊不可辨。石刻文字正书。

石原址在宣武区白广路（宣武区珠市口西大街 130 号庐州会馆内），现藏北京石刻艺术博物馆。

按：石刻又名"庐凤义园碑记"。

庐州，即今安徽合肥。会馆现为民居。石剥蚀甚，大部文字模糊不可辨，据中国国家图书馆藏不缺字拓本补全信息。《清史稿》卷五十九载，庐州、安庆、凤阳三府相邻，舒城、合肥均隶庐州府。此义园为府立义园。

李文安（1801—1855），合肥人，清道光十八年（1838）进士，榜名李文玕，官至刑部督捕司郎中、记名御史，为李鸿章之父。

录文：

庐州会馆记」

道光戊戌春，里人谋醵金」置馆。嗣于西柳树井道南」得房三十六间葺之，壬寅」落成。咸丰壬子冬，粤匪窜」楚。里人在京者聚于馆，寓」书回里，遵」旨实行团练。今皖、池、滁、

庐州会馆刻石拓片

凤被贼，而庐州安堵，以团练故，抑﹂有是馆而气谊敦也。前己﹂酉，与凤属绅士公立义园﹂十二亩于崇效寺东偏，并﹂志之。铭曰：﹂

蓟北新馆，淮南古谊。拱翼﹂神京，永垂千禩。﹂

癸丑孟秋，合肥李文玕撰。﹂舒城孙观书丹。﹂

顾亭林先生祠刻石

清咸丰六年（1856）丙辰十月

首题：顾亭林先生祠记

后学桂林朱琦记

马平王锡振书丹并题跋

石为嵌墙横石，高32厘米，宽90厘米。石刻文字正书。

石在宣武区广安门内报国寺内顾亭林祠。

按：朱琦（1803—1861），清代文学家，岭西五大家之一。字伯韩，一说字濂甫，号伯韩，广西临桂人。道光十五年（1835）进士，官至御史，以直言敢谏与苏廷魁、陈庆镛合称"谏垣三直"。晚年总理杭州团练局，遇太平天国攻杭州被杀，赠太常寺卿。著有《怡志堂诗文集》。

录文：

顾亭林先生祠记」

道光二十三年十月，何子贞绍基、张石洲」穆创建顾先生祠于广宁门慈仁寺之西」南隅。既讫工，子贞纪以诗，石洲又辑先生」年谱刊之。大指以先生之学，博综经史，究」极天人王霸、古今治乱之故。其载之《日知」录》、《郡国利病》诸书，不为空言。说者谓先生」倡导绝学，庶几如汉经师，可百世祀者。先」生以征不起，尝一至京师，憩慈仁寺。爰即」其地规度为祠，揭虔妥灵，设木主以祀。其」祀，春、秋及先生生日，岁三举。又刊先生象」壁间，象为阳湖张仲远曜□摹。先生族孙」□又出先生中年遗象，别为长卷，置祠内。」岁甲辰二月，始释奠。自苗夔以次十四人，」书名卷末，琦亦与焉。为之主者，何、张二君」也。于是岁以为恒，祭必书。后三年，琦谒假」归。未几，子贞以母忧归，石洲病卒。三十年」十月，以石洲附祀先生右夹室，其事边袖」石、何愿船、黄子寿、陈颂南迭主之，最后则」孔君叙仲。然自是与祭者浸希矣，不及曩」昔之盛。当是时，海内方厌兵，士夫岌岌不」暇修文。而愿船以荐赴军，袖石出为巡道」南阳，琦及颂南先后被」命督乡团。又数年，琦谒选来都，是为」今天子御极之六年。其春，大比天下士，英」彦辐辏。于是集先生祠，补修禊事，事复盛。」会者三十三人，为诗歌咏之，酒半，感喟今」昔。又以先生祠日久陊剥，藩夷级摧。越月，」孔叙仲、叶润臣、汪仲穆诸君议新之。寺僧」出子贞书一纸，载建祠事甚核。先是，祠三」楹，两庑各五，其北以庋《宋元学案》书版，南」以备游谭，东南有小亭，下覆开成石井阑，」庖湢具焉，今皆芜不治。爰如子贞书，与寺」僧约，甃砖为垣，稍狭前制。其□桷余材，悉」推以子之。别藏《学案》于寺之侧室。工既藏，」属琦为记，又丐王君定甫书之石。先生名」绛，后更名炎武，世称亭林先生。其言行之」著者，已详石洲所辑年谱中，不复赘云。」

咸丰六年丙辰十月。后学桂林朱琦记。」马平王锡振书。」

顾先生祠,今慈仁寺侧,西室东向,三楹,」中龛祀先生主,右夹室以张穆、石洲配,」如旧规。其前庭大甓砖为垣。旧左右庑」东南开成井上亭,皆隤圮,不复治。余材」□桷瓴甓,推之寺僧。僧因吾材而为今」垣。其议,则记所谓缘子贞手书与僧约,」狭前制而为之也。祠中吴县潘曾玮置」祭器,今汉阳叶名澧捐石刻,记皆合书。呜呼!以前贤游迹所寄而景祀之,罔敢」废焉,后可考已。王锡振记又书。」

顾亭林先生祠记刻石拓片

潜山义园碑

大清咸丰七年（1857）岁在丁巳孟夏月（四月）谷旦
首题：潜山义园记
赐进士出身敕授承德郎刑部湖广司主事前翰林院庶吉士望江倪文蔚撰并书
碑方首座伏，通高193厘米，宽67.5厘米，厚20厘米。碑文正书。
碑原址在西城区阜成门外大街百万庄南街南口，现藏北京石刻艺术博物馆。
按：潜山为安徽省安庆府属县。倪文蔚（1823—1890），字茂甫，号豹岑，安徽望江人。清咸丰二年（1852）进士，三年任刑部主事。曾任广西、广东、河南巡抚、河东河道总督等职。

录文：

潜山义园记」

安庆旧有义园在崇文门外，为一郡设也。其地颇隘，葬几满。今春，同里陈君」盛江告以族人庚鉴与周君瀛买地一区，置潜山义园。潜为安庆属邑，地瘠」多山，民每轻去其乡，佣贩自给。近年，故乡兵火，避地北来者尤众。仓皇出险，」奔走衣食，谋生不遂，往往客死旅舍，无过而问者。幸而官给殓具，瘗之漏泽，」青磷白骨，丛杂于荒烟蔓草间，生不识为何方之民，殁不辨为谁氏之鬼。悲」夫！二君恻然，因有是举，此诚仁人君子之用心也！使天下之游斯土者，皆如」二君之用心，将无邑不有义园，俾死有所归，游魂无馁，岂不足以劝将来厚」风俗哉！故乐而为之记。」

赐进士出身」敕授承德郎刑部湖广司主事前翰林院庶吉士望江倪文蔚撰并书。」

大清咸丰七年岁在丁巳孟夏月谷旦立石。」

潜山义园碑

潜山义园记

安庆旧有义园在崇文门外为一郡设也其地颇隆舞幾湎今春同里陈君
盛江告以族人庚鑑与周君嬴員地一區置潜山义园潜为安庆属邑地瘠
多山民每轻去其乡佣販自给近年故乡兵燹避地而来者尤眾倉皇出險
奔走饮食謀生不遂往往容死骸舍無過而問者辜而官給瞼具座之漏澤
青烨白骨藉藉於荒垐设草間生不識為何方之民歿亦辨為誰氏之是悲
夫二君之用心將與邑不朽此义园之所以使天下之游斯土者皆願求瘞
二君之用心將與邑不朽此义园之所以使天下之游斯土者皆願求瘞
風俗哉故樂為之記
賜進士出身
勒授承德郎刑部湖南司主事俞翰林院庶吉士望江倪文蔚謹并書
大清咸豐七年歲在丁巳孟夏月敦旦

潜山义园碑拓片

都城越岘山馆刻石

清咸丰七年（1857）五月六日
首题：都城越岘山馆记
宗稷辰书丹

石为嵌墙横石，长82厘米，宽32厘米，厚9.5厘米。文字正书。

石原址在宣武区上斜街46号，现藏北京石刻艺术博物馆。

按：越岘山馆为浙江山阴、会稽在京试馆。宗稷辰亦号越岘山人，其所著《躬耻斋文钞》，即于清咸丰元年（1851）由越岘山馆刊行。

录文：

都城越岘山馆记」

宣武门外银湾上榭之街中立北向，有官」屋焉，昔多居贤达。三十年前，先执张翰山、」陈午桥两先生，后则汤海秋，皆以清直方」雅名。何小笠与稷辰始为吾乡邑馆接承」之，扣俸为官租数季，本以扩山阴、会稽试」士之居，称北馆焉。既而，同人疑屋不吉，又」病官租为累。余复勉自承之，遂名越岘山」馆。咸丰初，虚无居人。余在山中，尚借俸完」租。又数年，几缴退，以树槐茂长，滋不忍。自」前岁奏准官屋变价，询之山阴余仙圃，力」阻之曰"众弗然也"。商诸谭竹崖，亦不深许。」乃与会邑乡长王蓉坡藩等具公词，呈户」部，缴价银钞八百金，为会邑馆，给执照，为」世业。既定既安，余假寓于此，葺墙补牖，莳」竹艺华，箸文赋诗，食息无恙。稍迁谏职，」命习水功，行将翱翔河沛矣。顾此馆尚归」之会邑，究有所不安，且

都城越岘山馆刻石拓片

拟以出租，积租入」以为山、会两邑会试者举场小寓之资及」场后谦集之费。实为两邑，而名属一邑，于」理未顺，非足以垂久。会仙圃亦深悔前说，」乃以"竹箭凌云"扁于门，而馆名则仍越岘」之旧。越之岘在秦望山，固在两邑之交，不」独非一人所得私，亦非一邑所得擅也。馆」既公之两邑，其所缴之价与前接承汤氏」之款，自当公任之。除劳、葛、陈、钟、钱与余捐」助之外，未敷者济以邑馆捐余。从此，两邑」化其町畦，而昔疑此馆者今皆释然，以为」吉祥。小笠与余创作之过，庶可解免矣。夫」国之所营，许属之于民，民之所基，得欤之」于士，皆创也。创举必书，是不可以无记。爰」为之记。咸丰七年五月六日，宗稷辰书。」

劳崇光捐银二百两，陈镕捐银二百两，」

葛以简捐银二百两，钱万青捐□□二百两，」

钟殿选捐大钱二百千，宗稷辰捐俸银□□□，」

两邑公捐一百七十四两，缴银实」四百三十两□□□价修□□费。」

可园刻石

清咸丰十一年（1861）岁次辛酉孟夏（四月）

志和撰文并书丹

"可园"二字隶书横题，正文行楷。

石在东城区地安门外帽儿胡同可园内。

按：可园是清末光绪年间大学士文煜的宅第花园。文煜，字星岩，满洲正蓝旗人。这座宅园是仿苏州拙政园和狮子林而建，园虽小，但极可人意，故园主将其命名为"可园"。可园是北京保存较好的私家宅园之一，具有一定的艺术价值和历史价值。2006年成为全国重点文物保护单位。

录文：

可园｜

近世大夫置身通显，辄侈然谋所以自奉，谨厚者亦必植｜田畴，治生产，为子孙百世计，尟有知林泉之乐者。我｜叔父则不然。余家自高、曾以来，世以清白受｜国恩。吾祖光禄公诒谋滋大，先考荣禄公历官台鼎，家无私积，｜士林称焉。｜叔父继之由西曹出任监司，洊升方伯，所至有廉名。自军务既兴，奉｜命掌江南北兵糈历数年之久，出纳靡有浮费，以是结｜主知，排众议而畀之封圻。盖一介不苟，本于天性，而平生操履俭｜约，廉俸所入，辄以赡九族，济贫交，绝不事生产。少余，慨然谋｜林泉之乐，此可园之所由创也。｜

叔父曰："凫渚鹤州，以小为贵；云巢花坞，惟曲斯幽。若杜佑之樊川｜别墅，宏景之华阳山居，非所敢望，但可供游钓、备栖迟足矣。命｜名曰'可'，亦窃比卫大夫苟合苟完之意云尔。"园在｜皇城东北隅，拓地十弓，筑室百堵，疏泉成沼，垒石为山。凡一花一木之｜栽培、一亭一榭之位置，皆着意经营，非复寻常蹊径。落成，｜命和为记。和既不文，其何敢辞？窃按唐李卫公营东都平泉｜庄，自为记，或子孙鬻平泉及以平泉一树一石与人者，非吾子孙，｜亦自惜其经营之劳，而望后人世守其业。又如宋之司马温公，｜史称其恶衣菲食，不系念于身外，独辟园于洛之尊贤坊北，｜命之曰独乐园。温公忠清德粹，载在简编，为有宋第一｜名臣。今吾｜叔父当封疆重任，亟思况瘁，上报｜主知，欲四海无尘之后，乞身以优游林下。故不置他产，而独营此园，｜正与温公之所为若合符节。若卫公记中数语，凡吾后人，所｜当铭诸座右，以毋忘｜叔父缔造之艰，而保世业于勿替者也。｜

咸丰十一年岁次辛酉孟夏，第三侄男志和谨记。｜

可园刻石（局部一）

可园刻石（局部二）

可园刻石（局部三）

可园内日晷

任亮墓碑

清咸丰十一年（1861）四月立

额题：万古流芳

碑身中题：皇清圆明园技勇八品首领讳亮字明亭任公之墓

河间王云翔撰并书丹

碑方首抹角，首雕饰云纹，通高132厘米，宽60厘米，厚18厘米。额文、碑文均正书。碑出土于清华大学，现藏于海淀区圆明园。

按：此碑是任亮的同僚技勇三学为纪念任亮1860年10月6日在出入贤良门抗击英法联军的英勇事迹而立，是英法联军侵略罪行的历史见证。

录文：

额题：万古」流芳」

碑身中题：皇清圆明园技勇八品首领讳亮字明亭任公之墓

咸丰十年八月二十二日，明亭公在出入贤良门内，遇」敌人接仗，殉难身故。技勇三学

任亮墓碑碑阳拓片

任亮墓碑

公中之人，念其平生」正直，当差谨慎，又遇此大节，实堪景慕。因建立碑文，」记其名氏，以期永垂不朽云。」

勇哉明亭，遇难不恐。念食厚禄，必要作忠。」奋力直前，寡弗敌众。殉难身故，忠勇可风。」

咸丰辛酉夏四月，河间王云翔撰并书。」

技勇三学公立。」

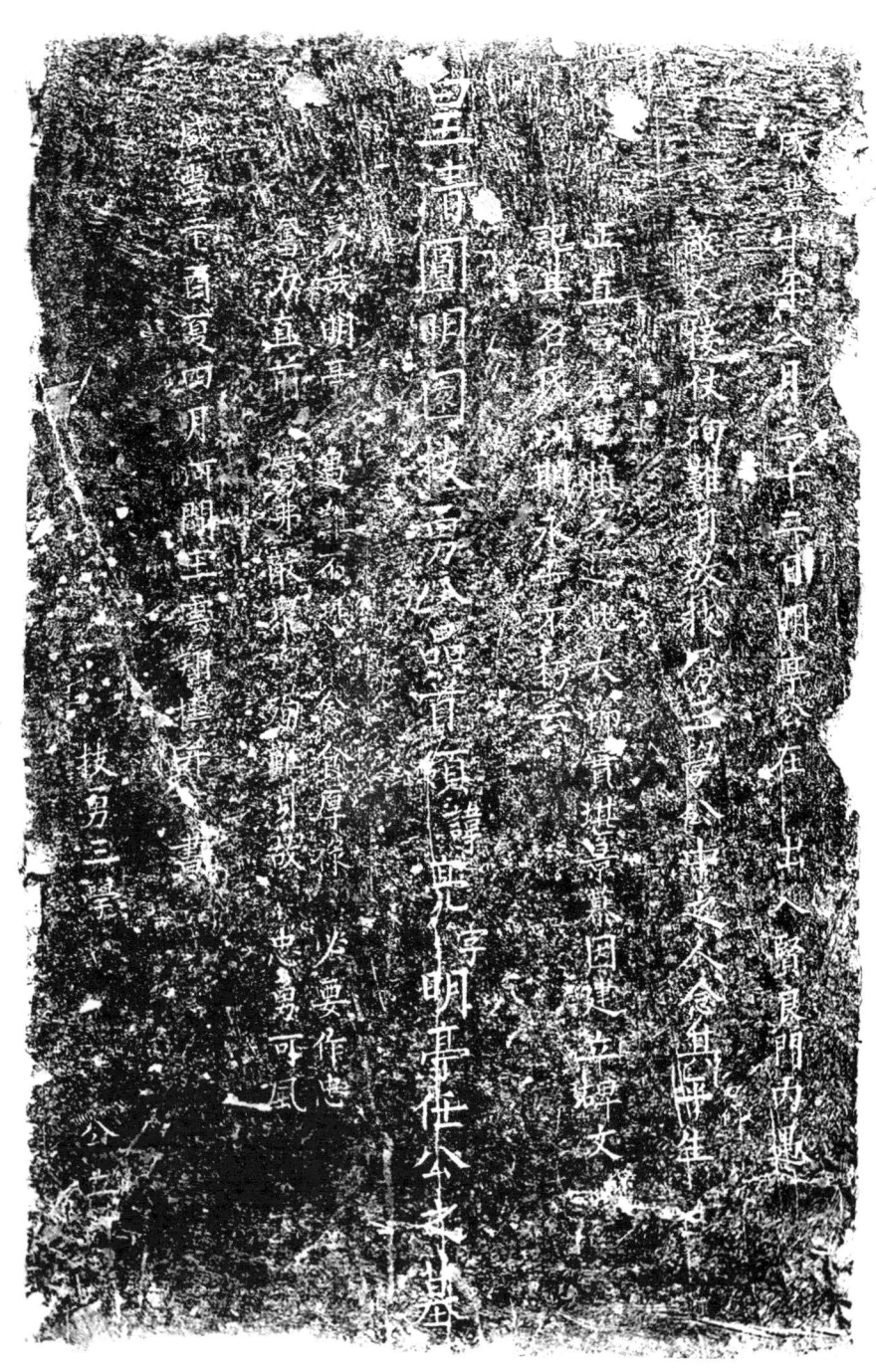

任亮墓碑碑身拓片

糖饼行碑

清同治元年（1862）六月

额题：万古流芳

碑身连额拓高129厘米，宽61厘米。碑文正书。

碑原址在崇文区广渠门内大街珠营胡同北京荣强印刷厂（原为马神庙），现下落不详，中国国家图书馆存拓片。

录文：

额题：万古」流芳」

盖闻为善之道，莫为之前，虽美弗彰；莫为之后，虽善弗传。是善事之创始，原于前人，而继美之贵，诚则在后辈。犹之疏河者必导其□，□」枝者不忘其本。推厥由来，诚有所自。况京师为首善之区、名利之薮，百工相聚，千里谋生。孰不沾圣时之雨露，而仰神灵之□□□？」如我江南糖饼行，在京贸易已久，而铺户柜案人等，向于康熙年间，即在沙窝门内道左之马神庙捐助银两，并置坟地□□□□□」费。内敬祀雷祖大帝。每届会期，恭诣庙所拈香，以昭诚恪而酬灵贶。自乾隆五十五年，司事者大兴□天灾，将地契□□□□□」目均被焚化无存。后于嘉庆四年，又续捐香资，置办供器、銮驾等件，并议有行规章程，按旧立碑碣可考，兹不复叙。迨去年□□□□」改旧章，遂邀柜伙人等通同公议，重立行规，俾使遵守，庶不负前人举善之美，而后之有为者，抑亦有所征本求源。□是□□□□□」同治元年三月初二日，修立周围墙垣、前后大殿、东西配房、山门、内外脚门，共用钱贰阡贰百陆拾贰吊捌百捌拾文；南案□□□□」桌，共用钱肆拾肆吊零肆拾文。」

京案共助钱壹阡零捌拾贰吊文。」

南案共助钱壹阡壹百捌拾吊零捌百捌拾文。」

咸丰八年二月十九日，同行公议：学徒入行，京钱捌吊文；每年九月十九日，铺户柜案人等恭诣拈香。」

京通南案涿州保府。」

（通州）天乐斋共助钱拾五吊文，」又柜案上人等共助钱陆拾吊文。」

益泰号后案共助钱五吊文。」

同泰号共助钱五吊文，」又柜案上人等共助钱拾吊文。」

阜丰号后案共助钱捌吊文。」

祥丰号后案共助钱玖吊文。」

（通州）成泰号后案共助钱玖吊文。」

保府铺户人等共助钱捌拾吊文。」

复盛斋共助钱肆吊文。」
宝声楼共助钱拾吊文,」又柜案上人等共助钱拾陆吊文。」
域盛斋共助钱叁拾陆吊文,」又柜案上人等共助钱贰拾捌吊文。」
庆兰斋共助钱五拾贰吊文,」又柜案上人等共助钱捌拾捌吊文。」
馨兰斋共助钱肆拾捌吊文,」又柜案上人等共助钱叁拾吊文。」
(京)天乐斋共助钱叁拾吊文,」又柜案上人等共助钱贰拾□吊文。」
佩兰斋共助钱五拾吊文,」又柜案上人等共助钱五拾陆吊文。」
天桂斋共助钱五拾陆吊文,」又柜案上人等共助钱五拾□吊文。」
金兰斋共助钱壹佰捌拾□吊文,」又柜案上人等共助钱壹佰拾玖吊文。」
同治元年岁次壬戌六月日谷旦,各铺户人等同立。」

重修庐郡会馆碑

清同治元年（1862）壬戌秋月

首题：重修庐郡会馆碑记

庐江刘秉璋记并书

石为嵌墙横石，高 35 厘米，宽 57 厘米。石刻文字正书。

石原址在宣武区西珠市口大街 130 号庐州会馆内，现藏北京石刻艺术博物馆。

按：刘秉璋，安徽庐江人，晚清重臣。中法战争期间，他力抗外侮，指挥了著名的"镇海之役"。他督蜀十年，因"成都教案"被清廷罢职。他为家乡捐建了三乐堂书院、南京庐江试馆，培养了一大批有用之才。

录文：

重修庐郡会馆碑记」

吾郡会馆建自道光间，李玉泉先」生实倡其事。廿余年来，经费子缺，」屋室日以倾蒀，殆不可支。秉璋以」辛酉假归，道豫章，遇李筱泉少荃、」孙省斋诸先生，具以故告。咸慨然」为兴复之计。寓书吴春帆太守，议」酿金，嘱秉璋董其事。壬戌抵都，邀」万海门来京监修，并于门东购官」地一区（街道衙门给有执照），鸠工庀材，一律」缮葺。阅五月工竣，与同人落成之，」而纪其原讫如此。登斯堂者，念造」始之难与兴复之非偶，当以爱其」人者及其室，相与长保于不废也。」

同治元年壬戌秋月，庐江刘秉璋」记并书。」

重修庐郡会馆碑拓片

晋赠太傅文华殿大学士桂良之碑

清同治二年（1863）岁次癸亥四月吉日

额篆：御赐碑文

首题：晋赠太傅文华殿大学士桂良之碑

碑身拓片上部残缺，残高215厘米，宽68厘米。碑阳额文篆书，碑阳、阴文字均正书。碑原在朝阳区双桥，现下落不详。中国国家图书馆存拓片。

按：碑阳《晋赠太傅文华殿大学士桂良之碑》即《桂良诰封碑》，碑阴为《桂良谕祭碑》。碑身上部残缺数列文字，据《雪屐寻碑录》补全录文。

桂良（1785—1862），瓜尔佳氏，字燕山，满洲正红旗人，恭亲王奕䜣岳丈，历任兵部尚书、吏部尚书、直隶总督、东阁大学士、文华殿大学士、军机大臣。同治元年七月病死，谥文端，入祀贤良祠。

录文：

额篆：御赐｜碑文｜

晋赠太傅文华殿大学士桂良之碑｜

朕惟纶扉赞治，靖共资匪懈之臣；枢省宣勤，启沃重老成之望。念□劳之未泯，彰笃｜眷以推恩；紫绶爰颁，青珉式渤。尔大学士桂（按：寻碑录作芳）良，正直持躬，忠勤为国，历容台而报最，｜由守郡以迁阶。秉臬开藩，屡奏贤能之绩；专圻建节，修膺倚畀之隆。既外治之宣劳，｜寻内迁而奉职。总旗营而兼权武部，猷著诘戎；统滦阳而移驻闽关，任隆专阃。冠影｜翠羽，旋移荡节于畿疆；枚卜金瓯，浼晋华资于端揆。综比部而克称明允，侍讲筵而｜聿著论思。洎朝政之更新，眷耆臣而任旧。枢廷特简，谋猷资硕辅之勋。｜实录恭修，编纪阐｜先皇之业。方谓长承渥眷，岂期遽告沦徂！既荐洁于珊筵，更镌芳于贞石。用稽彝典，予谥｜文端。於戏！鼎辅云亡，空忆前猷于日赞；丰碑永峙，尚传良弼之风徽。贻尔后昆，钦予｜时命！｜

同治二年岁次癸亥四月吉日勒石。｜

（碑阴）

同治元年七月二十有二日，｜皇帝遣礼部侍郎存诚谕祭于原任文华殿大学士桂良之灵曰："绩懋钧衡，良弼树百僚之望；芳流圭｜瓒，嘉猷思一德之遗。缅中外之宣劳，克承简任；宜哀荣之备礼，式焕彝章。尔大学士桂良，忠纯志矢，｜渊粹量涵。初历仪曹，即书上考；出膺郡守，寻擢监司。陈臬则明允咸称，开藩而旬宣聿著。封圻六载，｜节钺三迁。禁陛就瞻，许觐｜颜而向阙；旗营统制，懔职掌而扬麾。文明饰雀羽之华，武部修貔刘之典。惟巡防之任重，揽畿辅以勤宣｜平章。而撰席洊登，跻济而讲筵祗侍及朕。躬之在疚，尤耆彦之深资。入赞枢廷，襄庶务而重加倚畀；｜恭修｜实录，综三长而克述｜典谟。溯知遇之方隆，｜

四朝勿替」；何沦殂之遽告，六气为灾。览厥遗章，心惟爱国；嘉兹忠悃，语不及私。爰隆加隧之文，更重颁金」之典。赠衔太傅，列祀贤良。申奠酹而命亲藩，笃恩施以延后嗣。於戏！风凄黄阁，徒兴大耋之嗟；露渥」丹宸，永食千秋之报。尔灵不昧，尚克歆承！」

同治二年岁次癸亥四月吉日勒石。」

晋赠太傅文华殿大学士桂良之碑碑阳拓片

京师番禺会馆碑

清同治二年（1863）岁在癸亥秋九日
首题：京师番禺会馆碑记
里人潘仕成谨记
潘桂立石

碑嵌墙，仅碑阳外露，方首方座。碑首、碑身和碑座共有五块石头组合而成。碑首左、右及上方边框浮雕缠枝花卉，其内浮雕二龙戏珠，碑额无字。碑身由三石构成，中心为一长方形竖石，镌刻碑文，两侧各有一长条形石柱，浮雕缠枝花卉。座浮雕海水江崖莲花。碑身部分风化残损，字迹略有漫漶。碑身左侧石柱及浮雕风化较甚，其余部分保存较好。碑通高190厘米，宽80厘米。碑文隶书。

碑原址在宣武区上斜街50号，现藏北京石刻艺术博物馆。

按：上斜街番禺会馆为近代思想家、文学家龚自珍故居，现为宣武区文物保护单位。番禺会馆除广内街道上斜街老馆外，另辟椿树街道周家大院7号为新馆，由董事统一管理。

潘仕成（1804—1873），字德畬、德舆，祖籍福建，世居广州，是晚清享誉朝野的官商巨富。潘仕成是大收藏家，他主持修建的私人别墅——海山仙馆，其中所藏金石、字帖、古籍、画作号称"粤东第一"，极盛之时甚至一度成为清广东高级官员非正式接见欧美外交使者和商人的场所。

录文：

京师番禺会馆碑记」

天文聚而珠联璧合耀奎璧之光，地脉聚而芝草醴泉发山川之秀，人事聚而」通都大邑阜山海之奇。会馆者，人文之所聚也。京师为首善之区，直省会馆无」虑数百处，即岭南郡邑亦各有专馆，惟吾番禺屡经集议未成，邑馆尚阙。道光」辛卯，余由驾部转秋曹，买宅于宣南坊之上斜街，为赵象庵中翰旧居，颇有园」亭木石之趣。象庵以莳鞠名都下，余亦艺鞠其间，每当花时谦赏甚盛。洎戊戌」南归后，奉襄海疆事宜，未遑北辙，因捐此宅为公车聚会之所，年来鞠谦遂南」移于海山仙馆。抚今追昔，倏阅二十余年。憩斯馆者，或蕊榜蜚声，或木天摘藻，」或应六曹妙选，或推百里高才，莫不并辔联镳，腾蛟起凤，人文所聚，大启馨华，皆由山川灵淑所钟，上应奎璧文明之象。他日勋业炳炳麐麐，是固诸公之所」首期，亦即阖邑人所欣慰而兴起者欤！」

同治二年岁在癸亥秋九日。里人潘仕成谨记。男桂敬立。」

京师番禺会馆拓片

房山县保甲条款榜示碑

清同治二年（1863）九月二十日

额题：永为鉴戒

碑方首雕二龙戏珠。碑身拓连额高164厘米，宽68厘米。额文正书，碑文正书。碑原址在房山区南尚乐石窝村，现下落不详。中国国家图书馆存拓片。

录文：

额题：永为」鉴戒」

特署房山县正堂加五级纪录五次吴为」晓谕事：照得安民必先弭盗，弭盗首在清源，欲清盗源，固莫若编查保甲。而官行以法，」尤贵民一其心；众志成城，则事庶可恃可久，而盗自无从潜踪。兹□北尚乐等八村武」举杨廷楷等以"恐人心不齐，日久懈弛，军器禁藏，民多疑惧"等情公禀请示前来。据此」查思患宜共预防，善事原宜利器。除禀批示外，合行出示晓谕。为此示仰县属军民人」等知悉，自示之后，务各查照后开条款，寔力遵办。总期同心同德，有始有终，庶几内匪」不生，外寇不犯，永远互相保卫，共乐昇平。」

本县所深嘱也。毋违特示。」

计开条款」

一、编查保甲以清户口。查办理保甲，历有成规。上年复奉」尹宪林奏明，从新整顿，更为严密易行。迭经晓谕，一体循办。务各遵章，按照牌册，逐户挨查，仍候随」时稽核。」

一、睦乡邻以齐心力。查城乡保甲既清，支更团防又各兴办。尤须联络声气，使之守望相助。一家遇警锣」响，各家齐出应援，一村遇警锣鸣，各村合力救护。倘有遇警不鸣与闻警不赴者，由各村董公同酌量」议罚归公，以示惩儆。违者禀县究处。」

一、禁娼赌以杜窝顿。查娼赌贻害地方，指不胜屈。由其为奸盗之薮，故定例，犯者轻则罪拟杖枷，重则徒」流军遣。迭经访拿，尔绅等务各互相稽察，有即鸣地，扭禀严办。如有容隐，察出并究。」

一、备器械以资防御。查军器定例，民间原禁藏用。第自办理团练以来，置造原已不禁。比值南氛不靖，防」范较严，历奉」宪章，准民置用。凡遇盗贼逞凶拒捕，并准格杀勿论。」

右仰知悉。」

同治二（按：二字上钤印，汉满合璧篆文"房山」县印」"）年九月二十日。」

告示。寔发北尚乐、辛庄村、兴隆庄、石窝村、□□庄、□□□、南尚乐、塔照村。」

正福寺公教公墓石座

清同治二年（1863）

下部方形基座一侧面首行题：HOC FIDEI CHRIST MONUMENTUM

石座由上方素面方须弥座和下部方形基座两部分构成，通高72厘米，宽119厘米，厚69厘米。上部方形须弥座，高39厘米，宽77厘米，厚49厘米，青白石质。上部方形须弥座一侧立面镌拉丁文2行，下部方形基座一侧立面镌拉丁文5行，二题刻不在同一立面。

石座原址在海淀区彰化村正福寺，现藏北京石刻艺术博物馆。

按：正福寺天主教墓地，为法国耶稣会墓地，始建于清雍正十年（1732），乾隆三十八年（1773）耶稣会解散后，法国遣使会进入中国，接管了耶稣会在北京的教务、教产，包括北堂附属墓地正福寺。

正福寺公教公墓石座

北极宫地基图像及地亩碑

清同治三年（1864）三月

额题：百世不朽

延庆州儒学魏悬清撰书

龙门正宗派募修住持史合桂徒刘教宽建立

延庆州傅余屯石工许文明镌字

碑圆首，碑身边框线刻花纹，座佚。碑首身通高160厘米，宽82厘米，厚17厘米。碑阳额文正书，碑文正书。碑阴无字。碑身上半部镌刻北极宫的平面布局示意图，碑下半部镌刻自先祖师李复祥以来旧、新置地亩情况。

碑原址不详，现立于延庆县灵照寺院内东侧碑廊。

按：《光绪延庆州志》载："元帝庙在（永宁）城东北隅。"

录文：

额题：百世」不朽」

常闻创业者难，守成者亦不易。人能戒慎自持，亦可以聿观厥成矣。如永宁城」北极宫，残毁已极，尽多空地荒滩，何有东西配殿、东西配房、栖身禅堂？自我先」祖师李复祥募修此宇，数十年之创建修整，庙貌辉煌，禅室整齐，俨然可观矣。本」庙所旧存地亩并自置地亩，虽在匾额，年深不无损坏。现今道人史合桂承先人」之遗训，勤俭久持，创守兼备，所以苦谋生理，积有余资，将旧新置地亩以后毫无」缺略，勒碑刻铭，永垂后世。于道光十二年恩师王本智置东院西房三间、大碾一」盘，共花钱一百五十千。道光二十六年，道人史合桂修盖西院东房四间，院路墙」壁共花费钱二百一十千。又道光三十年修理大殿天花棚板，花费钱五十千。咸丰十一年修盖北大街门面房二间、北房二间，

北极宫地基图像及地亩碑

共花费钱六百五十五千。于同治」三年修盖」诸圣祠三间、石碑三甬，彩画圣像开光圆满，共花费钱二阡七百千。以上五项工程共」花费钱三阡七百六十五千，皆住持史合桂自抒己诚，毫无外化分文。数十年零」星补修，不必详载。今将本庙地基图像、旧存地亩亩数、畛段、四至、坐落并皆列之」于碣，以志不朽云。」

北极宫旧存地亩清册，计开：」

纪德纯施地两段地十亩，坐落石羊石虎沟南山坡东西畎。

一项两段地伍亩，坐落北五里墩本庙道士老坟。

一项十一段地拾贰亩，坐落在红庙湾西山坡三道洼。

一项两段地壹亩叁分，坐落北观音堂大道东北至小道边。

一项十段地拾亩，坐落孔化营南臭椿木沟，东至山头，西至河沟，南至山坡，北至河沟口。

共五项地叁拾捌亩叁分。

延庆州儒学魏悬清撰书。

龙门正宗派募修住持史合桂、徒刘教宽建立。

大清同治三年岁次上元甲子三月。延庆州傅余屯石工许文明镌字。

北极宫地基图像及地亩碑碑首拓片

居庸关重修关帝庙创建魁星阁摩崖碑

大清同治三年（1864）岁次甲子上元秋七月

额题：居庸关古迹碑

首题：居庸关重修关帝庙创建魁星阁□□碑记

摩崖碑圆首雕二龙，无座，部分文字漫漶。碑通高310厘米，宽188厘米，字径高8厘米，宽7厘米。额文、碑文均正书。

碑摩刻于延庆县关沟弹琴峡五桂头古洞东侧石壁。

按：弹琴峡位于延庆县八达岭镇三堡村北300米处的关沟内，因沟内溪水流淌，似优雅琴声，故名弹琴峡。附近有金鱼池、五贵头、弹琴峡、魁星阁、弥勒听琴、五郎影、六郎像等多处古迹，均属关沟七十二景。弹琴峡峡谷西侧石壁刻有多处摩崖石刻，沿摩崖西侧石阶可上至半山处的山洞。山洞坐西朝东，洞旁原依山而建有关帝庙，今已无存，山崖上仅余部分建筑遗迹。峡谷东侧与关帝庙相望的东山上，曾建有魁星阁，后因修路被拆除。魁星阁旁石壁上原镌有一尺大的"魁"字，另刻有延庆知州屠秉懿所书"雄镇燕关"四字，现均已不存。

录文：

额题：居庸关」古迹碑」

居庸关重修关帝庙创建魁星阁□□碑记」

□山之有五鬼头，地□延庆州妫川，具古名也。此山之有□□□□□□□」阁，古来久矣，创于大元初年，约为□古□□□修□今□」□不识。至明万历四十年重修，始有古□」年间巡幸边外石刻□御笔留题诗句为□」无碑匾。迄今又五十余年。山高□□残败□」□□我□本一介寒士，有志科名，无过此□」□□□□试之前□□□大帝示□异□□□不禁□□动念乃入□讫□」□头等□公□未□□身因请□公□捐督工修□共成□」举又思此不过一时□□□有望于将来。□□东山巅创建明楼以□记□」能仰蒙神庥，庶可□□文武科名甲于□□□创斯楼工成，则西面□山」半空楼阁上为天险，下闻琴声，可与□□山遥相辉映，使门□□士□□顾徘」徊，不□为雄关添一胜景哉。是役也，石□多任务□□」同治甲子仲春，成功于秋初，前□统计花费□□三千一百五十吊零。谨将」远近城郊善台布施数目□□谨刻碑□。其□□工□□董事此□人等□」得备书于石以告后之有□□修者。是为记。」同治癸亥科武状元怀安黄大元□□□□。」延庆州学□武生」□训导王□」大清同治三年岁次甲子上元秋七月刻石。」

居庸关重修关帝庙创建魁星阁摩崖碑

利公（空利）禅师碑

昔大清同治三年（1864）岁次甲子小阳月（十月）二十九日

额篆：光绍遗风

首题：利公禅师碑铭

赐进士及第太子太保光禄大夫经筵讲官前吏部尚书钱唐许乃普撰文咸丰辛酉科拔贡候选儒学正堂涿鹿姚玉璋书丹

法孙密增等同勒石

石匠续林刻

（碑阴）

清同治三年（1864）重阳月中旬六日重刻

额篆：正脉绵丝

首题：大清京都西直门外笑祖塔院反本寻源归复临济正宗碑记

钦命管理僧录司事务正堂万善殿住持传临济正宗第三十七世了信撰

顺天府学廪膳生员韩憺敬书

护法弟子四品宗室国仁篆额

碑螭首方座。碑首身通高314厘米，宽88厘米，厚30厘米。碑阳额文篆书，碑文正书。碑阴额文篆书，碑身上半部镌碑文，下半部镌嗣法门人题名，多有漫漶，正书。

碑今在房山区南尚乐乡三岔村口路北云居寺东塔院立。

录文：

额篆：光绍」遗风」

利公禅师碑铭」

赐进士及第太子太保光禄大夫经筵讲官前吏部尚书钱唐许乃普撰文」

咸丰辛酉科拔贡候选儒学正堂涿鹿姚玉璋书丹」

法师讳空利，号广泰，俗姓马氏，顺天文安人也。擢秀华宗，含灵福地，然性契真如，志皈净业，于是」锱铢轩冕，糟粕膏腴。年甫四龄，违亲入道。逮乎垂髫，方蒙落发，依大悲寺德真尊宿习诵三藏，曾」不浃旬，便诣幽奥。年十九，依云居福渊上人圆具。历充常住、悦众、知藏，辨析律义，综核指归，宿齿」名流，咸所叹异。乃受具戒，弥切精修，明文老人授以龙池法藏。延惠风而不倦，应来响之无疲。老」人圆寂后，法师继席，说析五乘，宗阐四印，洵乎贞苦之操，绝众轶群，聪亮之姿，逾今迈古矣。而犹」志求冥寂，智洞人天。复于大悲坛之养心堂习道安居，洗心涤虑，岂非法门之领袖、释氏之栋梁」乎？既而成功告退，日契思藏，栖神净区，脱屣梦境。以咸丰九年八月示寂，春秋五十有二，戒腊三」十三夏，法腊十九冬。

於虖！梵宇歼良，真门丧善，弟子追思靡及，轸慕弥殷，爰刊贞珉，用光幽壤。铭」曰：」

　　大哉我师，诞灵杰起；行穷隐括，识洞名理。」

　　法镜攸悬，信华弥阐；源流心究，正觉躬践。」

　　遽嗟兮岸，永泣摧梁；书芬播诵，石与天长。」

旹」大清同治三年岁次甲子小阳月二十九日。法孙密增等同勒石。石匠续林刻。」

（碑阴）

额篆：正脉」绵丝」

大清京都西直门外笑祖塔院反本寻源归复临济正宗碑记」

钦命管理僧录司事务正堂万善殿住持传临济正宗第三十七世了信撰」

顺天府学廪膳生员韩愖敬书」

护法弟子四品宗室国仁篆额」

　　盖闻事有终始，水远必寻夫源；理寓循环，人穷则反其本。吾宗支派，向用祖定禅师演出之二十字。」相沿既久，传袭至今。目下字数已完，而继世者莫知祖述。承吾宗诸大宗匠，折衷于信，因思传教修」德，务须反本寻源。旧有海祖永慈禅师衍出一百一十二字，煌煌训典，前世失传。与其舍旧而图新，」孰若谂今而述古？于是商诸宗派，从兹绪复真传，庶几源远而流自长，支清而宗得正也。谨陈其事」如左：」

　　祖道戒定宗，方广证圆通；行超明实际，了达悟真空。」

　　右乃传碧峰金禅师派下，祖定禅师入闽，住雪峰寺，另立一支，从祖字起二十字，并非临济正宗衍」出。及至幻有，传祖下杰，出天童悟、磬山修二支，用起、圆字，以延至今日。现值空字以下绵世系者，众」论不一，有欲用龙山祖派者，有欲另立一支者，终非至当。吾宗诸大宗匠，互兴衍唱，宜思木本水源，」务求其寔。自有正宗正派，源远流长，毋致祖牒混淆，而复归于正系，故名之曰反本寻源。」

　　普永智朗宏胜德，净慧缘冥正法兴；性海澄清显密印，大乘元妙会心灯。佛恩浩化流芳远，」继述长修绪嗣深；志愿弥坚参义理，规成谨守镇常新。翼善昌荣因本立，贞祥隆盛复传增；」功勋寂照光华蕴，宝镜高悬体用亲。饶益灵文舒景秀，信持静业济时珍；邈然无迹诚诸幻，」觉树开敷果自馨。」

　　右系传临济正宗派下海舟永慈禅师衍出之一百一十二字，从普字起，与祖定禅师所衍之

利公（空利）禅师碑

利公（空利）禅师碑碑阳拓片

戒字」同辈。从戒字到空字，核与海祖所衍"性海澄清"之清字同辈，凡我同宗诸后贤至空字以下，宜即从」海祖永慈禅师所衍"性海澄清显密印"之显字起，是仍归复临济正宗正派矣。信与诸同宗再三商」酌，意见皆同。爰书此以垂后世法，而非信一人之臆断，愿诸宗派诸后贤谅之。若谓门庭热闹，因而」各出己见，另立支派，致涉歧途，信亦末如之何也。是为记。」

同治三年岁次甲午重阳月中旬六日重刻。」

（碑阴下半部镌嗣法门人题名，从略。）

翼城会馆重修碑

清同治五年（1866）九月二日

首题：重修会馆记

赐进士出身翰林院编修、国史馆协修邑人袁承业撰文

邑人史家梧书丹

碑身拓高125厘米，宽60厘米。碑文正书。

碑原址在崇文区前门外小江胡同晋翼会馆内，现下落不详，中国国家图书馆存拓片。

按：晋翼会馆为山西省翼城会馆，是布行商馆。虎坊桥亦有翼城会馆一座，为考试会馆。民国十年，在京的翼城人将虎坊桥翼城会馆售出，两馆遂合并为一。

录文：

重修会馆记」

都门之有翼城会馆，由来旧矣。前人修葺，有碑可考。于今计之，又历数十余年。星霜变易，倾□」为虞。去岁乙丑，会众公同商酌募化兴修。乃自」三圣神殿以及上而罩棚，下而踊道、两旁之厢房，外而大门、彤墙，一律鸠工庀材，次第缮葺。□□」月而工告竣焉。是役也，规模悉仍其旧，而气象焕然聿新。于以庇」神庥而□乡谊，不得谓非善举也。然事第继乎前人，而功当归诸众力。所有募化出资诸君子，允」宜并垂不朽也。爰缀其颠末，而勒诸贞珉。是为序。」

赐进士出身翰林院编修、国史馆协修邑人袁承业撰文。」

总理募化人耿贵照、李永年、李聚美、秦兴栋、王正基、李玉春，副理募化人董兰福、梁承先、杨殿祥、王绍□、席朝家、郑三□、史义，督工人李玉明、柴柏林、闫景鲁、吉□月、郑兆昌、□□□、□福□、柴发高、王□□、崔□□仝立。

龙飞大清同治五年菊月初二日谷旦，邑人史家梧沐手敬书。」

重修广东旧义园刻石

清同治七年（1868）岁次戊辰孟夏（四月）谷旦

首题：重修广东旧义园记

通议大夫记名知府刑部郎中邓华熙撰文

光禄大夫经筵讲官户部尚书罗惇衍书丹

石高 54 厘米，宽 85 厘米。石刻文字 32 行，满行 19 字，行楷。

石在崇文区东花市斜街 52 号袁崇焕祠。

按：旧义园在明时为粤东会馆，明中叶迁至达摩厂，天启时因地处偏僻而辟为义园。另在法塔寺东南有广东新义园。

录文：

重修广东旧义园记」

光禄大夫经筵讲官户部尚书罗惇衍书」

通议大夫记名知府刑部郎中邓华熙撰」

京师广渠门内卧佛寺迤东，粤东旧义园在焉。」岁久园无隙地，复购新义园，故此园以旧称园。」故明时会馆，永乐间王大宗伯忠铭、黎铨部岱舆、杨版、曾胪山所倡建，颜其堂曰"嘉

重修广东旧义园刻石拓片

会"。厥后会馆改建于达摩厂,此地以距内城远,朝谒弗便,遂弃置。天启四年,郭太仆噩吾、原中翰清流等修复之,以为义园。

国朝康熙间重加葺治,梁庶常药亭,更书堂额曰"惟敬"。乾嘉以后,屡废屡兴。同治癸亥秋,今司农罗公惇衍、奉天丞兼学使王公映斗同直省馆事偕往周视,垣墉榱桷,大半倾颓,冢陷碑欹,和见骨露,恻然不忍坐视,还谂同人佥曰宜修。复于是比部钟公孟鸿、上舍李公在超、上舍冯公梦熊、光禄黄公怀基广为劝釀,事遂集。乃厘定经界,鸠集工林,腐朽挠折者易之,缺齧者完之,漫漶者垩之髹之,陊陷者隆之,暴露者薶之,欹斜者树之。新义园之有不治如旧义园者汇治之。经始于甲子春,越季冬工竣。园方广十余亩,缭垣周二百丈有奇,南为堂为庑为门,门内院落延袤六七丈,堂广五楹,即梁公颜以"惟敬"者也。庑当堂迤西,屋八间,檐牙错对,可为厝柩之所,亦以栖园人。堂东为土神祠,堂后及东西冢七百有奇,中穹然高者为有明袁大将军冢。焕焕墓石为吴中丞荣光所书,崇丈有奇,群冢环环如列营如宫,霍然诸废具举,幽灵毅魄,时冈怨恫。众情安悦,爰伐珉纪事以落之。夫掩骼埋胔,王政所重,敬恭桑梓,兴废坠,表忠贞,乡后进责也。华熙不敏,幸从诸君子后,敬为斯记以□后之人。

同治七年岁次戊辰孟夏谷旦勒石。

新建安徽会馆碑

清同治十年（1871）十一月

首题：新建安徽会馆记

合肥李鸿章撰文

休宁黄钰书丹

碑身拓高 204 厘米，宽 73 厘米。碑文正书。

碑原在宣武区后孙公园路北安徽会馆，现下落不详，中国国家图书馆存拓片。

按：安徽会馆是省级会馆，规模相当大，现仅存戏楼一座，已修复。其余馆舍为后孙公园小学（屋宇建筑已全部翻新）和民居。

录文：

新建安徽会馆记」

合肥李鸿章撰。休宁黄钰书。」

京邑四方之极，英俊鳞萃，绂冕所兴。士之试京兆、礼部者，各郡县类有行馆为之栖止；而中朝士大夫休沐盍簪，又必择爽垲，建馆宇，相与燕饮」为乐。若直隶、关中、湖广、江右、全浙之属，难以偻数，而吾皖顾阙然未有兴作。鸿章少侍京邸，侧闻长老绪论，谋成之而未果。今上御极之七」年，西捻荡平，畿甸无事。鸿章述职入觐，暇与乡人士吏部侍郎胡公、工部侍郎鲍公等咨诹及之。佥谓兹举不可久阙。会淮军凯撤，其将领大」半皖产，闻之，愿醵万金为倡。不足，四川总督吴公泪鸿章兄弟各解赀相助。又邮书告皖人之宦于四方者，咸踊跃趋事。乃属内阁侍读江君等」董其成。于是度地正阳、宣武之间，地名孙公园，退谷别业旧趾在焉。地势衍旷，水木明瑟，池馆为宜。以价得李氏故宅，廓而新之。披制蠲疏，夷涂」设切，栾庙柱础、土石瓴甋之类，铢积充牣。筮日鸠工，捄陾筑登，斲虞垩墁，规制一新。西正室奉祠闵、朱二子，岁时□祀。前则杰阁飞甍，嶕峣耸擢，」为征歌张宴之所。又前曰文聚堂，闳伟壮丽。东偏□思敬堂，藤间吟屋，宽□深□，可以觞宾。其后曰龙光燕□者，则以待外吏之朝觐税驾者也。」迤北有园广数亩，叠石为山，捎沟为池，花竹扶疏，嘉树延荫，亭馆廊榭，位置帖妥。凡馆之中屋数百楹，庖湢悉备。经始于八年二月，落成于十年」八月，共糜白金二万八千有奇。夫粤捻之祸烈矣，十余年中，兵燹所经，公私埽地赤立。赖天子神圣，拨乱反之正。被兵各省，善后更新，自圣」贤祠庙、官司廨署，以至私家舍宇、山林游观之地，百废具兴，土木之工，日滋月盛。小民乐事劝功,若忘其劳且费。盖否极而泰,百物皆储精吐英,」以焕成中兴之景象。即吾馆旷二百数十年未有作者，一旦亦乘事会，以观厥成，非偶然也。皖一州虽蕞尔，其民风往往尚气谊，重然诺，故能」以乡兵越境剿贼，万众一心，效命恐后。鸿章得用之，以就尺寸之功。兹者散军归里,犹能并力助成善举。非笃念乡谊,而能然与？彼身在行间,慕」义且如此，

42

况吾党挂名朝籍、相勖勉以道德者乎？诸君子敬慕桑梓，复亲炙圣世维新之化，必将泝闽、朱之遗风，砥节砺行，以润色鸿业，」策名无穷。固不独佟游谦之盛观、悦亲故之情话而已。工既竣，适鸿章承乏畿辅，咸来告曰，愿有记。遂述其缘起，刻石识之，俾来者有考焉。」

同治十年岁次辛未十一月谷旦。」

步军统领衙署内土地庙重修碑

清同治十一年（1872）岁次壬申夏四月谷旦

额篆：众善奉行（阳）万古流芳（阴）

花翎司务崇晖谨志并书

碑方首，首阳阴浮雕二龙戏珠，方座。首身通高176厘米，宽69厘米，厚24厘米；座高50厘米，宽76厘米，厚43厘米。碑阳额文篆书，碑文正书。碑阴额文篆书，碑文正书。碑阴碑身上方居中题："步军统领衙门"，其下镌兼办司员、本衙门司员、笔帖式等的题名及捐资金额。

碑原址在东城区帽儿胡同西口，现藏北京石刻艺术博物馆。

按：入馆记录未载碑原址。据碑文，该庙在步军统领衙署内，清代"步军统领衙门"在后门桥北边、帽儿胡同西口。

录文：

额篆：众善」奉行」

盖闻声灵赫濯，官署设司土之神；庙貌巍峨，立碑泐纪年之字。溯夫金吾」创署于禁北，土神即祠于堂东，而乃日久年湮，工难石永，垣颓木朽，像渐」尘封。凡我同舟咸深感慨，爰自本署各员以及兼行众官，莫不鸠赀起造，」立愿重修。谨遴把总马海恪心将事督率兴工，汇集胺之多金，规模式廓，」乐成功于不日，丹刻加新，从此」神欣人悦，金城大壮观瞻，行见瑞应祥征，阖署统承福佑。大工竣事，小引同」镌，所有捐赀衔名、董事工作详列于后。」时」清同治十一年岁次壬申夏四月谷旦立。」花翎司务崇晖谨志并书。」

（碑阴）

额篆：万古」流芳」

（碑阴刻"步军统领衙门"各司员、笔帖式等的题名及捐资金额，从略。）

盖闻声灵赫濯官署设司土之神庙貌巍峨我步军协纪年之字溯夫金吾
创署於禁地土神卯祠於堂东而乃日久年湮工艰石永垣赖木朽像渐
尘封凡我同舟咸深感慨爰自本署各员以及兼行众官莫不鸠赀起造
立愿重修谨遴把总马海恪心将事督率兴工汇集胶之多金规模式廓
乐成功於不日丹刻加新从此
神欣人悦金城大壮观瞻行见瑞应祥征阖署统承福佑大工竣事小引同
镌所有捐赀俱另详列於後
时
同治十一年岁次壬申夏四月谷旦 花翎司务崇晖谨志并书 立

步军统领衙署内土地庙重修碑碑阳拓片

求贤坝碑

清同治十三年（1874）四月日

碑首身断为两截，通高152厘米，宽65厘米，厚20厘米。碑文正书。

碑在大兴区榆垡镇辛庄村。

按：求贤坝位于大兴区榆垡镇求贤村西南永定河大堤外沿，是清代建造的永定河溢洪工程遗址。清乾隆四年（1739）在此修草坝，乾隆三十七年（1772）废草坝改建灰坝，同治十三年（1874）又扩展重建，光绪二年（1876）重修。此遗址是研究永定河史的重要实物资料。

录文：

窃照北岸三工求贤灰坝，废圮五十余年，减河皆淤垫成阜。同治十二年冬月，蒙」太子太保、武英殿大学士、直隶总督部堂一等肃毅伯李谕令兴修。当即督饬署石景山」同知唐丞成棣、北岸同知□丞毓先、候选通判桂倅本诚，逐细勘估，造册绘图，详」准拨款兴办。经始于癸酉十二月中旬，迄甲戌四月上旬工竣，计工料等款并挑挖减河，」统共用库平银四万零七百二十两零。坝台龙骨等工，较旧制一律展宽，合将各工丈」尺具列于左，俾后有所考核云尔。」

一、坝口宽二十丈，龙骨进深二丈，迎水簸箕进深四丈，宽二十五丈五尺，出水簸箕进深十二」丈，内宽二十四丈五尺，外宽三十丈，出水簸箕散水坡进深一丈二尺，宽十四丈。」

一、两坝台金墙上下均宽六丈四尺，南斜长五丈五尺，北斜长五丈六尺，顶宽七丈，露明高八」尺五寸，坝上汛房各三间。」

一、加培（东、西）头老堤，工长（九十八丈，均宽三丈六尺；一百零□丈，均宽三丈二尺），均高六尺，共做护堤埽九段。」

一、筑东坝台内箝口，坝长十一丈五尺，顶均宽二丈五尺，高一丈一尺，做埽三段。外箝口坝长」十丈，顶底均宽五丈三尺，均高七尺，做埽五段。」

一、筑西坝台外箝门，坝长十五丈，顶底均宽五丈九尺，均高七尺。内外箝口坝共做埽六段。」

一、东坝台箝口坝并创堤外□后堤，长二十一丈，顶底均宽六丈四尺，高七尺。」

一、挑坝内引河，工长五十九丈五尺，口均宽七丈，底均宽五丈，均深五尺五寸。」

一、挑坝下减河，工长六千七百三十五丈，抵燕赵屯止。以下由旧河形接仁和铺，皆宽深顺溜。」

一、减河北面附近村庄，悉以废土筑埝防护；南面附堤者，悉以废土帮堤。」

同治十三年四月日。

永定河道李朝仪督办。

道员用候补知府北岸同知张□先、署石景山同知安州知府唐成棣、知府衔升用同知候选通判桂本诚承办。

进同衔知州用候补用同李昌第、五品衔候补知州北三口承知州□凌道增、同知衔知县用候补□□□仁宝、州同衔知县升用候补□□高州□襄办。」

庐州会馆碑

清光绪二年（1876）年九月

额篆：庐州会馆碑记

首题：庐州会馆记

合肥李鸿章撰文并书丹

碑身拓高153厘米，宽90厘米，额高23厘米，宽31厘米。碑文正书。

石刻原在宣武区珠市口西大街130号庐州会馆，现下落不详。中国国家图书馆存拓片。

录文：

额篆：庐州」会馆」碑记」

庐州会馆记」

道光庚子、辛丑间，先光禄公在京师，始为馆以居吾郡人，月程其」艺能，以上下其薪刍。郡人赖之。及被」诏归治义师，郡中士大夫辄追随兵间，感砺振迅，武克文驯。鸿章因藉」群力，薄收绩效，翳先公之遗然。自是，吾郡士大夫驰驱疆场二十」余年，京师之馆，寖废不理。同治九年，鸿章移官畿辅。僚吏之在官」者、将帅之在军者，吾郡人为多。于是合谋同辞，于内城傍试院构」屋，以栖春秋试入闱之士。已，又相与即故馆作而新之。规制既增」益矣，鸿章惧其久且替也，乃以金三千，别市屋若干区，僦人以居，」资其屋食，以权岁入之息，犹先公志也。夫天下之事，莫难于创。已」创矣，无以拓之，不足以嗣而守也。已创矣，又从而拓之矣，嗣而守」者非其人，无以知始创者之勤，则犹不足以久焉。先公之创是馆」也，其故籍犹有存者，其文曰：某年月日，李某典衣被若干，得若干」缗钱以助。其勤盖如此。光绪二年秋九月，合肥李鸿章记。」

中州乡祠重修并建嵩云草堂刻石

清光绪四年（1878）岁次戊寅二月谷旦
首题：中州乡祠重修并建嵩云草堂记
武陟毛昶熙撰并书

石为嵌墙横石，共3方，均高46厘米，宽106厘米。石刻文字正书。

石原址在宣武区上斜街34号，现藏北京石刻艺术博物馆。

按：中州乡祠是河南在京省级试馆，创建于明万历年间（1573—1620），由河南新郑人、大学士高拱在上斜街北始建。后屡经扩建，至清同治十三年（1874），北至后河沿，南至达智桥，包括中州乡祠、洛社、池北精舍、月牙池、听涛山馆、精忠祠、报国堂等建筑扩建的河南会馆，总称嵩云草堂。亦有称路北部分为中州乡祠、路南部分为嵩云草堂的说法。

录文：

重修中州乡祠并建嵩云草堂」记」

（第一石）中州乡祠创自国初，重修于康熙」十八年，汤文正公实为之记。迄同治」初，复就颓敝。余与同人之官京朝者，」各出俸缗重修之。故时祠之正室三」楹，颇浅狭。至是，斥室东屋二间室后」屋一重，移其基使益北，拓为五楹。其」东西厢皆展拓之。院中增设屏门，比」旧制加严肃。祠旁群屋，则仍旧制而」悉新之。经始于癸酉三月，讫工于六」月。先是，祠前道南有废屋一所，正与」祠直，陊堕既尽，积为秽区。每春秋祀」事毕，同人出祠门南向，烦壤触目，心」焉病之。而形家亦谓，祠前宜有高垣，」以为之蔽。顾其地非我有，弗能就也。」逮修祠之岁，其人将以地售，同人亟」以公储钱购得之，相与谋曰："吾祠病」是久矣。今幸

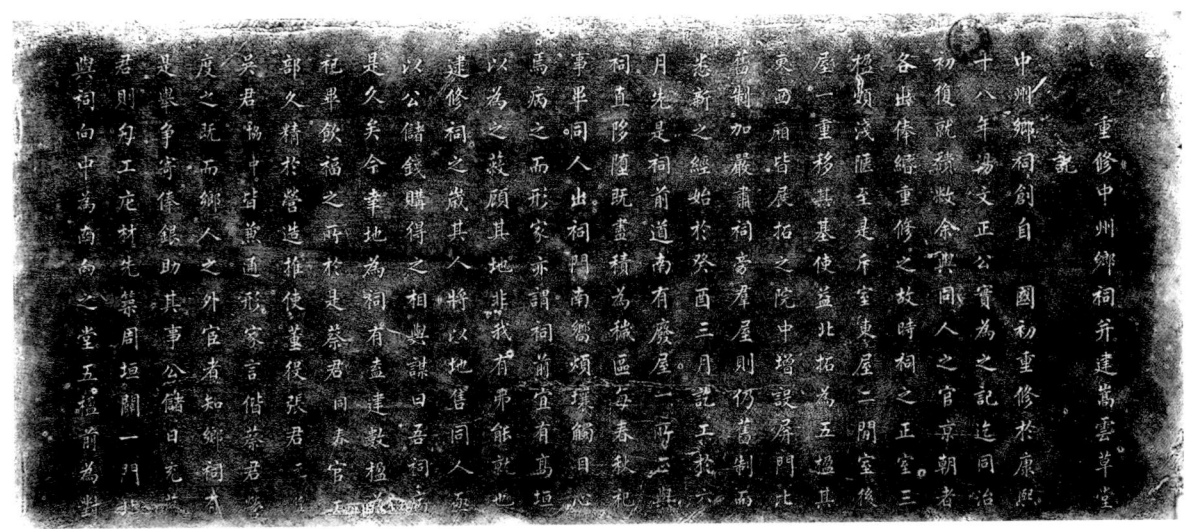

中州乡祠重修并建嵩云草堂刻石拓片（一）

中州乡祠重修并建嵩云草堂刻石拓片（二）

中州乡祠重修并建嵩云草堂刻石拓片（三）

地为祠有，盍建数楹，为」祀毕饮福之所？"于是蔡君同春官工」部，久精于营造，推使董役，张君元益、」吴君协中皆兼通形家言，偕蔡君营」度之。既而乡人之外宦者知乡祠有」是举，争寄俸银助其事，公储日充。蔡」君则匀工庀材，先筑周垣，辟一门北」与祠向，中为南向之堂五楹，前为对」

（第二石）厅，左右翼以长廊，堂之后、廊之左右，」皆建群屋，廊东迤南，起高阁以祀文」昌之神。工未竟，而今少司寇袁君保」恒督饷事竣旋京。君固久欲为是举」者，至是，踊跃奋发。再以公储购得西」南毗连地数亩，益引泉凿池，叠石为」山，敞以华轩，缭以曲室，辟大门南向，」统揭之曰"嵩云草堂"。识堂之为吾中」州有也。丁丑八月，工乃竣。同人属余」为文记之。余惟于乡祠之创立、修葺，前」有汤文正公之记在。盖尝因修祠之」役，而论及中州理学之渊源，尤殷殷」以学乡先正之学者为后来劝。其论」至矣。昶之浅陋，何敢复赞一辞，惟是」草堂之筑，为吾侪所嗣兴，崇闳壮丽，」几侈于祠数倍，时历四年，縻白金逾」万数，使蒿艾瓦砾之地，变为巨厦崇」墉。虽事几之会适然，然吾同人之所」以为吾乡祠谋者，亦可谓不遗余力」矣。当吾人徘徊祠前，顾瞻斯地，时虑」岂及此，宜诸君之欲有言以垂久远」也。余观乡祠墀前，植有石笋二，汤文」正公旧物也。石之长不能寻丈，非有」奇礓灵壁、环伟殊异之观，而其名特」著于日下。乾隆之季，有权贵至，欲以上」势焰胁致于其园亭以为重。赖胡庄」

（第三石）敏公之力靳不与，石得久存，迄今又」百余年矣。四方人士过银湾旧墅，往」往停车祠前，叩门问汤文正公石笋」所在，摩挲瞻仰，以一见为幸。呜呼！一」物之微，虽其仅供耳目之玩者，苟托」诸其人，其足重于世如此。今草堂之」筑，广厦高台，平池曲磴，与夫卉木藤」竹之属，奚啻一石笋之玩已哉？然则」吾与诸君子之登斯堂也，因桑梓之恭，而益兴高景之慕，其必思所以为」吾草堂重者，则庶乎无愧于乡先正」之遗风余烈矣。既以质诸同人，遂书」之以为记。」

光绪四年岁次戊寅二月谷旦。武陟」毛昶熙撰并书。」

嵩云草堂条规刻石

清光绪四年（1878）季秋之月（九月）谷旦

首题：嵩云草堂条规

石为嵌墙横石，高45厘米，宽107厘米。石刻文字正书。

石原址在宣武区广内街道达智桥胡同55号（原址在北京市宣武区上斜街34号），现藏北京石刻艺术博物馆。

按：嵩云草堂是河南在京最大的一处会馆，亦是近代史上的一处胜迹。公车上书时，许多举子们便是从这里出发前往督察院的。这里也是强学会和保国会的活动场所，袁世凯、张勋等人都曾在此处活动。

录文：

嵩云草堂条规」

一、以文会友，所以联同人，亦所以勖后进也。今」议设立文会。凡同乡京、外官之子弟在京读」书，以及各郡邑应乡、会试而来者，均准到此」会课。每月一次，延京官二人专主课事。」

一、建修经费，捐自外官者多。嗣后凡同乡由封」疆、藩臬入觐，以及道府州县之引」见而至者，除正厅、西厅外，准其借寓。惟住房」无多，所有候选及应试者，仍听住会馆，不许」擅借。」

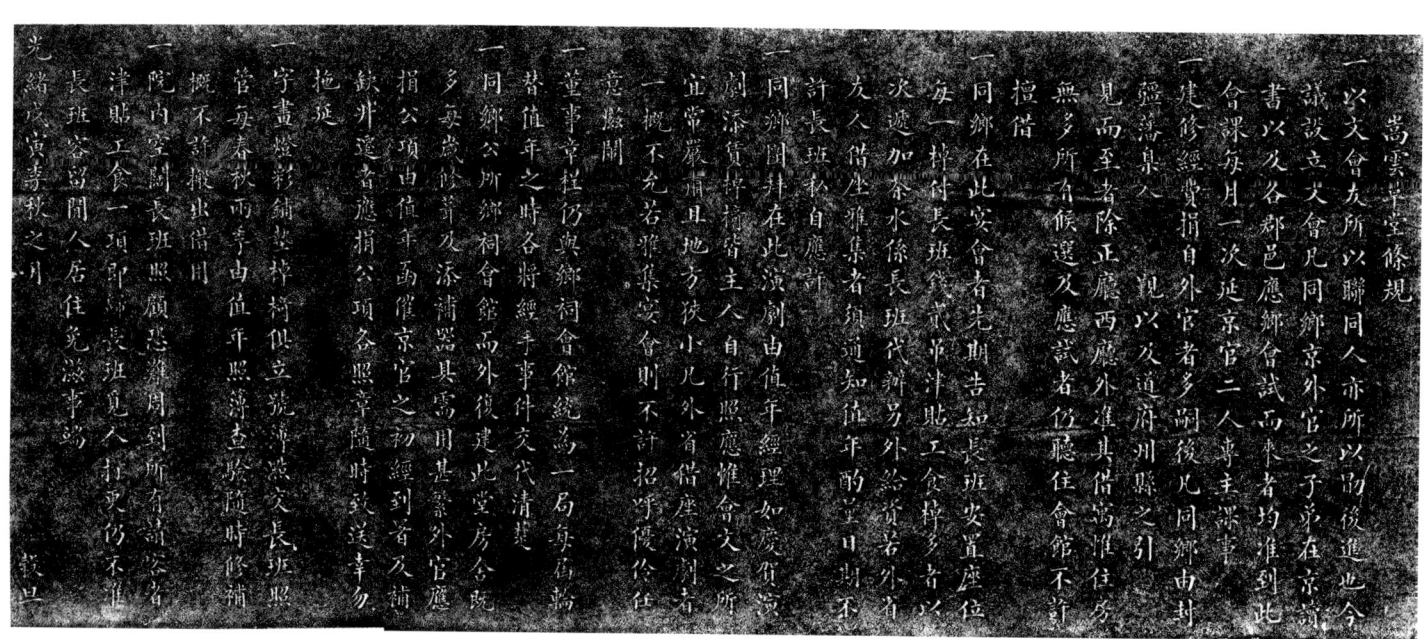

嵩云草堂条规刻石拓片

一、同乡在此宴会者，先期告知长班，安置座位。每一桌付长班钱贰吊，津贴工食，桌多者以次递加。茶水系长班代办，另外给资。若外省友人借座雅集者，须通知值年，酌量日期，不许长班私自应许。

一、同乡团拜在此演剧，由值年经理。如庆贺演剧，添赁桌椅，皆主人自行照应。惟会文之所宜常严肃，且地方狭小，凡外省借座演剧者，一概不允。若雅集宴会，则不许招呼优伶，任意滋闹。

一、董事章程，仍与乡祠会馆统为一局，每届轮替值年之时，各将经手事件交代清楚。

一、同乡公所、乡祠会馆而外，复建此堂。房舍既多，每岁修葺及添补器具，需用甚繁。外官应捐公项，由值年函催。京官之初经到署及补缺升迁者应捐公项，各照章随时致送。幸勿拖延。

一、字画灯彩、铺垫桌椅，俱立号簿，点交长班照管。每春、秋两季，由值年照簿查验，随时修补，概不许搬出借用。

一、院内空阔，长班照顾，恐难周到。所有请客者津贴工食一项，即归长班觅人打更，仍不准长班容留闲人居住，免滋事端。

光绪戊寅季秋之月谷旦。

玉虚宫重修碑

清光绪五年（1879）四月二十一日

额题：万古流芳

（碑阴）

清光绪五年（1879）岁次己卯孟夏月（四月）

额题：万善同归

邑人刘佑清书

工师刘东江镌

碑螭首方座，碑身阳、阴均有浮雕云龙纹边框，座浮雕四龙。碑身阳面碑文部分文字缺失。碑身阴面有数道划痕，文字基本完整。碑首、身通高233厘米，宽96厘米，厚26厘米；碑座高75厘米，宽120厘米，厚47厘米。额文、碑文均正书。碑阴刻护法众善人等以及开山人等题名，有大小两种字体。"护法众善人等"题名中有"长春宫四品花翎总管李莲英"、"钟粹宫六品蓝翎首领高诚义"、"长春宫六品蓝翎总管刘诚印"、"乾清宫五品督领事佟禄"等太监名。

碑立于房山区黄山店乡宝金山玉虚宫大殿前南侧，坐西朝东。

按：玉虚宫位于房山区黄山店乡宝金山，坐西朝东。两进院落，砖券山门。正殿三间调大脊，旋子彩画。后院山门勾搭连顶，正殿面阔三间，调大脊，旋子彩画。玉虚宫后有墓塔，损毁严重。

录文：

额题：万古 」流芳 」

房山县西宝金山之麓有 」三清庙□□庞崇闳，房廊轩□，林壑之胜，环布户牖，境寂忘暑。」风来□□，□□送春，松涛聒耳。每当疏林，雾老屋云，归花□」谷，清磬□□，□□湍，岚光掩日。凡清修奇士，览胜名流，靡」不对景神□□□□□。诚修甚（按：当为"身"之误。）之别业，餐秀之名区也。岁月」阮久，风雨渐侵，□□□人，云泉无色。爰略加葺治，俾复旧观。」冀领烟霞，勿崇华靡，泉流穿屋，松影当窗，香篆云迷，经声樵」和。又何必张卧游之图，夸济胜之具，方足以笑傲林泉，探奇」丘壑哉。嗟乎！软红十丈，叹名迹之久湮；空翠千林，幸游踪之」可寄。静观自得挹爽，非遥游斯地者，其亦对泉石而流连，抚」云萝而眷恋者乎。是为记。」

光绪五年孟夏二十一日建立。」

（碑阴）

额题：万善 」同归 」

京都顺天府房山县西乡宝金山护法众善人等：长春宫四品花翎总管李连英、钟粹宫六品蓝翎首领高诚义、钟粹宫六品首领范诚启、钟粹宫七品首领张诚安、长春宫六品蓝翎总管刘诚

玉虚宫重修碑碑阳拓片

玉虚宫重修碑碑阴拓片

印、长春宫七品首领孙理慎、乾清宫五品督领事佟禄、广忠、高明山、范平喜、刘宝德、厉进才、赵永志、佟志河、李金声、张进喜、黄金庆、张吉福、熊有林、文明玉、玉润、杨勇、张德喜、梁永年、张奎光。

开山：张诚安、范诚启、刘诚印、高诚义、佟禄。

率徒：崔信仁、孙信义、徐信礼、郝信智、谢信善、杨信慧、陈信平、周信泰、盛信长、张信春。

经理人魏德普。

邑人刘佑清书。

光绪五年岁次己卯孟夏月建立。工师刘东江镌。

药方碑

清光绪六年（1880）四月刻石

碑首高 47 厘米，宽 96.5 厘米，厚 48 厘米；碑身高 160 厘米，宽 85 厘米，厚 38 厘米。碑阳额文正书，碑阳及两侧文字草书，碑阴镌药方，横竖各分十栏共百栏，每栏间有界格，文字均正书。

碑原址在昌平区沙河东村泰清宫，现存昌平公园内石刻园。

录文：

额题：神道设教，或病无用。今示百方，」专济世医所不逮，非敢自用，皆」具至诚，各宜诚求，罔不获应。药」世乏术，医疾难精，知者其谁？既」广此意，勿视为无用，斯即设□」之心夫。时咸丰庚申，王屋山樵」序降方原序，光绪六年并泐石。」

碑阳：咸丰十年四月，」道济群生。」孙思邈。」

碑左右侧为对联：世上原无必死病，」药中多是大还丹。」

（碑阴镌药方，横竖各分十栏为百栏，每栏间有界格，共刊药方百付。从略）

药方碑碑阳拓片

药方碑阳额拓片

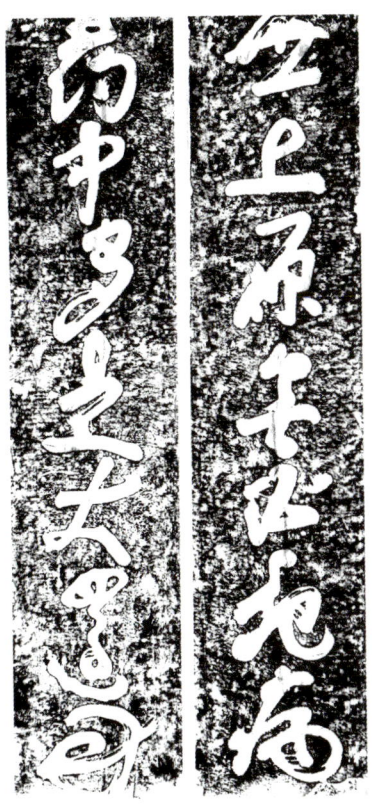

药方碑碑两侧拓片

药方碑碑阴拓片

药方碑（碑左侧）

味增爵会士狄公（仁吉）墓碑

清光绪六年（1880）八月二十四日卒

碑阳中题：味增爵会士狄公之墓

碑首及碑身上部残缺。碑身残高136厘米，宽77厘米，厚22厘米。碑阳碑文汉文、拉丁文合璧，汉文正书。碑阴无字。

碑原址在海淀区彰化村正福寺，现藏北京石刻艺术博物馆。

按：狄仁吉（Jean Baptiste Raphael Thierry，1823—1880）法国遣使会教士，1852年入会，咸丰五年（1855）来华，先到宁波，次年到河北及北京传教，屡次代行主教权管理教务。据档案记载，他曾参与镇压太平天国起义。

录文：

味增爵会士狄公之墓」

先生讳仁吉，泰西法郎济亚国人。生于道光三年，二」十九岁入会精修。咸丰五年来中华，传教直隶省地」方。谦恭持己，热切爱人，屡代行主教权，管理教务。光」绪六年八月二十四日丑正时，因病安逝于京都始」胎堂内，享年五十有八。」

味增爵会士狄公（仁吉）墓碑

杭州会馆碑

清光绪七年（1881）三月一日
额篆：杭州会馆碑记
首题：杭州会馆记
兵部右侍郎钱塘朱智撰文并书丹
碑身拓高120厘米，宽67厘米；额拓高宽均14厘米。额文、碑文均正书。
碑原在宣武区珠市口西大街路北杭州会馆，现下落不详。中国国家图书馆存拓片。

录文：

额篆：杭州」会馆」碑记」

杭州会馆记」

浙江省有会馆于京师二：旧馆肩不居，新馆浙东西人士杂居之，地隘不能容，他郡往往」各立馆以待乡里之入都者，而杭州独无。仁和、钱塘，都会也，则自为馆于正阳门外之西」珠市；海宁，剧州也，则自为馆于宣武门外之矙家阮。而他县征辟应公车、首畿路，大都离」群而散处，智心歉焉，思建杭州馆以比于诸外郡，蓄之二十余年矣。夫古之为仕者，进而」在上，则大营客馆，广招天下贤士，退而在下，则散其黄金，赢余以与乡党父老相乐。智之」谫陋不学，忝直枢院，涍厕卿陪，诚不能有所建树以为邦家之光，其又何敢私」君赐以自利哉？今齿且衰矣，而归心怦怦，用举历官所得禄奉，买宅虎坊桥东，凡屋五十」余楹，以为杭州会馆。葺其败垣，易其散材，砻之涂之，数月而功毕具。地去仁钱会馆不一」里，相群侣焉，相过从焉，庶几一州八县之士，入国门而有闾巷之乐乎？而郡人之官京朝」者，亦且以岁时礼饮宴乐于兹堂。大比之年，得从诸英俊，谘乡事，敦古欢。此亦久客者之」所欣也。智自庚戌入都，不十年而江表军兴，故乡多事，桑梓剪为榛芜。赖」王师电举飙发，郡县次第克复，然后士夫乃各得保其宅里。于是仕途竞开，举额增广，而」士之策名入仕者迹交辇下，乃倍于道光、咸丰之时。今」朝廷向治，元气浸复，海舶陆车，纷辏京国。安知十年之后，不更盛于今日耶？智之力薄，愧」未能崇大其馆，以尽居一郡之英才。抑又闻之，大辂始于椎轮，崇山基于一篑，则是馆特」吾郡之嚆矢也。若夫重门广榭，以上应传舍之星，是愿以俟后之君子矣。」

光绪七年岁次辛巳三月癸亥朔。兵部右侍郎钱塘朱智撰并书。」

煤行公议碑

清光绪七年（1881）四月

额双勾篆：立基永远

首题：煤行公议碑记

正蓝旗汉军生员马翰如撰文

马希光书丹

游书和篆额

孙栋梁镌刻

碑身拓高137厘米，宽69厘米；额拓高23厘米，宽22厘米。额文篆书，碑文正书。

碑现立于门头沟区圈门窑神庙。

按：1999年调查时，窑神庙在圈门中学内。该碑埋在窑神庙正殿台基下，窑神庙遗址地上存雕二龙戏珠碑首一件，碑座两件，均为方座，雕龙、尺寸、纹饰相同。现窑神庙殿宇已重修，碑亦重立，但不对外开放。

录文：

额篆：立基」永远」

煤行公议碑记」

夫百行皆有事于公议，而煤行公议者为何事？盖因门头沟僻在山陬，宅幽而势阻，凡煤窑处所，尽在冈」峦起伏之中。驼载往来，崎岖不易，每当大雨时行，山水冲刷，乱石壅塞，涧道泉流，不平治之，跬步亦甚难」耳。此同行公议所由起也。圈门外有窑神古庙，岁时致祭，奉俎豆，荐馨香，为乡人所趋集。溯自咸丰十年，」梁秉俊、孙英贤、马惠孚、张朝玉等始议立局于此，收取本地众煤窑驮子钱，仅供修道之费，不使有余。至例年恭庆」窑神，同行演戏，尚赖本地煤行生理，各村布施，共成善举。遵行有年，未有异议。今更于庙右隙地另修墙院，建」房十余楹，为岁时办公之所。赖同行资助，不崇朝而土木告成。噫！神坛镇居水口，善作尤贵善成，福地感」名山灵，有财然后有用。吾乡人生长于斯，嬉游于斯，各安生业亦于斯，愿勿忽此经营焉可矣。庙中旧有」嘉庆元年、咸丰三年重修碑记可考，废兴成毁，虽听于数之自然，规久计者，舍人事不为功也。兹以谊关」桑梓，乐述其事而为记。」

正蓝旗汉军生员马翰如撰。马希光书。」

游书和篆额。」

段益纯、梁作霖监修。」

大清光绪七年岁在辛巳孟夏之月谷旦。」

深州孙栋梁勒石。」

圈门窑神庙旧照一组

豁免煤税碑

清光绪七年（1881）四月

首题：重建豁免煤税碑记

钦加员外郎户部广东司主事梁作舟撰文

从九品职衔游书和篆额

正蓝旗汉军生员马希光书丹

碑身拓高141厘米，宽70厘米。碑文正书。

碑现立于门头沟区圈门窑神庙。

按：1999年调查时，窑神庙在圈门中学内。该碑埋在窑神庙正殿台基下。

录文：

重建豁免煤税碑记」

开采煤窑，不知昉自何时，盖视柴炭为火化所需，因取物产自然之利。宝藏本兴于山，贷财弗弃于地，日」用饮食，咸利赖之。宛邑所属西山一带产煤之区，附近京师，为亿万户炊爨所取给。入山开采，居其地者，」食其利焉。我」朝厚泽深仁，煤税早经豁免，悯物力艰难，恤民生疾苦，闾阎幽隐，胥在」圣明洞鉴之中。山场区别以来，其在官山，照例纳税，凡属民业，悉听自行开采。所为」恩施内地者，至优极渥也。乃历年久远，戴高履厚，习焉若忘，肖小生心，或滋扰累。苟弗溯所由来，何以得安生」业，深恐有负」国恩。窑神庙旧有豁免煤税碑记，因嘉庆六年大水冲刷，磨灭无存。兹谨查会典所载，略述梗概，为居其地、食」其利者敬志不忘。」

钦加员外郎衔户部广东司主事梁作舟撰。从九品职衔游书和篆额。」

正蓝旗汉军生员马希光书。」

首事绅董：候选县丞俞瀛山、监生段益纯、生员马翰如、监生齐文瑞、天文生梁作霖。」

大清光绪七年岁在辛巳孟夏之月谷旦。」

王德榜修筑永定河题刻

清光绪八年（1882年）孟春（一月）

王德榜题

摩崖石刻距地面约420厘米，开光高210厘米，宽100厘米。石刻文字正书。

摩崖刻于门头沟区丁家滩陇驾庄东桥东南侧永定河东岸京门铁路2号隧道西侧石壁。

按：该摩崖为王德榜主持修筑永定河工程完工时所题。

录文：

钦命头品顶戴赏穿黄马褂奏办直隶顺天河务前福」建布政使达冲阿巴图鲁楚南王德榜题。」统师徒，杀水势，燕」民从此乐熙熙。」光绪捌年孟春月谷旦立于野西河。」

王德榜修筑永定河题刻

邱长春真人事实之碑

清光绪八年（1882）孟秋中元日（七月十五日）

额篆：邱长春真人事实之碑

首题：邱长春真人事实

太子少保前署盛京将军兼兵部尚书总督奉天等处旗民地方军务都察院左都御史完颜崇厚书丹

（碑阴）

额篆：万古流芳

碑方首方座，首身高370厘米，宽110厘米，厚34厘米；座高96厘米，宽157厘米，厚75厘米。碑阳、阴额文均篆书；碑文阳阴均正书。

碑在西城区白云观邱祖殿前。

录文：

额篆：邱长春」真人事」实之碑」

邱长春真人事实」

按元史载，邱处机，登州栖霞人，自号长春子。儿时，有相者谓其异日当为神仙伯。年十九，为全真学于宁海之昆嵛山，与马钰、」谭处端、刘处元、王处一、郝大通、孙不二同师重阳王真人。重阳一见，大器之。宋金末，各遣使来召，不赴。岁己卯，太祖自乃蛮命」近臣刘仲禄持诏求之。处机一日忽语其徒，使治装，曰，天使至，我当行。翌日，果至。乃与弟子十八人同往。明年，宿留山北，先驰」表谢，拳拳以止杀为劝。又明年，趣使再至，乃发抚州，经数十国，涉地万余里，自昆嵛历四载，始达西域之雪山。常马行深雪中，」马上举鞭试之，未及积雪之半。既至，太祖大悦，赐食，设庐帐甚饬。时方西征，日事攻战，处机每言，欲一天下者，必不嗜杀人。及」问为治之方，对以"敬天爱民为本"。问长生久视之道，告以"清心寡欲为先"。太祖深契其言，命左右书之，且以训诸皇子。于是锡」以虎符，副以玺书，不斥其名，惟曰"神仙"。太祖感雷震，以问。处机对曰："雷，天威也。人罪莫大于不孝，不孝则不顺乎天，故天威震」动以警之。陛下宜畏天威，明孝道，以导有众。"太祖善之。一日，

邱长春真人事实之碑

太祖大猎于东山。马蹄，处机请曰："天道好生。陛下春秋高，数畋猎，"非宜。"太祖为之罢猎。当丧乱之时，民罹俘获者无所避。处机还燕，使其徒持牒招求河南北间，由是，被掠为奴者得复为良与│濒死而幸更生者亡虑二三万人。荧惑犯尾，其占在燕。处机祷之，果退舍。岁旱，祷之，期以三日雨，当名瑞应。已而亦验。改赐所│居名长春宫，且遣使劳问，曰："朕尝念神仙，神仙毋忘朕也。"六月，浴于东溪。越二日，天大雷雨，太液池水入东湖，声闻数里，鱼鳖│尽去，池遂涸，而北口开，岸亦崩，处机叹曰："山其摧乎？池其涸乎？吾将与之俱乎？"卒年八十。未几，有人见之于房山，衣冠如故。所│著有《磻溪鸣道集》、《西游记》。其诸事迹、策对、诗、颂，详见于《庆会录》、《辍耕录》、《甘水仙源录》、《白云仙表》。│

壬午仲春恭录。│

《长春真人事实》送交白云观，悬之│邱祖殿壁，即处顺堂。复与高云溪方丈、姚霭云监院晤谈，金欲刻碑，以垂永久。并经│九天雷祖庙李旭谷铼师示阅《道藏辑要》、《甘水仙源录》，考证│七真事迹，因知昆嵛山名，《元史》讹为昆仑，今更正之。谨重书上石。时光绪壬午孟秋中元日。│

太子少保前署盛京将军兼兵部尚书总督奉天等处旗民地方军务都察院左都御史完颜崇厚敬书。│

（碑阴）

额篆：万古│流芳│

长春永久圣会会首，芳名开列于右：│

引善常明。│

文纲、景祥、润惠、国秀、承毓、溥麟、载楷、英绶、德寿、│
常存、文麟、恒喜、德庆、文德、继禄、祥福、福年、存山、│
立志、嵩山、常善、德俊、存安、文佩、广升、嵩山、嵩春、│
文绪、廷辅、廷佐、立顺、吉秀、春祥、恒泰、明厚、舒明、│
连升、文盛、大元、多绂、长荣、玉安、恒谦、延年、延增、│
常升、永年、士俊、恩奎、沈廉、高亮、恩锦、荣兴、吉桂、│
长顺、庆春、萧芝、奎亮、常瑞、奎保、奎英、锡瑞、玉衡、│
兴禄、连达、存麟、钱清、永惠、如辛、德庆、观善、延暄、│
广绍、敬安、常兴、明禄、李恒、姜懋、文启、佑兴、常玉、│
阿克敦、蒙文泰、孟彭联、李发荣、陈松桂、张裕兴、贾文铎、李常祥、李玉衡、│
杨玉安、李庆秀、王文烜、徐明海、李明绪、于长顺、王士泰、胡秀太、李文惠、│
周松佑、段祝元、杨常瑞、沈振麟、张乐斋、梁德润、许良标、吴纯朴、兰英斋、│
佩华楼、义和楼、聚华楼、义德永、泰丰永、王会昌、林溥。│

昌平州严禁州役沿途勒索民财告示碑

清光绪八年（1882）十月

额题：万古千秋

碑身拓高 120 厘米，宽 51 厘米；额拓高 16 厘米，宽 13 厘米。额文及碑文均正书。

碑原在昌平县阳坊镇，现下落不详。中国国家图书馆存拓片。

录文：

额题：万古｜千秋｜

钦加四品顶戴赏戴花翎特授昌平州正堂加九级纪录四次宋为｜出示严禁事：案蒙｜尹宪扎开据宛平县石港司分辖清白口村民白玉堂、高福款、张进礼联名各村养牲居民｜呈称：世居西山，土瘠田薄，多以养骡为生。驮运煤炭，进京发卖，均由昌平州属羊坊镇过往。今有州役谢宝山、杨得山等十数人盘踞羊坊镇，假藉官差为名，遇有过往牲畜，拦阻任意｜勒索。稍有不遂，即行威吓捆打。并有土棍伴作说合，勒令包季，每骡一头，花钱十吊，夏季亦｜然，冬季加倍。遇有驮木炭者，亦额外要钱。以致养牲之家歇业待毙、难为生计等情。饬即认｜真稽察，剀切晓谕等因。蒙此，除密访查察外，合行出示严禁。为此示仰该处军民及差役人｜等知悉：自示之后，如有一切驮运及负载煤炭、果实牲畜由羊坊镇经过，不准拦住勒索，致｜误平民生计。如敢仍蹈前辙，及同土棍威吓包差等事，一经查出，或被告发，定即拘案严惩，｜决不宽贷。各宜凛遵毋违。特示。右仰知悉。｜

光绪八年十月日。｜

告示。遵州示，立碑于羊坊镇。｜

喀尔喀馆碑

清光绪八年（1882）十二月立

额题：德政流芳（阳）急公好义（阴）

大兴李延龄撰文

东安解锡桂书丹

碑身阳、阴拓均高126厘米，宽65厘米；额阳、阴拓高宽均24厘米。碑阳额文正书，阴额文双勾正书。碑文正书，碑阴刻题名、铺号及捐资银两。

碑原址在朝阳区安定门外五路居外馆斜街，现下落不详。中国国家图书馆存拓片。

按：喀尔喀馆，为清时外蒙王公入觐驻停之所。清制，蒙古王公入觐，不得在内城居住，故在城外建馆。喀尔喀是外蒙古部落名称。后来，喀尔喀馆所在地逐渐成为对蒙贸易集散地，喀尔喀馆遂演变为外蒙商人居停之所。喀尔喀馆馆舍今已不存，其旧址已建成居民小区，高楼林立。

录文：

额题：德政」流芳」

从来屏藩众建，特重怀柔。琛赆偕来，同歌信宿所由；乐郊欣燕，誉嘉客庆鸠安」也。京师北关外旧有喀尔喀馆，系蒙古王公岁时入觐驻停之所，建立有年，钜」制极为宏敞，列侯久荷帡幪。迩来雨风吹洒，墙颓路陷，易招虎视之眈，每有鼠」穿之戒。本地商民拟请捐赀修理。于光绪壬午年禀呈」钦命巡视北城察院兼喀尔喀馆监督和宪呈报工部理藩院，得蒙允准，遂捐赀估」料，涓吉鸠工，悉照旧式。凡宫门、垣墙、街道、更房等，一律重新。历一寒暑，工程始」竣。懿哉！车骑尘清，上客无探囊之警；藩篱夜静，远人得息驾之安。行见」朝廷覆帱之仁、」城宪经营之善，并垂于不朽也。」

大兴李延龄撰。」

东安解锡桂书。」

光绪八年岁次壬午嘉平月谷旦。喀尔喀馆众商民公立。」

松筠庵刻石

清光绪九年（1883）九月吉日
翰林院编修南皮张曾敩记
拓高31厘米，宽43厘米。石刻文字正书。
石刻在宣武区达智桥松筠庵。

录文：

松筠庵者，前明畿辅士大夫即」杨忠愍公故宅为祠，以祀公庵中。」募僧住持，司焚扫，其祀事则官绅」经理之。由明迄今，不懈益虔。光绪」间，僧明基者耄而慵，祠事渐以废」弛。已而明基死，其徒二人，皆市井」无赖。是年，余适直邑公事，因与乡」先生议逐去之，而别募僧学真者」来住持。凡异时所废弛，次第复之。」癸未夏，修祀事，同人咸集，复议曰：」是庵也，既假为浮屠之居，则僧之」贤愚，祠之典守系焉。易僧之举，至」是已屡见，宜书以告后之□事者，」且俾方外哑羊粥饭之流，无于是」庵生桑下之恋，致烦地主之变置」焉。余曰然，遂书而勒之壁。」

翰林院编修南皮张曾敩记。」

光绪九年九月吉日。」

田嘉壁墓碑

清光绪十年（1884）四月晦日（三十日）安逝北京

清光绪十年（1884）五月初二，葬于京西正福寺

碑阳中题：圣味增爵会主教田公之墓

（碑阴）

大清光绪十一年（1885）岁次乙酉三月朔

首题：主教田公类斯碑文

碑方首，碑阳额镌刻十字架。碑首身通高246厘米，宽76厘米，厚25厘米。碑阳碑文汉文、拉丁文合璧，汉文正书。碑阴汉文正书。

碑原址在海淀区彰化村正福寺，现藏北京石刻艺术博物馆。

录文：

圣味增爵会主教田公之墓」

公讳嘉壁，字类斯，泰西拂郎济亚国人。生于嘉庆二十四年，道光十」八年入圣味增爵会，二十六年东来宣道。先传教于河南，咸丰二年，升」主教尊位，管理江西教务。越二载，移任浙江。同治九年，调升北京主」教。光绪十年四月晦日，安逝北京本署救世堂。五月初二日，葬于京」西正福寺。在会四十八年，居主教位三十二载，享寿六十有六。」

（碑阴）

主教田公类斯碑文」

公讳嘉壁，字类斯，泰西拂郎济亚国人也。资秉绝伦，博古通今，圣学、俗学，兼造其极。蚍蜉尘世，尚志神修，」年二十二，入圣味增爵会。既为神铎，悯世人有不被救赎之泽者，若已推而内之沟中。遂以震聋发聩、道」援天下为己任。道光二十六年，聿来东夏，振铎于豫。咸丰二年，以才德优崇，宜广其设施，升司教之职，开」府江西。越二载，移旌于浙。同治九年，北京司教孟公卸世。」教宗必约第九位以京都教务殷繁，且时势方棘，非异常利器，不足以继前哲，处盘错之会。用是，特旨升公为」北京主教。祥风所扇，草木皆春，道德之化，洽肌沦骨。因以建堂立学，人皆乐从，礼乐文章，蒸蒸日进。乃上」主鉴公勋劳既丰，宜膺上赏。遂于光绪十年四月晦，召离尘世，寿六十有六。五月丁丑，葬于京西正福寺之原。呜」呼！凡在修嚎者方期久乐保怀，而忽惊捐弃，此所以咸不禁思慕涕零之交集而横溢也。公性严明贞固，」虽驭下以宽，而群属肃然，几务纷集，而治理裕如；见微知著，不惑不迁；任重致远，能弘能毅。道德之精论，」言言有物，令人听之忘倦。冗暇勤于著述。其义精，其思广，而语尚简明。若夫文章之事，公虽擅其长，则以」□□不务，不轻示人。而片札偶传，四海莫不乐诵之。公之爱人也，急于神，亦不遗其形。功业垂于圣教，而恩」□罩于国。念属下贞女有志神修，而散

而不一，为立圣若瑟会，使有院同居，有规共守。既易自臻于齐全，」又可有功于圣教。其规模志趣，大抵与仁爱会同，而服饰不异寻常，于中国通行较易。又建病院于北京」及天津紫竹林。病而愿入者，无分教中、教外，俱收而医治之，每年至数万余。瘥者出之，亡者棺而瘗之，茕」鳏无所依者留养之。仁爱之功，于斯为著，而其效亦大。若火之烁物，由外达内，煖其形亦即之煖其心。故放」弛者入，谨饬以出；无信者入，怀信以逝。此盖公之所志也，而外教亦皆感颂焉。夫苟笃于爱人而怀抱奇」才者，何事不可以有为？当公之在浙也，匪焰方炽，公愍下民涂炭，遂鸠义军，率以扑遏，城池土庶，赖以保」□者多。大吏上其功，」皇帝□□以□，不受，赐金、银牌各一，赏穿黄马褂。公以其料为圣台丞尘，彰君之赐也。呜呼！若公者，殆可谓有」□□而兼武备者矣。至若公之德备于己，爱主以诚，人只叹其妙，而莫能形容其妙。予所谨当步趋，而深」愧仰赞靡逮者，兹皆不敢铺叙，以言辞惧不足以宣而反晦之也。」

大清光绪十一年岁次乙酉三月朔，同会后进谨撰。」

田嘉壁墓碑碑阳

田嘉壁墓碑碑阴

田嘉壁墓碑碑阳拓片　　　　　　田嘉壁墓碑碑阴拓片

顺天府尹为给宛平县东芦城知悉告示碑

清光绪拾年（1884）闰五月十六日

碑首、座均佚，碑身边框饰浮雕卷草纹，碑面多处漫漶。碑身高140厘米，宽66厘米，厚13厘米。碑文正书。

1996年普查时，碑在大兴区东芦城村中路西，仆地。

按：碑文末行标"告示"。文中载，时钦命礼部尚书兼管顺天府府尹毕道远、钦命稽察庞各庄粥场太常寺卿徐树铭、钦命署户部左侍郎顺天府府尹周家楣于光绪十年（1884）四月二十三日奉上谕查办汛官、河工扰民事。据徐树铭奏，永定河沿岸东西芦城两村农民为挑土筑堤，倍受汛官、河工敲诈勒索。为防止折价扰民等事再发生，顺天府分别在两村立碑告示。此为东芦城村告示碑，西芦城村告示碑立于光绪十一年（1885）。碑早年倾倒，座佚，现两村各存碑身，内容基本相同。

录文：

钦命礼部尚书兼管顺天府府尹毕、钦命稽察庞各庄粥场太常寺卿徐、钦命署户部左侍郎顺天府府尹周为□□事□得本☑于四月二十三日奏。奉」上谕，前据太常寺卿徐树铭奏"永定沿河被水村□□暂停止河工□用民力章程"一折，当谕令李鸿章妥为□」办。兹复据该京卿奏称，村民交土流弊已极，节经涿州、良乡、固安、永清等处之丁各庄等四十五村，梨村等六十」九村，孝城等二十六村，王居村等二十二村村民，☑信安镇。霸州之筑城、东安之诸」河港等处，有折价交上情弊，请饬以河工，☑永定河一带被水灾民异常困苦，岂」容稍有勒派？所有河工令民交土章程，著即停止，☑河工自有之款一节，著李鸿章妥筹办」理。汛官余昌孙寿、孙国培等，既称有折价扰民情事节，著☑周家楣查明从严参办。该部知道，钦」此。所有应办事宜，除由本部堂会同」爵阁督部堂李查办外，合行晓谕该村民等敬谨遵照可也。特示恒遵。」

给宛平县东芦城村知悉。」

光绪拾年闰五月十六日。」

告示。」

顺天府尹为给宛平县东芦城知悉告示碑拓片

福荫紫竹院碑

大清光绪十一年（1885）十一月十五日谷旦

额篆：万古流芳

首题：福荫紫竹院碑

经筵日讲起居注官太子少保花翎头品顶戴兵部尚书南书房行走管理户部三库兼管钱法堂事务咸丰壬子恩科进士潘祖荫字东镛号伯寅拜撰

碑身拓高135厘米，宽69厘米；额拓高19厘米，宽17厘米。额文双钩篆书，碑文正书。碑原在海淀区紫竹院内，现下落不详。中国国家图书馆存拓片。

录文：

额篆：万古」流芳」

福荫紫竹院碑」

盖自法兰西邈，陈绀马之仪；刹利东皈，布青螺之教。摩尼慧影，虽照穷于浊水；祇树胜域，实曜等于化城。但以空有难消，机寂莫悟，」金叶之布安求，铁锹之怖斯甚。五诚十力，必累劫而始通；六趣七横，或崇饰而可遣。是故天金天银之阙，铎语相闻；风轮火轮之界，」幡枝密建。岂非能仁之广筏，足济浮囊；真谛之幽栖，即为醒境？兹有福荫紫竹院者，庵罗旧苑，坚固贞林，溯创置于当年，纪营修于」今日。珍台焕霄，拟天竺鸡头之刹；元阁驾空，如耆阇雕鹫之窟。婆楼蒂下，甘露潜生，律提鸟身，香花自洗。远五都之市，静若穹岩；接」四誓之众，广同梵海。企瑞相于飞云，肃慈范于珂雪。一瞻一礼，喜万累之冰消；一赞一称，见群魔之雾卷。非止瓦官擅三绝之秘，阳」冰绕七级之崖。铣盘炫日，即号神功；石钵藏花，共傅仙穴已也。其中之崇檐杰构，阿阁相承，桂虎森横，松槛窅窱。若夫隐旃檀之座，」譬切利之宫。琉甍复起，银甍俯临，足以焜耀于兹寺者，则有报恩楼焉，所以恭祝」皇太后、皇上万岁万万岁。亿万」慈仪垂裕，符泰阶于三台；鸿号显扬，播徽音于万国。」皇上承颜有喜，介福无疆；薄海臣民，同深欢忭。兹素云勤资群力，敬展微诚。鹤息留丹，虹飞叠翠，替戾闻乎一同，昙摩馨乎四果。亭亭芝」干，产斗栱而未凋；彤彤莲蕊，奉宝甍而永固。经始于光绪癸未年七月，至乙酉年九月二十五日厥功始竟。金碧为帜，净业之胜以」生；铁鋬功成，大施之会丕若。念昔沪渎之浮维卫，爰渤穹珉；天水之颂佛龛，亦垂竹素。用是虔敷愿海，广设导师，餐具伊蒲，施余」磨勒。匠由神运，机以冥通，不有镌题，曷昭来许？因兹无漏，聊识波旬，庶几彦和铭象，不黏外道之黐；源贺投辞，堪作祇洹之偈。」

大清光绪十一年十一月十五日谷旦立。」

经筵日讲起居注官太子少保花翎头品顶戴兵部尚书南书房行走管理户部三库兼管钱法堂事务咸丰壬子恩科进士潘祖荫字东镛号伯寅拜撰。」

重建紫竹院碑

大清光绪十一年（1885）十一月十五日谷旦

首题：重建紫竹院碑记

赏戴花翎印选知县山左李其寓敬撰并书

碑身拓高134厘米，宽69厘米。碑文正书。

碑原在海淀区紫竹院内，现下落不详。中国国家图书馆存拓片。

按：文中提及的刘素云即刘多生，法名刘诚印，又名刘明印，道号素云道人，又号符合子。刘多生为清末著名太监。在清光绪时曾为宫廷内务府副总管，为内务府总管李莲英之副手。据刘诚印碑铭，他拜白云观第十九代方丈张耕云为师，后来成为白云观第二十代律师。他依靠本人的财力和权势，修缮寺观多处。刘多生墓在海淀区青龙桥镇老府村九号东，东北为金山，西为宝藏寺，南为董四墓村。

录文：

重建紫竹院碑记」

夫都城多庙也。城之西数里长河地方，有古刹紫竹院者，乃万寿寺之下院也。方丈德果，因下院众多，势难」兼顾，恐误梵修，即商之于广化寺魁一和尚，拟让与乐善之人，勿论僧、道、士、庶，永助梵修，以偿此愿。魁一和」尚即酌之白云观方丈高云溪、监院姚霭云两羽士，咸忻然曰："兹有余同戒刘素云者，修建庙宇，济危救困，」不可枚举，至于舍药施茶，乃其余事。可推谓功德之主也。其人生而聪慧，长而博学，言行忠信，作事仁慈，忠」孝耿耿，儒道兼优，乐善好施，可谓手屈一指。"因而德果和尚笃慕善缘，愿将此庙奉送与刘素云羽士，永为」梵修住持之所也。庙前小山一座迎照，莲塘数顷平铺，后绕长河为护，左右双塔相映。更忻广源一桥，树木」丛杂，不啻绿天。庵中形式幽静，世人共赏，足称峦嶂翠峨之区，真可谓与名山争胜也。夫紫竹院者，乃」观音大士之行宫也。奈年久废弛，殿宇倾塌，素云曰：似此胜境，何凋零至此？因发愿募化，重修」大殿三楹、东西耳殿各三楹、东西客堂各三楹、司房三楹、厨房三楹、华祖殿三楹、灵官殿三楹、南客堂六楹、」三清殿三楹、东西静室各三楹、报恩楼九楹，供奉」长春邱祖圣像。东为斋堂三楹，西为祠堂三楹，东西围房、库房、门户、游廊、亭、台等百余楹，山门迤东为马号房」户二十余间。大兴土木之工三载有余，焕然一新，更名为"福荫紫竹道院"。素云敬约云溪、霭云两羽士同入」紫竹院，以为修息之所。素云，智人也，思深虑远，相约两羽士者，志在得人，恐无继绪，是以共修盛事，绵绵远」远，永垂不朽，亦不负素云之一片苦心耳。为此勒诸贞石，是为记。」

大清光绪十一年十一月十五日谷旦立。」

赏戴花翎印选知县山左李其寓敬撰并书。」

梨园聚议庙会碑

清光绪十三年（1887）九月

额篆：万古流芳

赐进士出身诰授奉直大夫兵部主事北平孙如梅撰文

赐进士及第诰授光禄大夫协办大学士刑部尚书军机大臣南皮张之万书丹

碑身拓高139厘米，宽87厘米；额拓高23厘米，宽22厘米。额文篆书，碑文正书。

碑原址在崇文区精忠街精忠庙，下落不详。中国国家图书馆存拓片。

按：精忠庙已不存，庙址在今华现北光学仪器厂南门。

录文：

额篆：万古丨流芳丨

古者伶官代异其制，然音律则无不同。自十字谱行而院本以作，于是昆山之剧、弋阳之丨歌，竞奏于通都大邑间，大要借因果为劝惩，即咏歌为讽谕，而感人之道寓焉矣。胜国时，丨设教坊司，殿中韶乐，其词出于俳优，多乖雅道。《十二月乐歌》按月律以奏，及《进膳》、《迎膳》等丨曲，皆用杂剧为娱戏，流俗喧诙，淫哇不逞。正德时，臧贤以伶人进，与诸佞幸角宠窃权，教丨坊取隶益猥杂。筋斗百戏之类日盛于禁廷，而豪族富民效尤于下，选色品声，靡靡之音丨充于京师。御史汪珊有屏绝玩好之请，然未能尽革其风也。国朝乾隆初，命张文敏制丨院本进呈，各依节令奏演。如"屈子竞渡"、"子安题阁"之属，谓之《月令承应》；其于内廷诸庆丨事，奏演祥征瑞应者，谓之《法宫雅奏》；其于万寿令节，奏演群仙诸佛添筹锡禧以及黄丨童白叟含脯鼓腹者，谓之《九九大庆》；又演"目莲救母"事，析为十本，谓之《劝善金科》，于岁暮丨奏之，以代古人傩祓之意；演唐元奘西域事，谓之《昇平宝筏》，上元前后数日奏之。嘉庆癸丨酉军兴，特命罢诸连台，上元日，惟以《月令承应》代之。放除声色之意，远超于胜国。以故梨丨园供奉内廷者，率法惟谨，亦无敢以新声巧伎进。又恐无以束脩其俦侣也，特立庙于丨崇文门外西偏。有事则聚议之，岁时伏腊，以相休息。举年资深者一人统司□□□□丨□。典至巨、意至善也。今将复新其庙貌，思得文言以永于石。因述缘起，并系以铭：丨

大雅之音，式和且平。萃处既协，咏歌以兴。聿修丹臒，胥调筅笙。吉日令辰，明祀攸行。神具丨醉止，喜气充庭。既匡既敕，福禄来成。于万斯年，鸣此和声。丨

赐进士出身丨诰授奉直大夫兵部主事北平孙汝梅撰文。丨

赐进士及第丨诰授光禄大夫协办大学士刑部尚书军机大臣南皮张之万书丹。丨

大清光绪十三年岁次丁亥季秋。丨

天主堂迁建谕旨碑

清光绪十四年（1888）岁在戊子十月之朔（一日）

额篆：上谕

碑螭首龟趺，首身高310厘米，宽100厘米，厚47厘米；龟趺高88厘米，前后长240厘米，宽100厘米。碑阳额文篆书，碑文阳、阴均正书。

碑现立于西城区西什库教堂前面东侧碑亭。

按：西什库教堂，也称北堂，建于清初，称"救世主堂"，1703年开堂。北堂最初是在中南海的中海西边，紫光阁以西、羊房夹道（即养蜂夹道）以南的蚕池口，因此也叫蚕池口教堂（今文津街中国国家图书馆斜对面）。1887年因中南海扩建，于西安门内西什库易地而建。1900年整修时加高一层，成为今日所见之庄严宏丽的北堂。

西什库教堂建筑群坐北朝南，大堂为哥特式，平面呈十字布局，规模比蚕池口北堂更加宏伟，教堂前两座黄琉璃瓦顶重檐歇山式碑亭分立左右。东面石碑碑阳为《天主堂迁建谕旨碑》，碑阴为《天主教堂议迁建合同碑》，刻樊国梁主教"为商议移让北堂在西什库改建"所提五项条款。西面石碑碑文为满汉合璧的《迁建天主堂碑记》。

录文：

额篆：上谕」

光绪十二年十一月初七日奉」上谕李鸿章奏"蚕池口教堂与教士定议迁移，并与驻京公使商定互送照会"一折览奏均悉。西安门内蚕池口教堂于康熙年间钦奉」谕旨，准令起建，迄今百数十年。该教士等仰戴朝廷怙冒深仁，咸知安静守法。上年修理南海等处工程，为」慈禧端佑康颐昭豫庄诚皇太后几余颐养之所，西南附近一带地势尚需扩充。该处教堂密迩禁苑，经李鸿章派英人敦约翰前赴罗玛」商酌，并令税务司德璀琳与教士樊国梁定约迁移，议于西什库南首地方申画界址，给资改造。该教士复声明，改建之堂以五丈」高为度，比较旧建之楼减低三丈有余，钟楼亦断不令高出屋脊。议定后，樊国梁又赴罗玛，告诸教会总统费雅德。据覆文历叙感」激中朝覆帱保护之忱，有激发天真图报万一等语，情词尤为肫恳。李鸿章现复与公使恭思当互相照会。亦据覆称，无不依照办」理。和谐邦交，深知大体，实堪嘉许。此事既据李鸿章详细商定，均无异词，即着照所请行，其改造经费亦着分期拨给，俾赀营建，余」均照议办理。候补道恩佑于创办之初奉委出力，着交军机处记名，遇缺题奏。主教达里布诚心报效，教士樊国梁、英人敦约翰远」涉重洋，不辞劳瘁。达里布着赏给二品顶戴，樊国梁着赏三品顶戴，敦约翰着赏三等第一宝星。樊国梁、敦约翰并着各再加」赏银二千两，由李鸿章发给税务司德璀琳。领事林椿往来通词，昭终奋勉。德璀琳着赏换二品顶戴，林椿着赏给二等第三宝星。」其余出力之英商宓克等，着李鸿章查明，奏请奖励该衙门知道。钦此！」

光绪十四年岁在戊子十月之朔立。」

（碑阴）

照译商定合同：天津税务司德璀琳、北堂教士樊国梁为商议移让北堂在西什库改建酌拟办法恭呈钧鉴，仍应祗候」大清国大皇帝、大罗玛大教皇御览批准，谨遵奉行。事计共五端，详细列于后：一，自光绪十三年正月初一日起，以二年为限。凡北堂仁慈堂地基、房屋及树木等，均于限内交付。」除家具外，一概不准移动、损坏。二，应请于本年十一月初一日，将西什库内南边地方酌给三分之二,丈量四至,交与北堂主教收管。该地现有树木若干,」一并交代，不可拆损、移动。三，查北堂地方，系康熙年间蒙」圣祖仁皇帝赏给教士等居住，并派员相助起建大天主堂，又颁发」敕建天主堂金字匾额，中外同深钦感。今因朝廷欲扩禁地，教士等遵教移让，复蒙」赏西什库内地方另为建堂。朝廷厚泽深仁，后先一辙，教士等尤深感激。应请奏明，按照康熙年间办法，明降谕旨，俾中外咸知。教士等永远遵守，则」仰荷恩宠，益无涯涘。四，如蒙查照康熙年间成法办理，颁发谕旨，教士等于西什库新堂成后，照南堂式恭刊诏旨于碑，护以黄亭，以汉」白玉石制匾，以昭诚敬。至在西什库建造大堂，自地至梁，以五丈高为度，钟楼亦断不令高出屋脊。五，此次在西什库改建北堂，教士等甚愿官家按照北堂」仁慈堂原样代为盖造，房屋一切均照原式，是为最要。如官家不肯照样代办，只得由教士等画图，自行起造。此项工料银两，应请于付西什库地方时付给」三分之一，过六个月再付一次，又六个月付讫，分作三次，为时十八个月，似较轻便。按，此次另建北堂仁慈堂工料等项，实需用至四十五万余金。奉中堂」谕令核减，教士等于无可减之中，勉力酌减银十万两，共需库平宝银三十五万两。此系格外报效，伏祈亮查。再北堂所有百鸟堂内禽兽及一切古董」物件，钟楼内风琴、喇叭等，樊教士愿请」教皇盼示，概行报效，奉送」中国国家。」

光绪十二年四月二十六日公同商定画押。」

以上所议各条款均经」大清国大皇帝、」大罗玛大教皇、」大法国伯理锡天德圣味增爵会总统费雅德先后批准施行。」

迁建天主堂碑

大清光绪十四年（1888）孟冬月（十月）日

碑阴首题：迁建天主堂碑记

圣味增爵会教士等恭记

碑螭首龟趺，首身高310厘米，宽100厘米，厚47厘米；座高88厘米，前后长240厘米，宽100厘米。碑阳、阳额为满文，碑阴为汉文，文字正书。

碑现立于西城区西什库教堂前面西侧碑亭。

录文：

（碑阳、阳额为满文，从略）

（碑阴）

迁建天主堂碑记」

伏维王者以孝治天下，亲其亲而仁其民，正教以道淑人心，敬于神，亦尊乎君。仁其民，斯远人来服；尊乎君，故奉令惟寅。京师西安门内蚕池口地方教堂，乃」康熙年间泰西教士航海来东，精于天文历算诸学，在钦天监供职，蒙」圣祖仁皇帝恩赏居住，颁赐"敕建天主教堂"金字匾额，敬谨悬挂，以昭久远者也。二百年来，感荷深仁莫可铭状。光绪十一年适畿省亢旱，民多艰食，」皇上乃以工代赈，修理南海等处，为」慈禧端佑康颐昭豫庄诚皇太后几余颐养之所。西南附近一带，地势尚须拓展，而教堂密迩禁苑，不得不筹度迁移。乃命太傅大学士直隶总督北洋大」臣李派员相商，拟在西什库南首地方申画界址，赐帑改建。教士等久沐」恩膏，情殷报效，而事难擅专。因遣教士樊国梁远涉重洋，参诸罗玛、巴黎请命教皇、法廷并圣味增爵会总统，均蒙喻允。乃商订合同五端，由李傅相奏明，奉」旨着照所议办理，发给帑金，尅期经始，准署」敕建。天主堂匾额一如康熙年间故事。又颁发」上谕令中外咸知。俾教士等得以永远祇守。此一举也，」大皇帝法祖孝亲仁民而兼柔远，一举而四善备美，千秋万世，炳若日星。所谓以孝治天下者，孰逾于斯哉？嗣因所订约期尚缓，欲致速成，经总理衙门会同驻京」法国大臣恭思当一再商酌，由教士允从于约订之期提前一年，早行移让，其余各节仍行逐一恪遵。惟迁徙之期既迫，则西什库建造之工所费滋巨，复经总署」允补羡费二万金，并将西什库南之尼庵一所即慈云寺及该庵北官道与西什库原基毗连者，均让与教堂管业。教士等督工昼夜兼办，于光绪十三年十」月底一律迁移。由总署王大臣暨大法钦使李君派员，会同教士，三面公同文清，乃蒇厥事。越维教堂，虽云奉」旨迁移，而新堂轮奂，更美于前。且黄亭并峙，」御旨高悬，所谓敬于神而亦尊乎君者，不亦并见乎哉？教士等伏以密迩宫闱，愿效涓埃之报，渥蒙」新赐，弥增威戴之诚。谨将斯事缘由颠末勒诸贞珉，用垂不朽！」

大清光绪十四年孟冬月日。圣味增爵会教士等恭记。」

成善水局碑

大清光绪十五年（1889）八月谷旦

额篆：聿观厥成（碑阳）与人为善（碑阴）

碑身阳拓高101厘米，宽57厘米；阳额拓高21厘米，宽12厘米。碑身阴拓高104厘米，宽58厘米；阴额拓高20厘米，宽14厘米。额文阳、阴均篆书，碑文阳阴均正书.

碑原址在宣武区虎坊桥都土地祠，现下落不详，中国国家图书馆存拓片。

按：碑文阳面未完，续刻于碑阴。

录文：

额篆：聿观」厥成」

光绪十五年夏四月，巡视北城使者长白文公杰、定远方公汝绍督、绅士大兴董君志」敏等重修成善水局。观成之日，适二公差满之期，因属国恒为文以纪其事曰：夫事以」公而义起，法以久而弊生。自来缔造之初，鲜不尽美尽善，岁月寝久，事故滋多。是贵因」时制宜，变通尽利，以维持于不敝。咸丰庚申之季，崔苻不靖，人有戒心，京师创立团防，」保卫地方，法良意美。四方初定，因议撤销。乃盗风火患，相逼而来。各省绅士急公好义，」捐赀效力，仿团防之规模，创水会之名目，分隶五城地面，城各一局、二三局不等，局设」勇丁数名，以资巡缉。每届隆冬，绅士分班巡夜，又复购激桶置器具，邀集铺商，以为首」事，但资其力，不取其财，捍患御灾，无分畛域。阛阓赖以乂安者近三十年。绅士积劳三」载，使者按资奏奖，著为例。是局坐落宣武门外虎坊桥侧，其屋三层，前殿奉祀火神，中」为厅事，后层则颓废无存。因陋就简，稍加修葺，设公所于其中，规矩严肃，章程明备。以」故缉捕之勤，捍御之周，推为首选。而原其始基，则使者粤东黄公槐森、长白恭公镗暨」绅士刘君锡朋之力居多。光绪九年癸未季夏六月，适有严核保奖之疏，经部议允行。」绅士星散，如曹部之一空，而盗风之炽、火患之兴，几几乎如曩日矣。五城使者长白宗」室祥公佑、定远方公汝绍、长白恩公焘、承德谢公祖源、长白国公秀、江若黄公煦、长白」庆公祥、山左吴公寿龄、长白润公惠、光州邬公纯嘏奏请规复旧制。」朝命甫下，九衢之内桴鼓稀鸣。去年冬十一月，」太和门灾，各局赴救，得」旨嘉奖。自是京师水会之名闻于中外。而不知非巡城使者之鼓舞振兴历有岁时，曷克」臻此？其功德甚深，声名尤著，今之文公固脍炙人口，若楚北黄公元善、中州邬」

（碑阴）

额篆：与人」为善」

公纯嘏、长白文公海、豫章刘公瑞祺、长白恩公焘、吾邑胡公隆□亦称道弗衰。惟是屋」宇湫隘，榱桷倾圮。去年夏，董君与窦君谨厚倡捐兴修，同人鸠金赞成。计葺厅三楹、平」房两间，后置字纸炉一具，与旧存之前殿、勇房、大门概加涂饰，气象一新。至于会救」太和门灾」

恩赏银两，除给铺商首事局勇、水夫添置号衣、旗帜、水桶外，兴造后层正房三间，为巡城」使者退食之所。谨□于今年三月甲寅日开工，阅二十余日而竣，计费二百八十金。又」添造茶房，增置激桶，费尚不足，众绅分捐补之。是役也，所以推广」皇仁，维持义举。董君资格最深，窦君钩稽较精，故凡鸠工庀材、持筹握算，两君相与有成。若」张君星福、张君景贤、联君康、惠君康、郁君大□及国恒，勤监视，供奔走而已。文公、方公」嘉焉，重订条规，俾垂久远。楚南燕公起烈、长白□公恩、吾郡殷公如璋后先来巡，益加」激劝，用以昭示来兹。国恒入局少后，虽与其事，愧鲜其能。愿后之君子恪遵□□，大□」鸿规，则有以仰副使者之厚望，而无负董君之苦心已。是为记。」

　　大兴董志敏首善。」

　　无锡窦谨厚监修。」

　　江右刘镇埧监修。」

　　江右万立钧监修」

　　正指挥姜由鳞监修。」

　　局委员高德济监修。」

　　仪征张国恒敬撰。」

　　顺德黄子鎏敬书。」

　　大清光绪十五年八月谷旦。」

达里布墓碑

清光绪十六年（1890）二月二十三日卒

碑阳中题：圣味增爵会主教达公之墓

碑方首，碑额镌刻"十"字架及海水江崖图案，周刻花卉，碑身下半部残缺。碑残高117厘米，宽75厘米，厚23厘米。碑阳碑文汉文、拉丁文合璧，汉文正书。

碑原址在海淀区彰化村正福寺，现藏北京石刻艺术博物馆。

录文：

圣味增爵会主教达公之墓」

北京主教达里布，圣名方济各撒肋爵，系拂朗济亚国人。距生于救世后一千八百」二十二年。道光二十五年，登铎德品位。咸丰二年入圣味增爵会。咸丰五年，来中华，」传教于蒙古地面。同治八年，副理江西教务。十年，升为真定等府主教。光绪十年，转」升北京主教。良善性成，御下以宽，为主勤劳，不遗余力。遂致因劳成病。兹于光绪十」六年二月二十三日丑初一刻，安然卸世于本署，寿六十有九，在会三十八年。」

重修万寿寺戒坛碑

大清光绪十七年（1891）

额篆：重修万寿寺戒坛碑记

首题：重修万寿寺戒坛碑记

皇六子和硕恭亲王奕䜣恭撰并书

　　碑汉白玉石质，螭首方座。碑身阳面边框浮雕云龙纹，座浮雕二龙戏珠。碑首身通高304厘米，宽99厘米，厚30厘米；座高85厘米，宽130厘米，厚53厘米。额文篆书，碑文正书。碑文末行最下方镌2印，上篆书阴文"皇六子印"，下阳文篆书"恭亲王"。碑阴无字。

　　碑在门头沟区戒台寺四进院中立，坐西朝东。

录文：

额篆：重修万寿寺戒坛碑记

重修万寿寺戒坛碑记」

　　神京巨川为桑干河，渡河西南数十里，云山重叠，罗睺岭东西环抱中豁」然开朗刹宇轩赫者，戒坛也。戒坛寺名万寿，在唐时额曰"慧聚"，至明始以」"万寿"字易之。因常年开立戒坛，故率呼为戒坛云。我」圣祖仁皇帝銮路时巡，深为赞赏，且虑民嗜煤利凿山损石或及庙基，爰于康熙」二十四年，有"厘定四止力禁侵虞"之」旨勒诸贞珉，以垂久远。遐哉焕乎！洵名山之护符、禅门之宝诰也。予偶游览至此，」何胜钦悚！因其罗汉堂、千佛阁等处，或患剥落，或将倾圮，捐资修建之。其」地有俗称北宫者，亦复其崇隆之旧，额以"慧聚堂"，取存李唐遗意也。惟是」地大物博，中怀歉歉，所期善信人等，于金经所谓"初日分以恒河沙等身」布施，中日分复以恒河沙等身布施，后日分亦以恒河沙等身布施，如是」无量百千万亿劫以身布施"。如是如是，则禅宗丕振于无穷，我佛亦拈花」微笑也已。住持僧妙性其拜手合南矣乎。是为记。」

　　大清光绪十七年，皇六子和硕恭亲王奕䜣恭撰并书。」

重修万寿寺戒坛碑拓片

北上二号漫口合龙将军显著灵异碑

大清光绪十七年（1891）岁次辛卯吉月日

额篆：万古流芳

首题：北上二号漫口合龙将军显著灵异记

钦命二品衔赏戴花翎总理直隶永定河道随带加十级万培因谨撰

钦加五品衔在任候补知县卓异候升宛平县卢沟司巡检陈人龙谨书

碑方首方座。碑阳首浮雕云龙，阴无纹饰。碑首身高207厘米，宽92厘米，厚145厘米。座半埋于地中，露高20厘米，宽108厘米，厚48厘米。碑额篆书，碑文正书。碑阴无文字。碑现立于丰台区大王庙后院，坐东朝西。

按：大王庙东侧紧邻西五环路，西为永定河河堤。

录文：

额篆：万古｜流芳｜

北上二号漫口合龙｜将军显著灵异记｜

今上御极之十五年，余奉｜命视道篆，巡历上下游，见河身淤垫，窃用殷忧，建议疏浚中泓，以经费过巨，事不果行。越岁，甫交大汛，霪｜雨为灾，河水陡发，经数昼夜不息，又兼风狂雨猛，人力难施，以至六月初五日北上二号漫口二百｜数十丈，水势汹腾，径趋南苑，直逼京门。星夜调集员兵抢护，而势甚凶猛，物料不济，迄不可支。｜蒙｜宫太傅爵阁督部堂李奏派按

大王庙山门

察使周馥、候补道吴延斌，会同培因督办，堵筑口门，以石｜景山同知窦延馨董理坝务，调南七主簿潘煜任北上事。是时，物料正值青黄不接之际，委员四路｜购备，即于七月望日兴作。时秋水正旺，卢沟桥迤下溜势湍激，办理诸多棘手。爰开通引河，以分水｜势。各旱口门与御水等工，亦一律举办。迨九月十日将合龙时，河水陡高，两坝垂蛰几殆，幸赖将军于金门口特著灵异，得以转危为安，甫启引河全溜顺轨，大坝顷刻合龙。是皆仰托｜国家洪福，故河伯效灵。｜傅相据情奏达，仰蒙｜御书"金堤永固"匾额以答神庥，且刻楣丹楹，庙貌又为之一肃。是役也，费帑三十余万金，在事者百余员，｜役夫以万计。夫无旷工，员无旷职，尤赖两会办擘画之劳，厅汛赞襄之力，俾两阅月告厥成功。｜傅相以功之劳且成之速也，闻诸｜朝廷叙功论赏各有差，功成之明年，伏秋二汛获□安澜，余也窃幸此功之告成，又喜成其功者之能永｜固斯堤也。爰

大王庙龙王像

北上二号漫口合龙将军显著灵异碑

北上二号漫口合龙将军显著灵异碑碑首

北上二号漫口合龙将军显著灵异碑碑身

纪其颠末，勒诸石以志不朽。」
　　钦命二品衔赏戴花翎总理直隶永定河道随带加十级万培因谨撰。」
　　钦加三品衔掌理大坝事宜在任候补道卓异候升石景山同知窦延馨。」
　　钦加五品衔随办坝务在任候补知县调署北上汛武清县县丞潘煜。」
　　钦加五品衔在任候补知县卓异候升宛平县卢沟司巡检陈人龙谨书。」
　　大清光绪十七年岁次辛卯吉月日立。」

南海增广会馆碑

清光绪十九年（1893）岁次癸巳三月十日

额隶：南海增广会馆碑记

赐进士出身五品衔翰林院编修国史馆协修戴鸿慈撰文

赐同进士出身同知衔陕西榆林府榆林县知县李应鸿书丹

石为嵌墙立石，高 101 厘米，宽 36 厘米。额文隶书，碑文正书。

石原址在宣武区陶然亭街道米市胡同 43 号南海会馆内，现藏北京石刻艺术博物馆。

按：南海会馆为广东籍会馆，始建于清道光四年（1824），光绪十九年（1893）增扩，遂成今日之规模。会馆内有康有为故居"七树堂"及匾额，此匾"文革"时被毁坏。会馆现已改为民居。

录文：

额隶：南海」增广」会馆」碑记」

吾邑京师会馆之设，肇于道光之甲申年，庭宇显敞，衣冠偶盛。近十」余年来，与计偕者恒百余人，赴京地试者盖不可偻指计。既不能容，」则僦外舍以居，后至者辄踟蹰户外。光绪庚辰，同人于馆之南偏购」宅二区，稍加葺治，通其户于观海堂院中。由是房室益多。是役也，邑」中京外士大夫与夫春秋两试之至都者咸有捐欤，而本籍乡堡社」学，各听其所出之多寡，裒集而附益之。此足见吾邑文物之盛，又幸」其地之适相合，故有志而竟成。而尤乐乎好义者之多，众擎易举，因」以垂宏规于永永也。是乌可以无纪？所有捐资姓名开列于左。」

赐进士出身五品衔翰林院编修国史馆协修戴鸿慈撰文。」

赐同进士出身同知衔陕西榆林府榆林县知县李应鸿书丹。」

光绪十九年岁次癸巳三月十日建。」

南海增广会馆碑

南海增廣會館碑記

吾邑京師會館之設肇於道光之甲申斗庭宇□□□永遠俱盛近十餘年來與計偕者恒百餘人京邸戶地試者蓋不哥僕□□說不能容則就外會以居治其鄙於觀光緒庚辰同人於計之南偏購宅二區稍以尊治道其後至春秋兩試由是房室益多而本籍鄉里社中京外士大夫與治之多其戶外光中者咸有增飲而文物之盛又因學答聽其相合之多寡集而附益之樂此足見吾邑好義姓名開列於左其地之適出故也有志裒集而成而無紀所有捐資協修以垂宏規於永永翰院編可以無□

賜進士出身 國史館協修 戴鴻慈 撰文

賜同進士出身五品銜陝西榆林府榆林縣知縣 李應鴻 書丹

光緒十九年歲次癸巳三月十日建

南海增廣會館碑拓片

绦行圣会碑

清光绪十九年（1893）九月

额题：万古流芳

首题：绦行圣会记

深州赵登谱撰文

碑身拓高 100 厘米，宽 50 厘米；额拓高 21 厘米，宽 18 厘米。额文正书，碑文正书。碑原址在宣武区陶然亭太平街哪吒庙绦行公所，现下落不详。中国国家图书馆存拓片。

按：哪吒庙在陶然亭慈悲庵东一里许，昔日庙之东墙为先农坛西墙根。庙始建于明，内供哪吒塑像。哪吒为绦行的行业神。自清乾隆年间起至民国，哪吒庙成为在京绦行手工业者聚集之地。1956年哪吒庙被拆，其旧址现为陶然亭派出所。

额题：万古」流芳」

绦行圣会碑记」

自来结丝分茧，《月令》载染彩之文；博带垂绅，儒服为束躬之具。故」上天之化育斯民，藉此养生，」祖师之灵长群工，因而受福。有条不紊，既经纬之旋分；积絮而成，复元黄之□」列。密如细雨，溯缫茧于三盆；直似朱绳，勤辟垆于五夜。《书》称厥篚，粉米□」于宫廷；《礼》著深衣，服饰彰于廊庙。虽薄艺微长，罔非妙用；结花构采，悉□」化工。锦成五色，莫比其鲜华；冕费三升，亦无其绵密。兹者忝在绦行，恭逢」胜会，舒此悃于愚衷，用」呈不腆，泐俚词于碑石，照示来兹。庶几代远年湮，后有作者，振兴鼓舞，不忘」一旹之盛举云。」

大清光绪癸巳年菊月日谷旦。」

深州赵登谱沐手撰文。」

重建万寿寺碑

光绪二十年（1894）甲午十月吉日

额篆：御制

首题：重建万寿寺碑文

经筵讲官太子少保毓庆宫行走户部尚书臣翁同龢奉敕敬书

碑螭首龟趺，下有海墁石。碑身拓高257厘米，宽122厘米。额拓高41厘米，宽34厘米。额文篆书，碑文满汉文合璧，汉文正书。碑阴无字。

碑在海淀区万寿寺西洋门院内光绪御碑亭内。

录文：

额篆：御制

重建万寿寺碑文」

粤壬辰癸巳之岁，万寿山、颐和园告成，」皇太后以春秋令日，清跸莅止，道西直门经广源闸，御凤舸西迈。闸之上有万寿寺焉，寺为乾隆中一再修建。」高宗纯皇帝御碑纪事谓"嘉名符祝釐之义"，特敕将作葺而新之。兹者恭逢」慈禧端佑康颐昭豫庄诚寿恭钦献崇熙皇太后六旬庆典，」懿旨申谕以民生国计为念，罢臣工进献，发内帑普振各省穷黎，凡踵事增华之举概从搏节。渊乎懿哉！」皇太后之心，一佛之心焉。维兹寺宇为」慈圣所瞻礼且成宪具在，敢不恪遵？于是陊者举之，驳者饰之，馨鼓不劳，轮奂斯美。既固既完，竖石中除，爰刻铭曰：大圜洪覆，元德曰仁；大慈体之，育物济民。恭惟」圣母，受天笃庆，与天同符，与佛同性。东南不靖，六师奏功。出彼水火，煦以雨风。眷是蛮方，龙蛇起陆。我武既扬，兵销弓韣。八埏水旱，萃于一心。朝闻夕发，飞粟捐金。下逮」肖翘，靡物不被。出世救世，莫大于是。凤城之西，长河之湄。画舫待发，鸾车逶迤。仰瞻法轮，静聆宝铎。乃诏司存，良工是劚。丹雘聿新，金容睟然。不陋不华，万方式焉。佛无量寿，」圣无量寿。寿世寿民，亿禩悠久。」

光绪二十年岁次甲午十月吉日。经筵讲官太子少保毓庆宫行走户部尚书臣翁同龢奉敕敬书。」

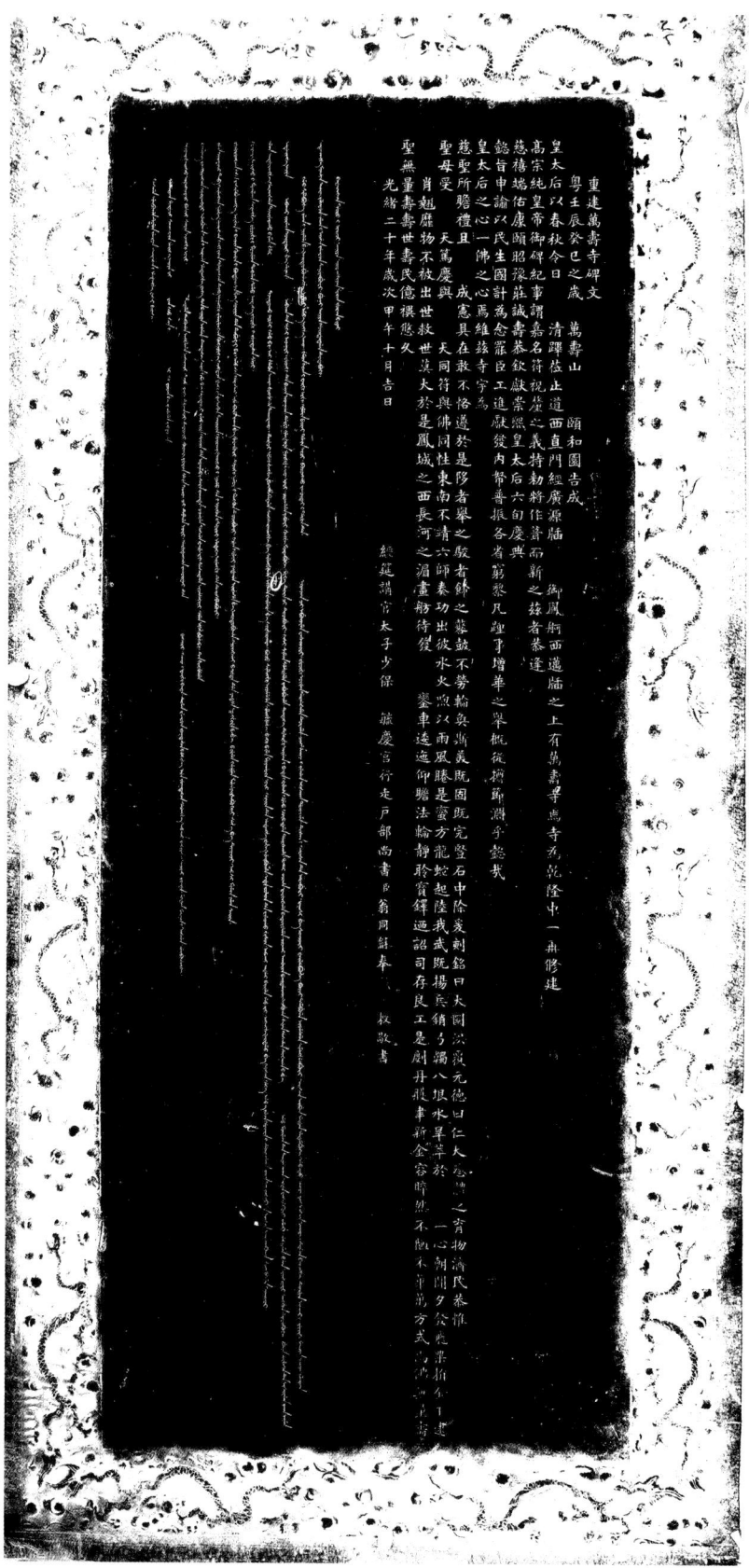

重建万寿寺碑拓片

僧格林沁祠碑

清光绪二十年（1894）

清德宗载湉御制

碑螭首方座，碑身边框浮雕龙纹，方座浮雕云龙纹，碑身中部残断并残缺一截。碑首身通高409厘米，宽132厘米，厚54厘米；方座高113厘米，宽166厘米，厚103厘米。碑阳无额，碑文满汉文合璧，汉文正书。碑阴无字。

碑原址在东城区地安门东大街47号僧格林沁祠内，1983年12月1日征集，现藏北京石刻艺术博物馆。

按：僧格林沁（1811—1865），科尔沁左翼后旗人，博尔济吉特氏，蒙古族。清同治四年（1865）四月与捻军作战时战死，死后谥"忠"。《清史稿》有传。

据马芷庠《老北京旅行指南》，光绪甲午年间（1894）在安定门内为僧格林沁建显忠祠，碑未署年款，推测碑当与祠堂同时。

僧格林沁祠，又名显忠祠，现主要建筑保存完好，为东城区文物保护单位。

录文：

朕惟屏藩著绩□既崇祠之特建，轮奂流辉；宜伟略之丕彰，丝纶锡眷。式颁巽命，用勒」丰碑。尔科尔沁博□才勇毅，列宗班于勋戚。禁御常趋，统宿卫于伙飞。韬钤素裕，惟名垂夫」虎旅。遂烈表乎膺□高唐歼鼠窜之踪。洎乎参赞，勋隆筹高，借箸亲藩，秩晋宠锡。分茅擐甲，」长征五省，金汤之□渠每冲锋而接战，赳桓敌忾，」三朝倚若长城，慷慨□狼烽何期，小丑难防，尚跳梁而思逞，遂使全功未竟，致临阵以捐躯。是用」嘉绩，图形褒忠□」庙廷带砺，河山衍加□大政亲裁，值四方之底定，弥觉前劳可念。缅百战之驰驱，庀材特重夫鸠」工，镌石更褒□勒青珉。彝章丕焕，播芬芳而留彤史。典册常新，永被眷怀，式昭来许。」

僧格林沁祠碑

僧格林沁祠碑拓片

重修松筠庵景贤堂刻石

清光绪乙未（1895）仲冬（十一月）立石

首题：重修松筠庵景贤堂记

乡后学南皮张之万撰

永年胡景桂书

分刻二石，石均高30厘米，宽87厘米。石刻文字正书。

石在宣武区达智桥松筠庵景贤堂内。

按：松筠庵坐南朝北，北临达智桥胡同，清乾隆五十一年（1786）整修后，形成了如今松筠庵的规模，主要建筑有：山门、东北角门、前院、景贤堂、后堂、厢房、花园。花园中有杨继盛手植的古槐，还有谏草堂、谏草亭。"文革"期间，松筠庵内的杨椒山彩塑像被砸毁，香炉、祭器、石碑以及"杨椒山先生故宅"、"松筠庵"、"景贤堂"、"谏草堂"等匾额均被毁。仅嵌在景贤堂、谏草堂墙上的刻石保存下来。松筠庵内的大部分房屋均改为宿舍。1984年5月24日，"杨椒山祠（松筠庵）"被列为北京市文物保护单位。

录文：

（第一石）

重修松筠庵景贤堂记」

景贤堂者，明杨忠愍公」祠西偏谏草堂之对厅也。」创建无可考，堂额为乾隆」丁未曹公学闵题书，迄今」百余年矣。堂前叠石为屏，」杂植花木，翼以廊庑，规模」虽不甚宏，而幽雅特胜。京」畿搢绅、西台长官春秋公」祭，休沐觞讌，咸集于此，盖」亦景行仰止之思也。历时」既久，旁风上雨，栋宇摧残。」学真和尚自光绪壬午来」此住持，亟思重修而力不」逮。吾乡人刘大鸿胪恩溥、」苏吏部维城等为集赀曰」成之。经始于癸巳二月，至」八月而工竣，用白金一千」

一百两有奇。地基旧缺西」北，赵协镇清施舍市房两」楹，学真募捐，又购得民房」数楹，而缺者曰补。是举也，」成正厅三楹、廊庑七楹、厢」房六楹，室外缭曰垣墉，高」丈五，南北长十余丈，堂前」石之欹者正之，仆者扶之，」磊落嶔崎，玲珑缭曲，顿异」旧观。工毕，学真乞记其事」而刊诸石。爰述其厓略，以」谂来者。乡后学南皮张之」万撰。永年胡景桂书。」

光绪乙未仲冬立石。」

（第二石）

重修景贤堂捐赀姓氏：」

畿南同乡，公助银贰百两。」直隶同乡，公助银壹百两。」五城察院，公助银壹百两。」长芦通纲，公助银伍拾两。」直隶印结局，公助银肆拾两。」六科，公助银叁拾两。」

鲁琪光、恩焘、⌋牛昶煦、刘荫云、⌋陈震、章同、⌋杨奎傅、孙毓玑、⌋华金寿、姚学源、⌋周同文、华承沄、⌋徐士銎、娄举恺、⌋娄举严、胡景桂，⌋

以上各助银贰拾两。⌋

朱靖旬、鹿传霖、⌋张曾敫、王恩澍、⌋徐嘉霖、黄昭章、⌋李士鉁、黄宝田、⌋李春棣、徐士铠、⌋严修、徐坊、⌋刘焘，⌋

以上各助银拾两。⌋

李念兹、孟庆荣、⌋王延纶、武用章，⌋

以上各助银肆两，⌋

蒋式芬、王毓芝、⌋王杉龄，⌋

以上各助银叁两，⌋

武勋朝、范恒、⌋王燮，⌋

以上各助银贰两。⌋

施地租碑

清光绪二十二年（1896）三月一日

额篆：地租碑记

贡生王棠荫撰文

举人王贻恺书丹

廪生刘青绶篆额

碑身拓高 77 厘米，宽 58 厘米；额拓高 15 厘米，宽 16 厘米。额文篆书，碑文正书。

碑原址在房山区石楼乡，现碑下落不详。中国国家图书馆存拓片。

录文：

额篆：施租」碑记」

环京师旗地为多，旗地之租，皆较民地为甚重。自」高宗纯皇帝深悉小民疾苦，」圣谕煌煌，旗产民业永不准增租夺佃。有敢言增租夺佃者，以违制论罪，垂为厉禁。嗣后，」仁宗睿皇帝、」宣宗成皇帝迭降」谕旨，申明」祖训，旗、民乃得相安。迩年来歉岁频仍，而旗租更屡生事端，有藉端增租者，有支钱减租者，有减而」卖、卖而复增者，下民何所呼诉！讼狱繁兴，生计凋瘵，当局伤心，旁观短气。此乡自奕宅支」租息讼后，民力已甚不支，乃复欲卖其余租。疲困之下，情何以堪？有同乡庄头胡姓名殿」臣者，好善而能事，耐心往返，商及乡人，相与剧金，借给紫竹院以为买租费。又虑税契纳」粮，费无从出，复劝本宅，将余租施与紫竹院，以为香火资，本庙出金，以资茶敬。使其既有」乐善之名，兼有得金之实。本庙多一分香火，佃户少一番忧虑。此光绪辛巳年事也。去冬，」又有英宅照办。复经胡君劝导，月余始成其事，仍归紫竹院，以资香火。所谓茶敬，亦统出」于所支之租。两宅布施皆有红白契纸一卷。今恐其久而废也，愿勒诸石以垂久远，嘱余」为记。余思天下事未有历久不变者。此或久而不变耶？抑或久而有变耶？或曰，此固」神明所感召，冥漠中自有保佑。吾则谓，尤愿赖」列祖」列宗之」圣谕，以子惠我群黎也。果尔，则交租者视此钱为神前香火，不可援他祖以为例，受租者视此钱」为地主布施，不可因租少以求增。农安耕凿，庙静焚修，千百年相安于无事。庶不负胡君」乐善之心也。故记之。」

贡生王棠荫撰文」

举人王贻恺书丹」

廪生刘青绶篆额」

光绪贰十贰年三月丙申三月朔日建。」

公田碑

大清光绪二十二年（1896）七月二十五日

额题：万古流芳

内务府□黄旗汉军文生杨萃林撰文并书丹。

碑首身拓高158厘米，宽57厘米。额文双钩正书，碑文正书。

碑在顺义区牛栏山西北相各庄庙内，现下落不详。中国国家图书馆存拓片。

录文：

额题：万古」流芳」

丙申之夏六月，修葺群墙工竣，会首士于禅房筹工款也。因议本村有水旱公田数处，」或为香田，或为芦汀，或为林薄及泄水官沟。数百年遗迹在焉，但图券虽操而规模日」促者，皆接壤者之曼其经界也。夫界者，所以别公私也。胡为乎□之？盖天下之大界莫」如义，见利思义则界正于心，昧义者界无益也。兹者重绘地方大小图样并尺丈数目，」勒于贞珉，卓然竖于殿前，非徒壮一时之伟观也，亦望乎吾党义正风临，均和无患，有」能瞻瞩于异日者，庶悠然而动遐思焉，思□何见。夫永无停潦，五谷丰登，必曰，此皆□」地□水沟洫无□之功也，则□浍之未深者益思有以浚之，见林木丛深奇材竞秀□」曰此斧斤不入、培植有方之力也。则萌□之未生者，益思有以滋之。见祈报之香华，无」须捐助于乡里，工程之兴作，不必募化于外方，必曰，此公田同义劝树、畜而得之地利」也。则凡务材训农，耕而让畔之风，益思有以振之。触类而思，不一而足，吾知此碑之刻」所以清疆界于郊壤，即以严规矩于人心。虽不获遵」圣王之化，仁让咸兴，亦或启后世之人，公私有辨。」

内务府镶黄旗汉军文生杨萃林撰文并书丹。」

大清光绪二十二年七月二十五日。会未等监勒。」

重修粤东会馆碑

清光绪二十三年（1897）十一月壬子朔初九日甲午建

首题：重修粤东旧馆碑记

诰授光禄大夫尚书衔户部左侍郎管理三库事务总理各国事务大臣赏戴花翎赐紫禁城骑马南海张阴桓撰文

皖南汪嘉棠书丹

碑身拓高153厘米，宽68厘米。碑文正书。

碑在崇文区西打磨厂街218号粤东会馆。中国国家图书馆存拓片。

按：1999年前后调查时，据馆内住家讲，碑埋在会馆内一房屋地下。粤东即今广东省。

录文：

重修粤东旧馆碑记」

诰授光禄大夫尚书衔户部左侍郎管理三库事务总理各国事务大臣赏戴花翎赐紫禁城骑马南海张阴桓撰。」

皖南汪嘉棠书石。」

正阳门东打磨厂粤东会馆创于前明，故老相传，金吾麦公舍宅为之。岁月云邈，鸱吻欲飞，櫼枨敛芒，薪木无恙。乾隆辛卯，南城御」史何公曰佩一为倡修，距今百三十年。风雨其零，榛莽不蔚，抚榱栋而虑深郑侨，敕纲纪而流连隋会。都中士夫每逢高会，辄假别」馆，非久计也。光绪八九年间，许筠丈尚书、杨蓉浦少司马乃谋建新馆于南横街。既洽其新孔嘉之乐，仍廑有举莫废之思。而老馆」西偏，久为黠者盗割，展转鬻诸前通永道英良，非重资莫赎。若竟从此隳弃，良可痛惜。适同邑罗西林武部熟精堪舆，相与龛视，诧」兹地运，亟赞修治。同人佥以为可。属新馆亦有工作，遂为文募捐，先于癸巳之冬动土以待，迄无应者。祇云南抚军黄植亭、江西粮」道邓莲裳、署津海关道黄花农、福建候补道何碧庼、在籍候补道刘问刍先后捐集七千六百余金，得于丙申之春鸠工构材，少筠」中翰殷勤督役，及秋而蒇。区涂眇准，各尽所长，竹头木屑，了无弃物。历大门至后圃，共四院，中为享堂，祀事惟谨；东西有廊，义取修」洁；前为嘉会堂，雅擅明敞。簪裾谦集，四序皆宜。又前为大门，旁为厢房，西偏未还，西厢遂蹙。治东墙为屋十三间，中留一衖。更东历」一门，为后圃，建亭于西南隅，暎衬竹石，潇洒可喜。眣花口车骑之喧，有诃林瓶钵之趣。迤东仍建屋三间，以备厨爨。综南北二十一」丈五尺，东西六丈二尺。详为甄叙，以杜侵渔。璧返有期，再图西拓。西林寄语，自斯馆兴工后，戴少怀、丁伯厚大考开坊，许筠丈由仓」场擢总宪，晋工部尚书，杨蓉浦以副宪擢兵部侍郎，黄植亭以桂藩开府滇池，邓小杰以苏藩开府皖江，何榆亭以郧阳总镇擢广」东水师提督，邓锦亭以西宁总镇擢固原提督，此外，道、府拜真，抑又济济。荫桓年甫六十，辄蒙赐朝马，渥膺异数。以邦国之光，证形」家之言，清源流洁，固应饮水知归；库里英多，嘉为斯社所相。援今证古，未尽无征云。余维吾粤缨弁，近始萌颖，山高水长，正复无量。」顾余孤根薄植，雨露偏承，无能乂康世屯，增重乡里，滋愧焉已。永怀悬绪自接之义，重绎绸缪牖户之旨，默计经始观成之难，克睹」旧业重光之美。譬诸枯荄在野，得春嘘而自华；夜舟藏壑，能力趋而亦出。众志成城，岂虚语哉？捐集衔名，爰志于石，续有捐者，补刊」靡遗，以彰盛懿。落成之日，京外仕宦，义当并书。匪炫俗观，期劝来者。太平丹穴，各具性真，绵力薄材，仍为世用云尔。」

光绪二十三年岁在丁酉十一月壬子朔初九日甲午建。」

隆聚木厂地契碑

清光绪二十四年（1898）五月上浣
碑身拓高 102 厘米，宽 111 厘米。碑文正书。
碑原址在房山区南尚乐磨碑寺岩上蝎子山，现下落不详。中国国家图书馆存拓片。

录文：

钦命承修」菩陀峪万年吉地工程。和硕庆亲王、大学士直隶总督荣为奉」命拣选本工需用大小件石料，本王」大臣拣派监督大人前往房山」县一带地方采办艾叶青石料。」今查磨碑寺迤北蝎子山前艾」叶青石塘，石性坚润，方能经久。」选择石样，本王大臣奏明恭呈」御览，钦定在案，饬派隆聚木厂在彼」开采。适有岩上村张连成、张宏」才、王克昌求中人说合，将祖遗」磨碑寺迤北蝎子山前山坡地」一段，北至分水岭，南至泄水沟，」东至官牛道，西至山神庙，四至」分明：今凭中人说合，情愿卖与」隆聚木厂永远为业。勒石记载，」以垂久远。（又及，六月初六日，□有岩上村张敬斋祖遗山坡地一段，同中人说合，卖与本厂。北至分水岭，东至山神庙，南至界子，西至业□）。」

大清光绪戊戌年夏五上浣之吉立。」

经正书院碑

皇清光绪二十四年（1898）十二月日

额篆：经正书院

赐进士出身翰林院编修、国史馆纂修、功臣馆纂修、起居注协修、本衙门撰文支恒荣书

赐同进士出身翰林院侍讲、国史馆协修、文渊阁校理、管理正白旗官学事务监院官、宗室宝丰鸠工镌石

碑螭首方座，碑身阳面有边框，雕云龙纹，碑阴无边框。碑首身高203厘米，宽83厘米，厚29厘米；座高71厘米，宽101厘米，厚44厘米。碑身阳、阴拓均高133厘米，宽80厘米。碑阳额文篆书，碑文阳阴均正书。

碑在东城区郎家胡同北京市第一中学碑亭内立，保存基本完好。

按：该碑碑阳刻徐桐等人的关于开办经正书院的奏章两道，碑阴刻各省旗员捐款题名。

经正书院创建于1898年，1902年改为宗室觉罗八旗中学堂，原来的八旗各官学改为八旗小学，附属于八旗中学堂。1904年，宗室觉罗中学堂又改为宗室觉罗八旗高等学堂，仍然附设八旗中学堂。1909年，八旗高等学堂及所属八旗中学堂都划归八旗学务处管理。学务处就设在八旗高等学堂院内。与此同时还附设了一个优级师范选科班。1912年改为京师公立第一中学。

经正书院创建碑共两座，原立在书院正厅前廊下东西两侧，后随时代变迁，位置屡次改易，一度被推倒在地。现立于北京市第一中学大门（门朝西）内东北不远处碑亭内。

录文：

额篆：经正」书院」

光绪二十年六月二十三日，管理八旗官学事务协办大学士吏部尚书臣徐桐、军机大臣兵部尚书臣孙毓汶言：窃维取士之道，不外文章；」而体国之材，端资器识。八旗官学自整顿以来，迄今十有一年。臣等奉」命督课，加意裁成。其间登巍科、膺馆选者固不乏人；而求一文行兼修、体用具备，出可为干济艰难之士，处可为扶持名教之儒，殊不易觏其人。因」思另建书院一区，俾八旗子弟讲求实学，期为通儒。缘经费浩繁，未敢轻举。窃查八旗管学各官经理学务，于常年经费撙节动用，计历年积」存余款三万两，已交顺天府发典生息。又曾于十三年奏买武清县沙古屯学田一区，每年约入息租两项二千六七百两。拟将此款归入书」院支用。又十三年置买左翼所属房屋一所，坐落在安定门内郎家胡衕，地处城北，尚为东、西各四旗道里适均之地，拟将此房作为书院，一」面订立章程，先行创办。至创立之始，需费极繁，经费入不敷出。拟商函知各省旗籍大吏，劝以量力相助，共成盛举。俟积有巨款，再行逐渐推广，」添立课程。刻下款项未充，未敢规模大启。拟由八旗官学经费处存余项下动用四千两，先行聘请山长主讲，

择八学中之性情敦笃、有志大」成者来院肄业，即于今秋举行。俟各省捐款积有成数，除就款开支外，余俱发典生息，以备岁时支用，冀可经久不渝。庶几今日里闬中多佳」子弟，他日」朝廷上多好人才，于维持士习、作养人文之方，亦不无裨益。伏乞」皇上圣鉴，」训示遵行。奉」旨：知道了。钦此。」

光绪二十三年十二月二十六日，管理八旗官学事务体仁阁大学士管理吏部事务臣徐桐、兵部尚书臣徐郙言：臣等于光绪二十年奏建」八旗书院，并声明函知各省旗籍大吏捐助，俟积有成数，逐渐推广等。因奉」旨允准，当即钦遵。函知各省旗籍大吏去后，一面先提官学存余经费，修理房间，延请山长，择八学中之性情敦笃、有志大成者，每月讲书二次，考」课二次，课以经史实学，酌给膏奖，于今三年。现在各省旗籍大吏或自行捐廉，或率属集赀，或总捐，或年捐，计前后汇解到院者二万二千三」百余金，当即提交顺天府一万五千两发商生息，复动用五千余金添建考棚房舍，刻已落成，拟命名曰经正书院。即于明年二月开课。凡八」学外之举、贡、生、监，胥令肄业其中，先行取具本旗图结送院报考，以杜冒名之弊。每年二月甄别一次，凡取入额内者，准其应试一年。每月山」长考试二次，专课经史，不课诗文。限定取额，给与奖赏。其中如有内行敦笃、堪以深造者，拔补听讲，兼课札记，并给膏火，不容冒滥。惟书院事」务殷繁，宜专责一人经理。拟于管学官内择其廉谨资深者，轮流监院，一年为期，每岁津贴二百金。其余未尽事宜，容臣等随时酌办。方今时」事多艰，各省纷纷建立学堂，讲求时务。窃思京师乃首善之区，士子为四民之冠，而八旗子弟尤为休戚与共之人。若能于八旗中得一二体」用兼备之士，与之研析经传，通达治理，以格致诚正、修齐治平为大旨，以孝悌忠信、礼义廉耻为大防。诸生世受」国恩，自当勉为通儒，挽回风气，俾得备干城之用，不仅为科目中人。则所以培植人才者，正所以维持」国本。谨具捐缮单以」闻。奉」旨：依议。钦此。」

赐进士出身翰林院编修国史馆纂修功臣馆纂修起居注协修本衙门撰文支恒荣书。

赐同进士出身翰林院侍讲国史馆协修文渊阁校理管理正白旗官学事务监院官宗室宝丰鸠工镌石。

（碑阴）

经正书院收到各省旗员捐款题名：

盛京

将军依克唐阿率属

吉林

将军延茂率属

黑龙江

将军恩泽率属

直隶

前霸昌道恒寿

前密云副都统苏噜岱率属

前长芦监运使景星

前察哈尔都统德铭

察哈尔都统祥麟

前察哈尔副都统伊崇阿

前张家口监督定成

口北道钟培率属

江苏

江宁将军丰绅

故江宁副都统致麟

前江宁织造常山

江宁织造增崇

前苏州织造庄健

京口副都统吉升

常镇通海道长恒年捐率属

前杭州织造书正

山东

前按察使毓贤

督粮道桂春年捐

前兖沂曹济道锡良

前青州副都统讷钦

登莱青道李希杰

前沂水县锡元

山西

前河东道奭良

绥远城将军永德

河南

按察使长禄率属

开归陈许道穆奇先

京师公立第一中学校大门

经正书院大门

经正书院碑亭　　　　经正书院碑

 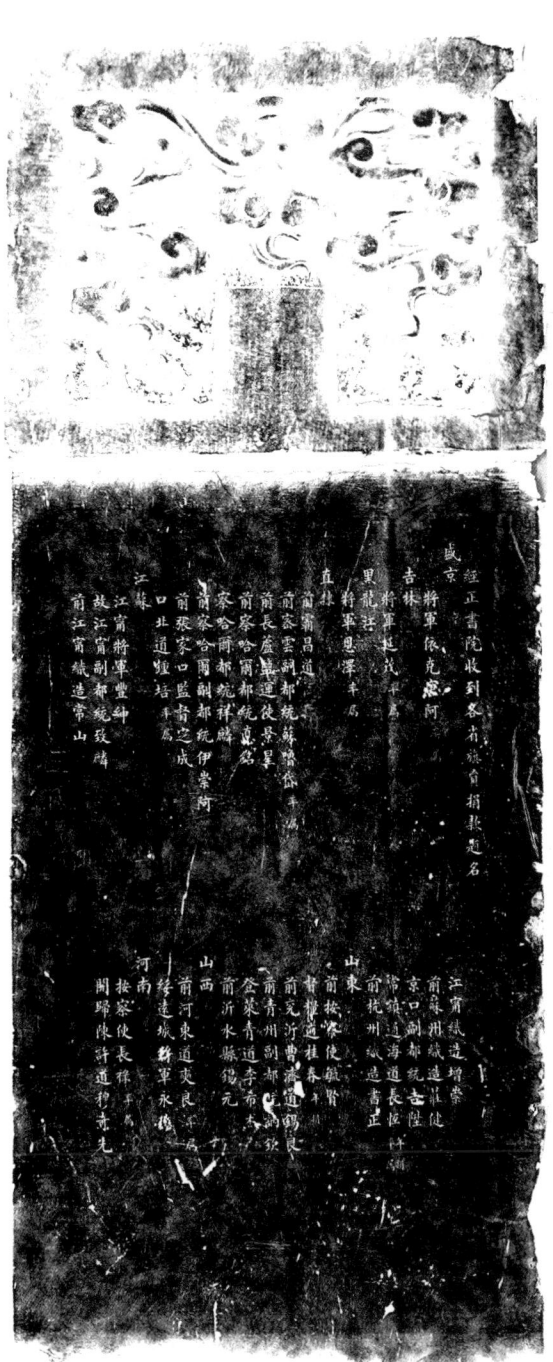

经正书院碑碑阳拓片　　　　　　创建经正书院碑碑阴拓片

创建经正书院碑

皇清光绪二十四年（1898）十二月日

额篆：经正书院

首题：创建经正书院碑记

经筵日讲起居注官、体仁阁大学士、管理吏部事务、翰林院掌院学士、上书房总师傅、管理八旗官学大臣徐桐撰

赐进士出身翰林院编修、国史馆功臣馆纂修、起居注协修、本衙门撰文史恒荣书

赐同进士出身翰林院侍讲、管理正白旗官学事务监院官、宗室宝丰鸠工镌石

碑螭首方座，碑身阳面有边框，雕云龙纹，碑阴无边框。碑首身高203厘米，宽83厘米，厚21厘米；座高71厘米，宽101厘米，厚44厘米。碑身阳、阴拓均高131厘米，宽79厘米。碑阳额文篆书，碑文阳阴均正书。碑阴刻各省旗员捐款题名。

碑在东城区郎家胡同北京市第一中学碑亭内，保存基本完好。

录文：

额篆：经正｜书院｜

创建经正书院碑记｜

古者比间族党，莫不有长，即莫不有教。周制废而始以教导之责属之郡县。至东汉时，乃｜设校官。唐末，校官又旷厥职，而卿大夫之有力者始各设书院，教其子弟。近时各省书院｜林立，其分设各郡县而专课本郡、本县之士者，亦所在多有，惟八旗独无，识者憾焉。爰于｜光绪二十年奏请于｜朝，创建书院一所，在安定门内郎家胡衕，徒以经费尚绌，未暇扩充。迄来协力众等，共建盛｜举，栋栌增建，丹腹重新，义路礼门，规模大启，并颜其额曰"经正书院"。续于二十三年十二｜月奏明在案。窃维书院者，造就人才之地，治天下之大本也。而我八旗子弟世受｜国恩，尤为天下人才所属望，其登进之途较宽且易。惟宽也，故虑其蕴蓄之未深；惟易也，故惧｜其杂然并陈而学术不必要于纯正。则所以造就之而备异日大成之用、艰巨之投者，又｜本中之本，而洵为治天下之急务也。自功利之习中于人心，而邪说横行，往往畔道离经，｜日趋于惑世诬民而不觉。岂知道之大原出于天，天不变，道亦不变。故吾人之为学也，基｜之以五伦，行之以五德，持之以慎独，而矢之以有恒。所谓经者，常也，万世不易之常道也。｜圣学之渊源在此，即王道之根柢亦在此。则岂非今日本中之本所尤视为本务者哉？愿｜诸生之肄业于斯者，各自勉焉，毋囿于小成，毋纷于俗学。是乃予所厚望也夫。｜

经筵日讲起居注官体仁阁大学士管理吏部事务翰林院掌院学士上书房总师傅管理｜八旗官学大臣徐桐撰。｜

赐进士出身翰林院编修国史馆功臣馆纂修起居经协修本衙门撰文支恒荣书。｜

创建经正书院碑碑阳拓片　　　　　　经正书院碑碑阴拓片

赐同进士出身翰林院侍讲管理正白旗官学事务监院官宗室宝丰鸠工镌石。」

皇清光绪二十四年十二月日建。」

（碑阴：接前碑碑阴）

陕西

西安将军国俊

故潼南道文启

延榆绥道马相如

甘肃

凉州副都统依楞额

新疆

前伊犁将军长庚率属

古城城守尉克蒙额

福建

故闽浙总督边□泉

前福州将军裕禄

福州副都统绰哈布

江西

前巡抚德寿

广饶九南道诚勋

盐法道春顺

湖北

荆州将军祥亨率属

荆州右翼副都统德禄

湖南

衡永郴桂道隆文

前辰沅永靖道廷杰

四川

故成都将军恭□

广东

前粤海闽监督文佩

故广州将军保年

广州副都统兴存

故广州副都统伊克坦

按察使魁元

督粮道延祉

盐运使英启

前惠潮嘉道联元

云南

前□□使裕祥

粮□道□□

贵州

前巡抚□□□□

云山别墅规条刻石

清光绪二十六年（1900）岁次庚子五月上浣

首题：云山别墅规条

兵部右侍郎大同李殿林谨识

拓高113厘米，宽68厘米。石刻文字正书。

石原址在宣武区广内街道下斜街，现下落不详。中国国家图书馆存拓片。

按：云山别墅为清光绪十八年山西旅居北京之人创建，原为晋人祭祀宴会之所，民国后成为山西会馆。

石刻馆藏有清光绪十八年（1892）"云山别墅记"刻石一方，记述云山别墅创建事。刻石高128厘米，宽76厘米，嵌墙立石，青石质，字迹泐甚。

录文：

云山别墅规条：」

一、新馆为吾乡祀神谫会公所，其京外文武各官引见当差及文武乡会试公车，概不准居住。」

一、新馆善后一切事宜，均归值年掌馆者经手。其每年举办应行典礼，先期差长班知会同人，共襄盛事，以昭慎重。」

一、新馆存储祭器及各屋供张器具，均另登号簿，约每年岁晚谫会时，掌馆者派两人对簿清查一次。庶逐年检点，」不致遗失损坏，漫无稽考。其掌馆者遇有升迁，应归后任经手，交代时亦照此办理。」

一、新馆除此次用过经费均已开销不计外，如有余银，公议存吾乡殷实字号，每年生息若干，归值年经手，以备长」班工食及馆中岁修裱糊等费。一切出入，均登号簿，当时易于稽核，后人亦知所遵循。所存款项，非新馆要务，不」准私为动用。若有重修大工，经费不足，掌馆者另为筹款。庶吾乡新馆常新，足以经久远而无废坠。」

一、新馆长班，责任綦重。用一妥人，须有眷属及有铺保者方许充当。每月给工食钱十千。门户时刻小心，院屋时常」洒扫，器具时为检点。若有不遵约束、怠惰油滑及将馆中器物私为动用遗失，一经闻知，立即责革，另行更换。」

一、新馆为祀神谫会之地，理宜整齐严肃，概不准妇女游观。违者惟长班是问。其长班亲友，概不准馆中留宿。若有」私人来往与长班酗酒滋事及窝藏匪类、勾引赌博种种不法情事，一经闻知，立即责革，交坊治罪。」

一、新馆平日遇有同乡及外省京官、富商愿在此请客谫会者，准其假座，务须先期订约，庶免临时纷争。违者惟长」班是问。所得假座小费，除赏给长班若干外，余均交值年，归入岁修款内。」

云山别墅规条刻石拓片

一、新馆马号及后园空厂，不准长班私留车马，冀得小费。违者责革不贷。」

一、新馆平日虽准同乡及外省绅商假座请客，均属雅集，概不准携带优伶，演唱小曲。」

一、新馆平日只准请客谦会，若遇有婚嫁庆吊各项事，无论同乡外省，概不准在此藉地办事。」

以上规条，均系云山别墅同人公议，旧有木牌，诚恐年久损朽，馆人无所遵循，因勒诸石，以垂永远。」

光绪二十六年岁次庚子五月上浣，兵部右侍郎大同李殿林谨识。」

通州公理会教友殉道碑

清光绪二十七年（1901）十一月

额题：享荣无暨（阳）殉道有福（阴）

首题：通州公理会殉难者墓志铭

望都县廪生张鸿文撰文

通州廪生谷兰生书丹

碑身阳、阴拓均高137厘米，宽70厘米；阳额拓高24厘米，宽23厘米，阴额高宽均24厘米。额文阳、阴均双钩正书，碑文阳、阴均正书。

碑原址在通州区酿造厂（原通县南门外教堂墓地），碑已毁于"文革"期间。中国国家图书馆存拓片。

按：公理会为基督教的一个派别，其在北京的差会是美国波士顿公理会国外宣教会。1867年公理会在通县北后街建立教堂，1900年被毁。八国联军侵占北京后，公理会向当地索赔，县里将南仓地基拨归公理会，公理会在此建证道堂（即现在的通州区党校所在地）。公理会还在通县新城南门以西城墙内外共买地十余顷。杜春圃牧师在通县南门外为1900年死去的信徒建墓地，并立此碑，碑阳刻教友殉难经过，碑阴刻殉难者姓名。碑已毁于"文革"期间。与此同时还立有两通碑：一是"记念为道捐躯者碑"，嵌于教堂墙壁，上刻殉难者姓名，今仍在党校院内，仆地，保存完好；一在通县麦庄，为祁马氏墓碑，埋于村西北荒地，保存完好。

录文：

额题：享荣｜无暨｜

通州公理会殉难者墓志铭｜

记念为道捐躯者碑拓片

昔人有言，人莫不有一死。死或重于泰山，或轻于鸿毛：死固大有不同也。余为进一说，曰，死或入于永死，或」入于永生：不更大相悬殊乎？光绪庚子之□，通州耶稣教友男妇老幼殉难者百四十二人，波及于教会往」来者又数十人。其死也，入于永死也乎哉？入于永生也乎哉？自有判之者。考通郡教会之立，迄今四十余年」矣，经中西教牧长养栽培，殷勤启迪，教友等受圣道之涵濡，皆能激发热衷，坚持信德。是乃预成其见危授」命之心也。夫乱之起也，由山左而入直隶，又延入山右，终且风行通国，若愚若狂，皆将蠕动而蜂起。五月上」旬，通郡之匪焰愈炽。初九日，牛堡屯支会教堂焚，李君文郁之父长安公、夫人徐氏、教友林廷弼、陈廷栋等」遇害。初十日，李德贵公与其家属四人、教友三人，在鲁村东遇害。十三日午前，城外书院焚。午后，教堂、医院」焚。未几，执事李允升公遇害，其妻与二女皆赴水死。前后遇害者，更有德全、倪振乐、贺殿魁、李永和，并女徒」汤氏等，其余信主守道、昭然在人耳目间者，有多人焉，莫不以身殉道，视死如归。此岂尽以人力为之耶？然」则其

祁马氏墓碑拓片

死也，入于永死也乎哉？入于永生也乎哉？嗟！嗟！当联军入京之时，两宫西幸，官民军吏冥冥而死者不」知凡几。其入于永生也乎哉？入于永死也乎哉？二者相对，得失判焉矣。迨中外讲和，凡我教中殉难者，先蒙」国家优恤。岁辛丑十月十日，为通州教民发丧，营葬于州城之南原。官绅送葬者数百人。呜呼！我同教之兄」弟姊妹，身后人世之荣，亦云幸矣。矧其在主左右，享厥永福，何能名言哉？兹于茔前建墓门三间，四围树以」松，表道以杨。工且竣，都君春圃、高君文林以墓志属余。不获已，略叙殉难者之始末，谨录事实，无一饰辞，勒」诸贞珉，非特表扬死者之懿行，抑亦欲睹斯文者憬然有悟于永死永生之义焉。是则余之志也。爰为铭曰：」死孰为之死，而生也孰为之？己为，非己为？若而人者，世为之悲，吾非为之悲。生孰为之生，而死也孰为之？非」己为，莫非己为？若而人者，世不为之悲，吾为之悲。」

大清光绪二十七年十月、」主后一千九百一年十一月。　知通州事吴兆毅立。」

望都县廪生张鸿文撰。」

通州廪生谷兰生书。」

（碑阴列殉难男女信徒姓名，从略。）

克林德碑

1903年1月8日落成

克林德碑原立于东城区东四南大街西总布胡同西口克林德毙命处,现移至中山公园内。

按:克林德碑即克林德牌坊。

克林德(1853—1900),德国外交官,光绪二十五年(1899)为驻华公使。1900年6月,克林德在去总理衙门的路上,在东四南大街西总布胡同西口,被巡逻至此的清军神机营队长恩海开枪击毙。《辛丑条约》第一条就是让清政府为克林德在其遇难处建立牌坊一座,并让醇亲王载沣亲赴德国为此事"代表大清国大皇帝暨国家惋惜之意"。克林德牌坊落成于1903年1月8日,碑坊为四柱三间七楼式,宽约4.7丈,高约2丈,东西横跨东单北大街,当时碑坊上面还用拉丁、德、汉三种文字,刻以光绪皇帝名义颁布的"惋惜凶事之旨"。1918年德国战败,克林德碑被拆毁。1919年,协约国要求德国将牌坊修好,移至中央公园(今中山公园),并改名为"公理战胜坊",形制由七楼改为三楼。

录文:

国家寰球各国立约以来,使臣历数万里之远来驻吾华,国权所寄至隆且重,凡我中国臣民俱宜爱护而敬恭之者也。德国使臣克林德,秉性和平,办理两国交涉诸务,尤为朕心所信。乃本年五月,义和拳匪阑入京师,兵命交讧,竟至被戕陨命。朕心实负疚焉。业经降旨特派大臣致祭,并命南北洋大臣于该使臣灵柩回国时妥为照料。兹于被害地方,按其品位树之碑铭。朕尤有再三致意者。

克林德牌坊

盖睦邻之谊,载于古经。修好之规,详于公法。我中国夙称礼仪之邦,宜敦忠信之本,今者克林德为国捐躯,令名美誉,虽已传播五洲,而在惋惜之怀,则更历久弥笃。惟望译读是碑者,睹物思人,惩前毖后,咸知远人来华,意存亲睦,相与开诚布公,尽心款洽,庶几太和之气,洋溢寰区,既副朝廷柔远之思,益保亚洲升平之局,此尤朕所厚望云。

王友三、王浩然述德碑

大清光绪二十九年（1903）岁次癸卯秋七月既望（十六日）

额题：古制联班（阴）

首题：教领王友三、浩然两君保全回众存没述德碑

诰授资政大夫赐进士出身前经筵讲官赏戴花翎内阁学士兼礼部侍郎衔复加三级仁和徐琪撰文并书

碑螭首方座，首身高274厘米，宽95厘米，厚33厘米；座高76厘米，宽143厘米，厚75厘米。碑身拓高142厘米，宽91厘米；额拓高30厘米，宽24厘米。碑阳额文为阿拉伯文，碑文正书。碑阴额文正书，碑身无字。

碑在宣武区牛街礼拜寺。

录文：

教领王友三、浩然两君保全回众存没述德碑」

诰授资政大夫赐进士出身前经筵讲官赏戴花翎内阁学士兼礼部侍郎衔加三级仁和徐琪撰文并书。」

出宣武门数里而近，有牛街焉，回民之所聚处也。日久蕃衍，衡宇相望，姻嫁者于斯，贸易者于斯，人烟辏密，特称」极盛。光绪庚子，拳匪作乱。七月，联军入城，居民惊徙，而城中奸宄乘机四出，多所剽掠，至于不能安枕。回民相聚」而嗟，计无所出。教领王友三、浩然二君素有胆识，乃令于众曰："尔无恐。惟吾言是听，则患已。"回民皆唯唯。因择其」长而能者，俾编查各户，不使宵小托迹。又与市廛联络，守望相助，其不法者执而惩之。于是牛街以内大肃，至」于夜无厖吠，皆二君力也。军务既定，其三年壬寅，」特派大臣兴筑铁路以备要差，而回民之先茔寔在西便

王友三、王浩然述德碑碑阴额拓片

门外之三里河地，无虑万计，皆铁轨所必经。回民聚而泣」焉，曰："吾先世皆渴葬，无三寸之桐附体也。若迁之，何忍焉？"乃又谋于二君。友三君又慨然曰："是吾能任之。"乃投」牍于经度是工之某大臣，具以情告。某大臣亦恻然为之心动，乃展拓数十丈，迁道以出。而回民先世邱陇遂得」无恙。于是众回民易悲为喜，咸举手而颂曰："微二君策画于兵甲之时，吾身家不能保也，非友三君剖析于某大吏」之前，吾先世不可问也。今家室安矣，先人之魂魄妥矣。虽车声辚辚，□道左出，而松楸祭扫、封树无妨矣。二君之」德，不可以不志。"以众居懒眠

胡同，相去不一里，知此事较悉，爰乞书贞石，以示来兹。余惟自铁路兴筑以来，所经｜之地，凡民间堂兆之有碍轨道者，辄给价迁移。在任其事者，以为周且妥矣。然无主之墓，往往无人承领。而有司｜奉行不善，且冒领其价而抛其骨。即其墓尚有后人，或力不足与争，即欲争矣，而又无二君之胆识，仍畏葸而不｜敢言，则亦遵檄迁移已耳。及至骸骨散乱，冠履倒置，泣而恸焉，何益哉？今友三君体人之孝思，恐残骸之暴露，｜慷慨陈词，一言而定。与前此保卫全街之回民，一遂其生，一安其死，仁术也，而智勇兼焉。琪尝闻，｜圣祖仁皇帝亲勘河工，见标识在民间坟墓者，皆令拔去。盖深仁厚泽流至今日。故某大臣亦得仰体｜先朝掩骸埋骼之仁，而遂许其请。二君所为，虽深于书者不能也。因为之铭曰：｜吁！牛街之回民兮，千万而聚处。与土著以相忘兮，无豆觞之细故。岁庚子之不靖兮，实萑苻之是虑。二君捍卫于｜一隅兮，民安枕而夜不闭户。何风轮之驰骤兮，将遗骸之暴露。群回雪涕而智竭兮，谁赴汤蹈火而不顾？君独侃｜侃□□词兮，□无衣衾之体驸。大吏览之而恻然兮，为展拓乎达路。忆吴中之青杨里兮，竞纺车之丝布。暴万骨｜而无人言兮，□□过者尚为之却步。二君负仁术与仁心兮，实勇与智之悉具。吾为此铭以告来兹兮，曰不忧不｜惑而要□□。｜

大清光绪二十九年岁次癸卯秋七月既望。｜

掌教卞王旺、王瑞芳、马德成，董事人王瑞恂、马少泉、冯余轩、关良如、关信权、张振卿、马瀛山、黄恩佑、马兰谷、李在田、马寿臣、连实轩、王珍、杨玉福、王宽、沙春溥、沙国成、沙国瑞、洪永祥、洪永禄、孙□春、马万□、马瑞川、关玉龙、沙国祥同监制。｜

（碑阴）

额题：古制｜联班｜

王友三、王浩然述德碑

王友三、王浩然述德碑碑首

王友三、王浩然述德碑碑阳拓片

昌平州署重修碑

清光绪二十九年（1903）九月中浣
额双勾篆书：重修昌平州署记
首题：重修昌平州署记
山阴幼旭陈范撰文
碑身拓高124厘米，宽69厘米；额拓高34厘米，宽22厘米。额文双勾篆书，碑文正书。碑原址在昌平州署。昌平州署今已不存，碑下落不详。中国国家图书馆存拓片。

录文：

额篆：重修昌丨平州署记丨

重修昌平州署记丨

庚子之变，联军肆扰昌平，州署付之一炬，而大门、二门犹岿独存。岁壬寅，刺史溧阳史赓云奉□太史奏补昌平。是年九丨月，奉饬履新，下车之始，拜印于榛莽瓦砾中。一州斗大，满目疮痍，凭吊荒墟，怃焉心恻。回忆庚子一役，津耶，通耶，京都耶，保阳丨耶，衙署公所之被毁，何可胜数！生命民庐之被毁，更何可胜数！昌平特其一耳。嗟乎！涓涓不塞，将成江河；星星不灭，将成燎原。丨则谓斯署也，外人火之，而不啻吾国人自火之也，于外人乎何尤！虽然，衙署者亲民之堂，四方之观听系焉。而况监狱也，马号丨也，均关系如是之重且要也。今乃僦居民房，以如是之重且要者恝然置之，可乎？爰延绅耆，博加筹议。则有父老进告曰，曩时丨许州尊在任，创议重修，集捐动工，幸将二堂、三堂木架竖立。旋因捐款不继，工遂止。今吾父母荣莅是邦，吾小民愿效子来，出丨资以成之。刺史曰："否，否！兵燹之役，元气凋伤。尔小民兵劫余生，余方休养生息之不遑，更何忍以土木之工重吾民累？"父老丨又进曰："吾侪小人谨聆前训，感激涕零。然吾父母办公无地，终非久计。既不捐诸下，曷不请诸上？"刺史应之曰可，爰据情具丨禀，蒙发款三千五百金。于是亲履勘费经营，拓旧基，展新址，鸠工庀材，择吉开工。阅五月，自大堂而二堂，而三堂，而东、西上房，丨东、西花厅，以及幕宾治公各室并书吏办事、仆人栖止之所，无不美轮美奂，灿然一新。统计各屋，不下百数十椽，旁及监狱、马丨号先后工竣。除领款并自认捐银一千数百金外，尚不敷银一千七百金。虽经禀准十年流摊，而刺史所垫之款已化为乌丨有矣。是役也，工坚料实，均发民价，不役民一夫，不捐民一钱。以视世之目衙署为传舍，借资民力而复偷工减料者，其相去为丨何如耶？署成，寅僚群相庆贺，而余独怅然兴感。试思处斯署也，岂深居简出、颐指气使，但求容止之安欤？抑将如伤厪念，饥溺丨萦怀，乐民之乐者先忧民之忧欤？且夫世之盛也，百里之大，辟署以治，重门洞开，相见以心，大有官民一体之乐。及其衰也，堂丨阶万里，上下壅蔽，极其祸乱之来，虽尊严各官署，亦皆化为灰烬。然则署之兴废，关乎丨国家之盛衰，顾不重哉？嗟！嗟！宜海苍茫,升沉何定,任事者未必有才,而有才者又未必久于其任。今虽衙署重新,吾不知明岁刺史又调署何处?安得后之人鉴此苦衷,及时修而葺之,庶斯署之不朽乎?余承刺史延致幕下,见闻较确,因徇刺史之请,不揣谫陋,感而为之记。

山阴幼旭陈范撰。

时在光绪癸卯秋九月中浣谨立。

天主教传教士新茔刻石

清光绪廿九年（1903）秋月

石高94厘米，宽220厘米。石刻文字正书。

石在市委党校传教士墓地。

录文：

此处乃」钦赐天主教历代」传教士之茔地。光」绪二十六年，拳匪肇乱，焚堂决墓，伐」树碎碑，践为土平。」迨议和之后，中国」朝廷为已亡诸教」士雪侮涤耻，特发」帑银一万两（笔者按："一万两"刻于"为□款"之上)，重新」修建。勒于贞珉，永」为殷鉴。」

大清光绪廿九年秋月立。」

天主教传教士新茔刻石拓片

光绪三十年甲辰恩科进士题名碑

清光绪三十年（1904）五月二十一日后

额篆：光绪甲辰科」进士题名记」

碑方首方座，首身高 311 厘米，宽 85 厘米，厚 27 厘米；座高 73 厘米，宽 116 厘米，厚 58 厘米。额文篆书，碑文正书。碑阴无字。

碑现立于东城区孔庙。

按：孔庙内保存了元明清三代的进士题名碑共 198 块，其中近代部分有 31 块，它们是科举制度珍贵的历史见证。

本科因慈禧太后七旬万寿，改正科为恩科。此科取进士二百七十三人，第一甲三名，第二甲一百二十名，第三甲一百五十名。因清廷于次年废除科举，甲辰恩科进士成为中国历史上最后一科进士。

录文：

额篆：光绪甲辰科」进士题名记」

奉」天承运」皇帝制曰：光绪三十」年甲辰恩科，」五月二十一日」策天下贡士谭」延闿等二百七」十三名。第一甲」赐进士及第，第」二甲赐进士出」身，第三甲赐同」进士出身。用兹」诰示。」

光绪三十年甲辰恩科进士题名碑全景

光绪三十年甲辰恩科进士题名碑

第一甲
刘春霖　直隶肃宁人
朱汝珍　广东清远人
商衍鎏　正白旗汉广州驻防人
第二甲
张启后　　安徽泗州人
林世焘　　广西贺县人
颜　楷　　四川华阳人
朱文劭　　浙江黄岩人
王　赓　　安徽合肥人
张茂炯　　江苏吴县人
麦鸿钧　　广东三水人
翁兆麟　　浙江钱塘人
郑　言　　四川华阳人
贺维翰　　四川彭县人
黄瑞麒　　湖南善化人
徐　潞　　江苏上元人
林志烜　　福建闽县人
庄陔兰　　山东莒州人
何景崧　　直隶宝坻人
熊　坤　　江苏高安人
宋育德　　江西奉新人
陈　震　　福建闽县人
杜　严　　河南河内人
张成栋　　奉天铁岭人
谷芝瑞　　直隶临榆人
莫以增　　云南呈贡人
楼思诰　　浙江钱塘人
岑光樾　　广东顺德人
林　乾　　福建南安人
陈　毅　　湖南湘乡人
江孔殷　　广东南海人
刘谷孙　　安徽庐江人

郭寿清	江西吉水人
吕祖翼	安徽旌德人
谢启中	广西临桂人
龙建章	广东顺德人
潘　浩	江苏宜兴人
王庆麟	贵州贵筑人
谭延闿	湖南茶陵人
叶先圻	江西萍乡人
杨毓泗	山东济宁人
李翘燊	广东新会人
王　枚	直隶河间人
许承尧	安徽歙县人
蒲殿俊	四川广安人
李盛和	湖北蕲水人
朱振瀛	江苏宜兴人
唐尚光	广西全州人
陈之鼎	广东番禺人
吴德镇	直隶新城人
高振霄	浙江鄞县人
蒋尊祎	浙江海宁人
苏源泉	甘肃会宁人
方兆鳌	福建闽县人
马步瀛	陕西大荔人
季龙图	江苏盐城人
童锡焘	湖南宁乡人
何毓璋	陕西石泉人
陈蜚声	山东潍县人
张恩寿	江苏丹徒人
钱崇威	江苏震泽人
朱点衣	安徽霍邱人
施尧章	云南昆明人
阎士璘	甘肃陇西人
李湛田	直隶宝坻人

李　矩	直隶束鹿人
李景纲	直隶枣强人
李言蔼	山东安邱人
唐桂馨	贵州铜仁人
汪士元	安徽盱眙人
潘鸣球	江苏阳湖人
徐钟恂	江苏山阳人
陈国华	四川温江人
景　润	正蓝满河南驻防人
吴　琨	云南昆明人
梁禹甸	福建闽县人
刘敦谨	浙江山阴人
陈继舜	湖南长沙人
沈钧儒	浙江秀水人
陈　度	云南广西州人
程宗伊	浙江海盐人
刘钟俊	贵州修文人
舒元璋	安徽黟县人
钱　淦	江苏宝山人
濮文波	安徽芜湖人
龚福焘	湖南善化人
谢銮坡	广东番禺人
徐金铭	山东历城人
张成修	河南固始人
张　琴	福建莆田人
张世畴	江西德化人
沈秉乾	江苏泰州人
钟刚中	广西宣化人
王炳宸	山西翼城人
田明德	陕西城固人
傅增浚	四川江安人
陈启辉	广东新会人
苏　舆	湖南平江人

张国溶	湖北蒲圻人
段国垣	山西稷山人
雷延寿	陕西渭南人
马荫荣	山东茌平人
阎祖训	江西德化人
单志贤	江西高安人
关赓麟	广东南海人
戴宝辉	贵州贵筑人
何振清	广西贺县人
张　诒	直隶定州人
章祖申	浙江乌程人
吴晋夔	浙江镇海人
杨巨川	甘肃金县人
汤化龙	湖北蕲水人
李景铭	福建闽县人
王季烈	江苏长洲人
雷多寿	陕西渭南人
朱元树	浙江余姚人
胡家钰	直隶承德人
许业笏	江西彭泽人
陈世昌	山东潍县人
宋名璋	江西奉新人
欧阳肃	广东顺德人
张其锽	广西临桂人
张介孚	山东安邱人
张名振	四川长寿人

第三甲

张　鸿	江苏常熟人
竺麐祥	浙江奉化人
陈赓虞	直隶安州人
陈正学	四川奉节人
刘启瑞	江苏宝应人
白葆端	直隶新城人

陈敉功	广西临桂人
随勤礼	江苏江宁人
姚　华	贵州贵筑人
舒嘉猷	云南鹤庆人
张云翼	广东顺德人
梁成哲	山西徐沟人
顾显曾	河南祥符人
周之桢	湖北汉阳人
方　贞	河南商城人
张则川	湖北黄陂人
曲卓新	山东宁海人
董绳焘	安徽宣城人
邵孔亮	安徽怀宁人
张朝辅	江苏江都人
舒伟俊	江西丰城人
刘远驹	湖北黄安人
袁永廉	贵州贵筑人
李延真	湖北麻城人
毕太昌	河南罗山人
陈宗蕃	福建侯官人
欧阳绍祁	江西分宜人
何震彝	江苏江阴人
聂传曾	江西清江人
果　晟	镶黄满江宁驻防人
朱秉筠	广东新会人
彭运斌	河南邓州人
郑元桢	福建南平人
周观涛	江西德化人
邵从熄	四川青神人
朱泽年	广东新会人
王鸿炷	福建闽县人
叶大华	福建闽县人
熊范舆	贵州贵阳人

贾景德	山西沁水人
陈熙朝	河南获嘉人
王　烜	甘肃皋兰人
王慧润	河南内乡人
程叔琳	湖北黄冈人
张又栻	陕西澄城人
雷　恒	江西新建人
孙家钰	河南固始人
杨光瓒	四川隆昌人
张履谦	直隶承德人
邱景章	安徽全椒人
郭钟美	安徽合肥人
章　梫	浙江宁海人
吴兆梅	广西兴安人
陈兆槐	湖南新化人
姜乃升	直隶朝阳人
宫炳炎	山东宁海人
覃寿堃	湖北蒲圻人
栾守钢	山东历城人
钱昌颐	江苏如皋人
谢桓武	河南唐县人
邓　隆	甘肃河州人
陆光熙	浙江萧山人
张俊英	直隶束鹿人
彭守正	湖北汉阳人
冯巽占	浙江钱塘人
尚崇基	山东利津人
王宝璜	湖北江夏人
忻江明	浙江鄞县人
闵　道	云南蒙自人
杨济时	湖南祁阳人
赵录绩	山东安邱人
朱崇年	广东新会人

云　书	正白蒙京口驻防人
崔炳炎	直隶盐山人
林基逵	山东文登人
孙　鸾	贵州贵筑人
任嘉莪	直隶宁河人
王树忠	广东东莞人
曹元鼎	浙江归化人
黄为基	江西德化人
冯汝琪	浙江桐乡人
张肇铨	山东章邱人
程镇瀛	湖北黄冈人
叶大章	福建闽县人
刘光赟	四川富顺人
杨灏生	奉天吉林府人
李应寿	山东栖霞人
章圭璩	江西嘉定人
朱大玙	江苏吴县人
叶　湘	江西新建人
孟应奚	福建闽县人
李凤书	山东莒州人
李熙仁	云南昆明人
李臣淑	江西永宁人
王元璐	山东济宁人
仲延仕	山东宁阳人
周安康	广西临桂人
刘绍曾	直隶安州人
陈迪吉	江西新建人
李继第	直隶深州人
赛沙敦	镶白满贵州驻防人
刘绵训	山西猗氏人
荣　浚	镶黄蒙荆州驻防人
李德鉴	安徽太湖人
杨大芳	山西平定人

程天锡	甘肃文县人
王言纾	河南息县人
韦延秩	山东曹县人
宾光椿	广西博白人
李维汉	四川叙永人
张廷栋	江苏山阳人
徐　培	广西临桂人
田明理	陕西城固人
范家驹	广东潮阳人
史之选	江苏荆溪人
夏和清	河南光山人
饶孟任	江西南昌人
张应济	山西介休人
李　凝	江西新建人
梁善济	山西崞县人
陈金华	广西永福人
段　维	陕西岐山人
郑獻宜	福建长乐人
张学宽	安徽含山人
李寿祺	广西北流人
余维翰	湖南平江人
王文焕	河南长葛人
张肇基	云南宝宁人
许树声	云南昆明人
增　春	正白满杭州驻防人
陈焕章	广东高要人
林振先	福建闽县人
董　镛	直隶安肃人
茹欲可	陕西三原人
乔海峰	山西赵城人
江绍杰	安徽旌德人
林　苍	福建闽县人
邢　端	贵州贵阳人

金　梁　　正白满杭州驻防人
苏兆奎　　四川华阳人
张称达　　湖南永绥人
郭辅唐　　陕西渭南人
夏道辉　　湖北江夏人
王景嵩　　湖南益阳人
王慎贤　　江苏吴县人
万宝成　　甘肃会宁人
杨靖恭　　河南祥符人
章锡光　　浙江会稽人
王承佐　　浙江山阴人
李景濂　　直隶邯郸人

侍讲衔翰林院编修岑光樾书，学部国子丞衔门典簿哈卜齐显、景格、高文彬立石。

孔庙进士题名碑碑林（一）

孔庙进士题名碑碑林（二）

孔庙大成门

吴柳堂先生故宅碑

清光绪三十一年（1905）春

额篆：吴柳堂先生故宅碑记

首题：吴柳堂先生故宅记

赐进士出身诰授通奉大夫赏顶戴花翎内阁学士兼礼部侍郎衔文渊阁直阁事加三级秦州刘永亨撰并书

碑方首，座佚。首身通高175厘米，宽89厘米，厚20厘米。额文篆书，碑文正书。

碑原址在宣武区南横街11号，现藏北京石刻艺术博物馆。

按：吴柳堂（1812—1879），名可读，甘肃兰州人，清道光庚戌（1850）进士。1872年补河南道监察御史，冬因弹劾成禄，降三级调用。1876年起用为吏部主事。1879年，吴可读在蓟县马伸桥三义庙，死谏慈禧为太皇太后而废垂帘听政，自杀殉国。有《携雪堂诗文集》。

据《老北京旅行指南》，"后人仿杨椒山故宅例，建祠祀之"。因此，吴柳堂先生故宅，实为祠堂。

录文：

额篆：吴柳堂」先生故」宅碑记」

吴柳堂先生故宅记」

光绪三十有一年春，张筱坞检讨林焱督役拓修南横街吴柳堂先生故宅，前堂三楹仍先生旧名，颜曰"携雪"，又于绳匠胡同别购」屋若干，为故宅辅。既毕事，诣余请为记，泐之碑以诏来者。忆余丁丑春与计偕至京，曾以门生门下拜先生于斯宅，入其门，萧然数」椽耳。越三年，先生就义蓟州丰润，张幼樵师及其侄安圃前辈诸君子就故宅改建为正室，三楹奉先生栗主，室之前为回廊，取先」生遗像及谏草绝笔倩工刻石，纳之两壁。自门以内，既饬既修，入者叹焉。已而通渭田子钧同知鼎铭自新疆釀金千九百余两，以」书抵余京师，略谓柳堂先生之为重于天下也，吾乡人诚不得而私之。虽然北斗帝乡，固先生神魂之所舍也。桑梓敬恭，矧乃先正」，而不为谋一容俎豆之地，于谊实缺。余韪之为之，目营者垂十年迄于不就，用为叹憾，而故宅之终日镝闭者。自数公持节四出，或」弥月无人一至其门。安晓峰侍御维峻，先生高第弟子也，尝贻书幼樵师，欲赎得之，亦卒弗获。岁癸卯，余权贰户部，安圃前辈家嗣」伯讷郎中适与同官属，为谋之，不逾月伯讷致其叔仲炤世兄之命，悉出其契券，慨然相遗，谓见还恨已晚也。此宅成于诸君子不」世之举，不赀之费，举吾乡人积年之所欲得而不能得者，余乃以一言坐而有之，而因以重与庀材，薪臻周备，岂余之力哉？先生之」灵实阴相焉。田君置祠之议虽不果行，然前堂之增、别业之购，其费多赖以济，亦以见区区遗址其所以展转而宝爱之、赓续而营」构之者，非可以已也。当先生之授命也，越日闻至京，一时士大夫之妄用揣摩者，过其门咸屏息不敢指目。及」朝廷命下褒忠建祠秩祀于是，向所不敢指目之门，又若蠹蠹然独峙于长安人海间，过而式者以为洵足与椒山故宅俪美也。呜呼！祸」福何常？惟要于是，先生伉慨委蜕形骸之不惜，岂故宅之是恋？而吾乡人岁时登堂歆歔，忾慕亦当思文章气节，乃所以柄方来而」光曩哲，其勿第以苾荐如仪，谓先生欣然而胙蠁之也。是用缕述始末而并致相勖之旨，后之同志庶观者省焉。于时吾甘之同官京」朝者，翰林院检讨张林焱，庶吉士罗经权、杨思，内阁中书刘庆笃，户部主事吴钧、王烜，礼部主事苏源泉，兵部主事秦望澍，刑部主」事任廷飏、黄毓麟、哈锐、杨润身、张铣、杨巨川，工部主事范振绪，侍卫米生富，提塘陈泽长法得备书。」

　　赐进士出身」诰授通奉大夫」赏戴花翎内阁学士兼礼部侍郎衔文渊阁直阁事加三级秦州刘永亨撰并书。」

吴柳堂先生故宅碑

吴柳堂先生故宅碑拓片

万诚善会碑

清光绪三十一年（1905）岁次乙巳月（四月）谷旦

额题：万善同归（阳）万诚老会（阴）

叔平吴宝钧书

碑方首抹角，首饰二龙戏珠纹，碑身阳面边框饰拐子纹，碑身中部断裂后粘接。碑首身通高221厘米，宽72厘米，厚25厘米。碑阳额文隶书，碑文正书。碑阴额文正书，碑身镌信士题名，正书。

碑现立于平谷区丫髻山，原址保存。

按：善会、老会均为香会的称谓，二者的区别在于百年以上历史的善会才能称老会。碑阴题作"万诚老会"，可能其镌刻年代要晚于碑阳。

录文：

盖闻天之□□曰生万物必赖坤成，故书曰"天地万物父母"，诗云"母兮鞠我"，是人生固资，夫教」育而尤重乎抚字之恩也。钦维」天仙圣母碧霞元君，□安九有，德列三无。慧光所被，无善而不臻；妙谛所敷，无恶而不化。兼之济艰救」苦，人人永感□灵应；弭患消灾，家家常获庇荫。戴之深者莫知其源，履之广者莫测其际，此」所谓大功无贰□德莫名者也。我朝兼以神明设教，觉世警愚。于道光丁酉，」恭慈皇太后亲诣致祭。前□每届岁时，」钦派王公敬代缺并准□遐迩军民随班拜舞，故熙熙攘攘，万善归心。是则上至」国家，下至黎庶，同沾慈□，□慕仁风。愚等既受抚字之恩，未申寸衷之报。爰勒斯石，仰祥光于奕」世；敬答宏庥，祝」圣寿以无疆！」

万诚善会人等刘明发、陈善策、李□、张廷献、张宝林、邓庆林仝立。」

光绪三十一年岁次乙巳月谷旦。叔平吴宝钧书丹。」

（碑阴镌信士题名，从略）

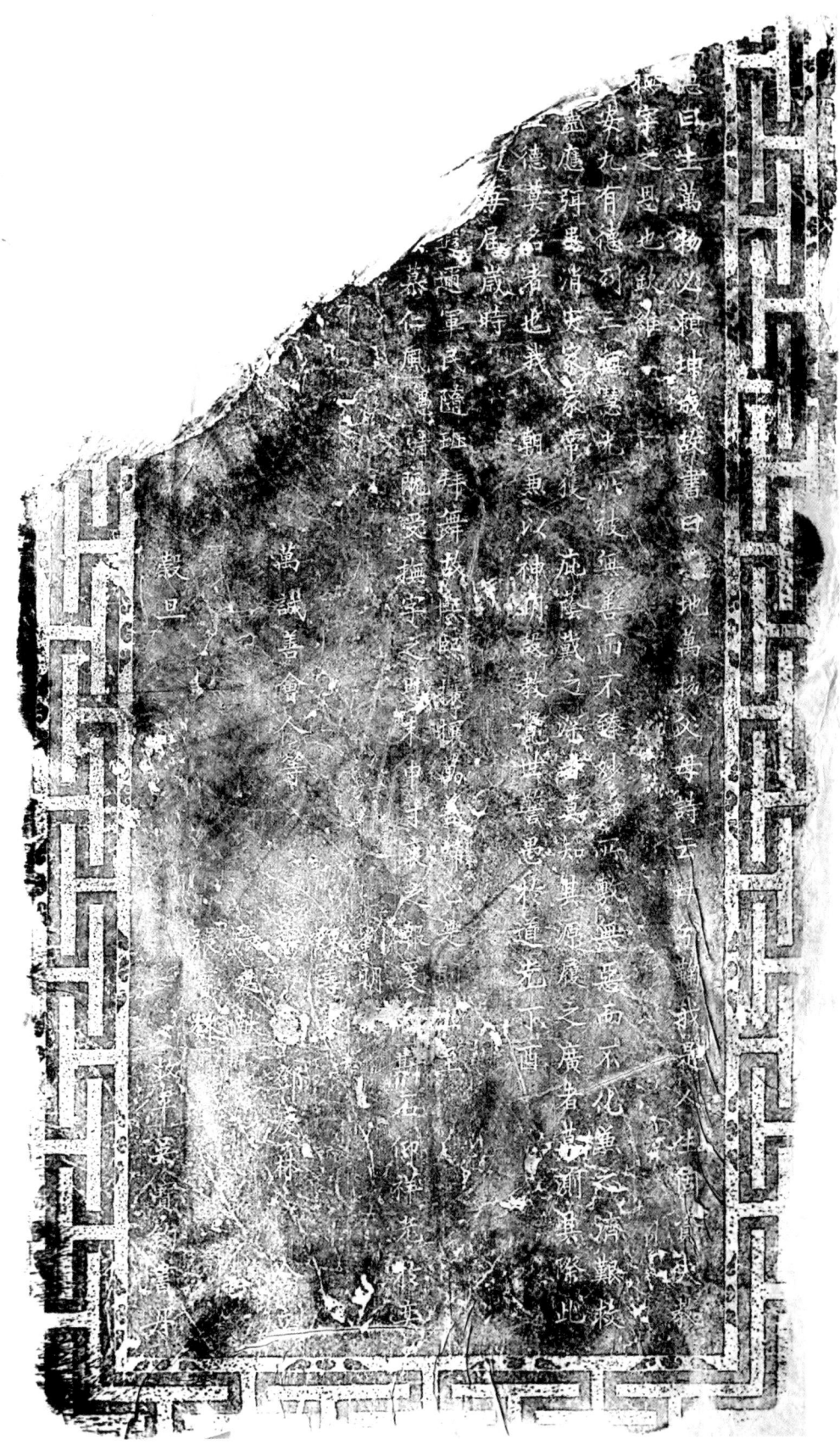

万诚善会碑拓片

荣禄谕祭碑

大清光绪三十一年（1905）八月中浣日建

额篆：御赐加祭祭文

碑阳身拓高203厘米，宽69厘米；额拓高29，宽20厘米。碑文满汉文合璧，汉文正书。碑阴题立碑年月。

碑原在朝阳区高碑店花园闸，现下落不详。中国国家图书馆藏拓片。

按：荣禄（1836—1903），字仲华，满洲正白旗人。《清史稿》有传，为清末重臣。荣禄墓位于朝阳区朝阳门外高碑店乡花园闸村，墓前原有石碑两通，墓内葬有荣禄及妻、妾三人。1966年冬墓被挖掘，二碑亦不知下落。

录文：

额篆：御赐」加祭」祭文」

朕惟云雷构屯，干济所以资良弼；山河作气，英灵所以壮本朝。爰酬笃棐之忱，式荐苾芬之祀。哀荣备具，奠酹重」颁。尔原任大学士军机大臣晋一等男赠太傅荣禄，体国公忠，当官敏达。材储公辅，早年之抱负已殊；望重老成，」晚节之精神弥劭。訚訚如畏，休休有容。征协力于盈廷，磬笙谐会；喜清尘于匦寓，樽俎雍容。匡济时艰，励丹心而」匪懈；精练庶务，知黄发之无愆。方期贞疾有瘳，庶桑榆之驻景；何意沈疴莫挽，虚药石之延龄？省览遗章，萦纡轸」念；饰敛先加襚服，治丧复给帑金；晋太傅之宫衔，列贤良之祀典。更颁后命，允答前劳。於戏！正色立朝，方切倚毗」之念；鞠躬没世，能无雕谢之悲？礼重加笾，功昭补衮。尔灵未沫，尚克歆承！」

（以左六行满文，从略）

（碑阴）

大清光绪三十一年八月中浣日建。」

重建太医院碑

清光绪三十一年（1905）岁在乙巳八月谷旦
首题：重建太医院碑记
内务府笔帖式附生文绮书
碑身拓高129厘米，宽62厘米。碑文正书。
碑原在东城区地安门东大街清太医院内，现下落不详。中国国家图书馆藏拓片。

按：地安门东大街路北的105号、111号、113号和117号，曾是清朝太医院的旧址。清光绪二十八年（1902），清政府在地安门一带重建太医院。如今，已有一百多年历史的清朝太医院变成了住满了居民的大杂院，先医庙尚在，被分隔成多间平房和院落。

录文：

重建太医院碑记」
太医院旧设在正阳门内迤东。自」国初以来，凡定官制、隆品服、给饩廪，建」先医庙以立医宗，设医学馆以讲医术，法至备、典至隆也。嗣因院址划入使馆界内，经总宪继（公名禄，官吏部」左侍郎、尚书衔、总管内务府大臣管理太医院事务）奏准，以地安门外吉祥寺之东偏官房改建，更购西北隅隙地为」先医庙。计经始于光绪癸卯年二月，越次年甲辰八月葳工。落成后，公复因升途壅滞，无以示劝勉，」陈请量为疏通，仰荷」皇仁俞允。（甲辰七月奏请，会考外，量加招考九品吏目，以州判、府经、县丞归双单月选用，八品吏目以按经、州判归双单月选用。其列入京察一等者，仍照例保送，并准呈请分发。至俸满、御医及」京察一等之员，均列入小京官轮选主事之例选用。）凡此两端，皆公创举，不知劳几许心血。然后叹公为嘉惠太医院计」者，为至深且远也。与崇恪勤公岂非后先辉映也哉！（公讳光，原太子少保吏部左侍郎总管内务府大臣管理太医院事务，赋性仁厚，贤名夙著，深」鉴医士等向称冷官，且自咸丰间月饷减成，益觉清苦。戊戌岁，公为请复旧制，更筹给经费五十金，按月由广储司支领。医士等迄今犹食其德焉。）在院医士等际兹振兴」奖劝之会，其必有争自濯磨、藉答宪台厚意，愈致力于活人，书者其成就正未可量，慎斯术也。以往」为良医者，安见不足为良相也，尤所殷殷切望者夫，是为记。」
内务府笔帖式附生文绮书。」
光绪三十一年岁在乙巳八月谷旦。」

成衣行重修浙慈馆三皇殿碑

清光绪三十一年（1905）冬月

额篆：万古流芳

碑身拓高 104 厘米，宽 63 厘米；额拓高 27 厘米，宽 26 厘米。额文篆书，碑文正书。碑原址在崇文区西晓市街 136 号（原财神庙）。碑已不存。中国国家图书馆存拓片。

按：浙慈会馆为浙江慈溪县成衣行会馆。

录文：

额篆：万古丨流芳丨

盖自开辟以来，盘古至今，三皇治世，五帝定伦，种五谷以养民食，造衣服以遮丨身体，覆载群生，无不美善。幸经前成衣行会首在于京师城内外，商同各铺掌丨柜、伙友出资，在于南大市路南创造浙慈馆，建造殿宇、戏楼、配房，供奉丨三皇祖师神像。当时成衣行皆系浙江慈溪县人氏，来京贸易，教道各省徒弟，故名丨曰浙慈馆，专归成衣行祀神。会馆历年行中唱戏庆贺丨神灵默佑，殿宇、楼房、三皇殿、老爷殿、配房、大门等年久失修，众会首、本馆住持僧人丨目睹情形，坐视不忍。众会首商同本行城内外各铺户伙友，量力捐资重修，于丨光绪十六年六月吉日动工修起，直至十八年陆续工程告竣。众会首诚恐年丨深日久，后来接办之人无所考查，故此勒碑刻铭，以垂久远，庶后来接办之人丨观此碑文，可仿照旧章承办矣。丨

首事人（人名共九列，每列八行，从略）

光绪三十一年冬月吉日立。本馆住持僧空尘、徒清霖、彤霖、孙峻峰。城内外共捐银陆百捌拾贰两壹钱零□□，钱伍千叁百叁拾柒吊一百文，共用银壹千玖百伍拾贰两叁钱贰分。丨

重修江阴会馆刻石

清光绪三十一年（1905）
首题：重修江阴会馆记
陈名侃撰文
陈宗彝书丹
翰□□镌刻
拓高33厘米，宽92厘米。石刻文字正书。
石原址在宣武区米市胡同，现下落不详。中国国家图书馆藏拓片。

录文：

重修江阴会馆记」
京师为四方大和会，职官以时朝觐，文」学之士游翔往来，至于选人计偕，莫不」于是乎萃。故自一省一郡，以至一邑，莫」不设有会馆，匪独以供行李之困，抑将」使旅居者不忘桑梓，相与缔合，以通情」谊也。吾邑通籍京朝者，道咸以来日盛，」顾皆卜宅而居。乡会之士，无会馆以为」栖止，类皆寄顿逆旅。同治间，先君任农」曹，慨然有鉴于旅寄之苦，思有以安之。」爰得屋十数楹于米市胡同，贷款购之。」即今馆之南、北两厢是也。事多草创，院」宇湫隘，仅蔽行李，顾同人已皆称便。盖」吾邑于是乎始有会馆矣。嗣是，京内外」同人间有欵助，得偿前贷，并加修葺。章」宜甫州刾其封翁捐沙田百余亩，又邑」城乡各典认捐若干两，共岁得二百余」金。及先兄聘臣经理馆务，乃购得前屋」数楹，规模因以略备。嗣又得屋后官地」一方，以费绌，弗能筑也。岁戊戌，乡人属」侃经理，并以南中历年所积，拟购邻居」以扩充之。言辞未就，会遭庚子之变。事」平，馆幸无恙，侃所代存之款亦无恙。乃」为筑东屋三楹。今年，又得南中续款，以」大门久嫌简陋，鸠工庀材，重为兴筑；南」北两厢益加整理，内外犁然，始各当其」局矣。方今科举既停，士皆奋志学堂。京」师为学海归虚，吾邑人士方振奋凌励」于学界之中，将来贡入大学，公车不绝，」宜有以为憩息之地，且为乡人之在都」者以时会集之所。爰不惮改作，以成斯」役。并叙其缘末如此。后之君子，能时加」补葺，抑恢廓而光大之，是尤侃之所深」望也。是为记。」

光绪三十一年岁次乙巳。陈名侃撰。」陈宗彝书。」翰□□刻石。」

三晋东馆西馆三忠祠重修碑

清光绪三十二年（1906）十月

首题：重修会馆碑记

大同李殿林撰文并书丹

碑身拓高114厘米，宽69厘米。碑文正书。

碑原在市宣武区上斜街，现下落不详。中国国家图书馆藏拓片。

录文：

重修会馆碑记」

京师旧有三晋东馆、三晋西馆、三忠祠，为士子旅寓。光绪十八年，祁文恪公复建云山别墅，为礼神公谳之所。人地兴盛，省运攸关。自庚子」拳匪之变，联军入都，土匪乘机作乱，别墅、东馆，楼舍焚毁无存，西馆、三忠祠亦多坍塌，颓垣败址，满目萧条。二十九年冬，殿林由江苏视学差」满回京，与前都察院副宪何润夫，农部王邃甫、李兰圃，比部张翰卿、杨康侯，外务部渠楚南诸同人集议兴修。惟时公局存银贰千余两，工料」昂贵，需用不敷甚多。遂邀各京官及票商相助为理，并函恳外官何方伯寿萱、武观察仲平、张观察兖甫、黄观察坦元、董观察子安、曹太守菊」农、高大令子莼合力提倡，京外官商共捐银柒千余两。三十年夏，先由别墅开工，楼阁厅堂照前起筑，园□□□棠梨馆三间。次年，建造东馆，」屋宇轮奂一新，西馆、三忠祠均先后修葺。各馆工竣，因勒芳名、捐数以彰善举。同人之力，全省之荣焉。大同李殿林谨识并书。」

（以左捐资银两、铺号、人名共十列，每列二十三行，从略。）

大清光绪三十二年岁次丙午十月谷旦立。」

玉皇庙改建学堂碑

大清光绪叁拾贰年（1906）岁次丙午梅月（十月）下旬

额题：万古流芳（阳）永垂不朽（阴）

顺天举人山西调署吉州知州候补府刘增广沐手敬文

蠡县童生齐金铸书丹

碑方首方座。碑首阳、阴两面均浮雕二龙戏珠及海水江崖图案，碑身阳面边框花纹，阴无边框。碑首身通高170厘米，宽68厘米，厚23厘米；座高50厘米，宽86厘米，厚42厘米。额文、碑文均正书。

1995年普查时，碑在门头沟木城涧玉皇庙大殿前廊下西头立。

录文：

额题：万古｜流芳｜

佛教流入中国几千年矣，修庙宇以妥神灵，代不乏人，然考之东西各国建祠塑像者，实不数观。方今｜圣天子，百度维新，与民更始，凡□载在祀典。各庙产均令拨充兴建学堂之用。我村旧有｜玉皇大帝古庙一所，不知创自何朝，然重修历朝皆有，经风雨之蚀，废至今又亦皆摧残矣。拟及此更始之时，｜改建学堂，然庙产无多，殊难敷用。况前此咸同之间，宿儒硕士选此幽胜，设帐其中者亦接踵而至，兼之我｜岭冬（按：当为"东"之误）一带，村居廖阔，烟户无多，欲择适中之地兴建学堂，不惟巨款难筹，抑且适中莫卜，皆不若此庙之幽｜敞而雅静合宜也。爰集合村众，协同住持，广募劝捐，不足而我等补助之。不尽月而鸠工庀材，已将正配各｜殿、山门、禅房焕然一新。是役也，非为壮观瞻而要神惠也，实所以藉妥神灵之庇护，默□村众之愚顽也，□｜私心慨尽义务，集众腋之成裘，兴学堂而教子弟，于以咿咿唔｜唔，争自濯磨于此名胜之地。群相拜伏于我｜大圣之前，能不顾之而色喜乎？是为序云。蠡县童生齐金铸书丹，｜

顺天举人山西调署吉州知州候补府刘增广沐手敬文。蠡县童生齐金铸书丹。石匠胡永和、李顺立刻。（以左、以下刻引善人、经理人，从略）｜

大清光绪叁拾贰年岁次丙午梅月下旬敬立。｜

玉皇庙改建学堂碑拓片

慧仙女工学校碑

清光绪三十有二年（1906）十一月

额篆：慧仙女工学校

首题：慧仙女工学校碑记

花翎二品衔候补三品卿郎中诚璋撰文

京师督学局科员学部主事祝椿年书

（碑阴）

（民国）戊午年（1918）四月十五日邓璋记

碑螭首须弥座。碑首身通高277厘米，宽89厘米，厚23厘米；须弥座高73厘米，宽114厘米，厚70厘米。碑阳额文篆书，碑文阳、阴均正书。

碑原址在东城区南吉祥胡同21号，现藏北京石刻艺术博物馆。

按：据碑载，学校以慧仙女士之名命名。慧仙姓额者特氏，其夫为故工部郎中云骑都尉承厚君。

录文：

额篆：慧仙女」工学校」

慧仙女工学校碑记」

慧仙女工学校碑（旧照）

慧仙女工学校碑（现状）

花翎二品衔候补三品卿郎中诚璋撰文」

京师督学局科员学部主事祝椿年书」

光绪三十有二年冬十有一月，慧仙女工学校落成。越年二月，行开校礼，诚璋实经始其事，乃具述颠末，镌之贞石，以诏后人。慧仙」女学堂者，慧仙女士独力以举者也。女士为故工部郎中世袭云骑尉承厚君德配。承厚君姓布鲁特氏，大父杰纯公乍浦副都统」以咸丰辛酉年殉难杭州，而诚璋先伯父继辉公实与同殉，故两家累世通好，而诚璋与承厚君交尤挚。女士姓额者特氏，幼习书」史，长通时事，归承厚君，益明习世变，尝谓："中国重男而轻女积数千年之痼习，其病至于母教不昌、妇道不备，而女子亦往往甘于」自薄以分利为男子累。苟尽具普通知识或具一艺之长，男子有业，女子亦有业，各以一身所作之业为一身衣食计，天下自无忧」贫之理。"诚璋习闻其言，亦既韪之矣。乙巳之冬，承厚君遽以疾殁，女士哀毁不百日亦殁。将殁，告其母曰："中国风俗，向以家产遗子」孙，无捐以举公众事业造社会幸福者，有之，请自慧仙始。我死，其以我家遗产兴女工。世好诚裕如，性不欺且热心学务，属之经画，」其可竟吾志。"既殁，母乃举其遗资招商局股票万九千两、银币七千两召诚璋而畀之，且告以女士之遗言。诚璋既悲

慧仙女工学校碑碑阳拓片

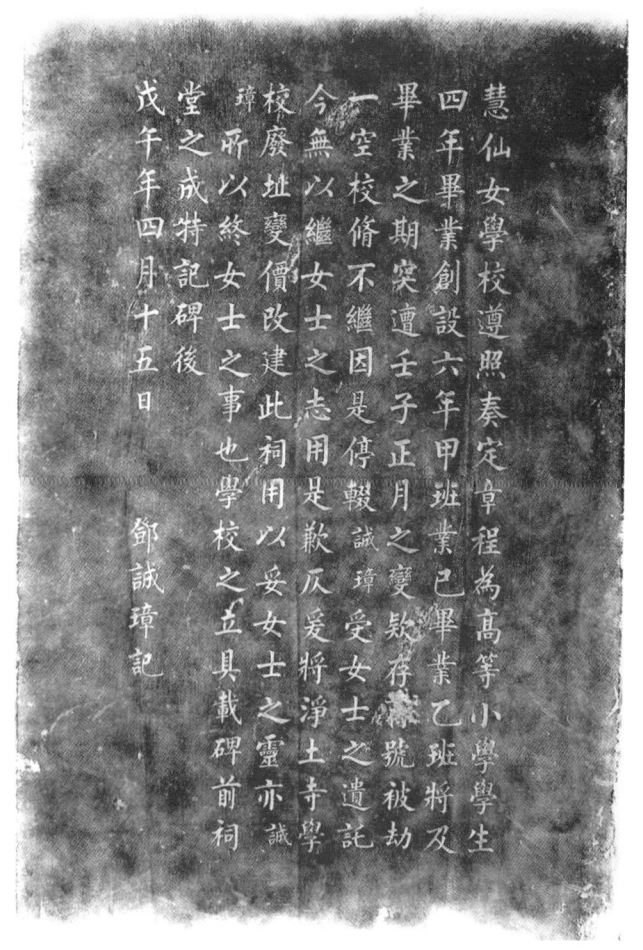

慧仙女工学校碑碑阴拓片

女士之贞烈」而具宏愿也，又重以死托，乌可以辞，则受其资而转鬻之，招商股票百涨四十，兼以息金并银币都凡三万四千六百二十五两，去」女士葬祭之用六千七百二十五两，又去捐助觉先僧学堂四百两、惠兴女学堂五百两、公立学堂风琴等三百两，得二万六千七」百两，乃购地建舍于此，为女工学校一所，附以女学两班，列状学部，请于朝，御书"培才劝学"匾额颁赐于堂。诚璋追原学」堂之所以成立，且援近世命名志不朽者之例，即以女士之名名学曰"慧仙女工学校"。呜呼！吾国女学其萌芽矣。京师者海内观听」所属，神州二万万聪秀女子日蒸进于学业，以立家庭教育之基础，而文化遂以普及于国人，猗与盛哉！慧仙学校实其先导。吾知」丰碑屹屹，铜像峩峩，行且有举女士之名相与尸祝者，以视寻常积家财贻子孙，其得失修短之数何如耶。」

大清光绪三十有二年冬十有一月。」

（碑阴）

慧仙女学校遵照奏定章程为高等小学，学生」四年毕业。创设六年，甲班业已毕业，乙班将及」毕业之期，突遭壬子正月之变，款存商号被劫」一空，校修不继，因是停辍。诚璋受女士之遗托，」今无以继女士之志，用是歉仄。爰将净土寺学」校废址变价改建此祠，用以妥女士之灵，亦诚」璋所以终女士之事也。学校之立，具载碑前，祠」堂之成，特记碑后。」

戊午年四月十五日。邓诚璋记。」

糖饼行北案重整行规碑

清光绪三十三年（1907）十月八日

额题：万古流芳（阳）永远长久（阴）

碑身阳面拓高 136 厘米，宽 69 厘米；阳额拓高 19 厘米，宽 18 厘米；碑身阴面拓高 137 厘米，宽 67 厘米；阴额拓高 18 厘米，宽 17 厘米。额文、碑文均正书。

碑原在崇文区广渠门内大街珠营胡同马神庙内，1999 年调查时马神庙已为北京荣强印刷厂厂址，碑已不存。中国国家图书馆藏拓片。

录文：

额题：万古｜流芳｜

光绪三十二年十二月初一日，齐行众等立碑规例于后：｜

兹因北京北案合行公议重整行规，增长工价钱。常人长十吊文。三月至十二□□□增长工价｜钱十二吊文，一个月至八十天增长工价钱十五吊文。每天做活，由下门起，□□□由□月至三｜月□□钟止，由七点钟至十一点做活，每位加钱七百文，如二十吊以下者加钱四百文。四月至｜□月十四日，四点钟止活，如四点钟做至八点钟止，每位加钱照前。由七点十□□□□二□｜九点钟，九点钟止活。如由九点钟做至一点钟止者，加钱亦照前。八腊月□□□□八□□□□｜钱九吊六百文。常人送钱照旧。常人节人零钱照例，永远不起早做活。起□□□□十□□□有｜帮□□炉散去徒弟半□□做□工价□钱一律照旧。如不照旧□者，罚□□神□一□□□□｜五□六月□十四□□□□□□十二月三十日□□工四天。｜

献神神袍一□，｜戏一，□喜连成班，｜烛桌幔帐一分。｜例诸芳名。｜说合人赵魁□、赵□□。｜

（以下题名从略）

（碑阴）

额题：永远｜长久｜

（碑阴满刻题名，从略，末题"光绪三十三年十月初八日合行众等公议□□"。）

糖饼行北案重整行规碑

清光绪三十四年（1908）正月十八日
额题：万古流芳（阳）永远长久（阴）
碑身阳阴拓均高129厘米，宽62厘米；额阳阴拓均高20厘米，宽18厘米。额文、碑文均正书。
碑原在崇文区广渠门内大街珠营胡同马神庙内，1999年调查时马神庙已为北京荣强印刷厂厂址，碑已不存。中国国家图书馆藏拓片。

录文：
额题：万古」流芳」
窃思京城北案糖饼行，乃先辈所遗。奈现在艰难，无法删改。兹因于光绪三十三年冬间，银价日涨，粮米」昂贵，每月工价不敷糊口。再四与各号掌案、东家、掌柜筹商不易。适有中人梁鉴甫请出二十二家各宝号掌柜」说合，钱庄改换银庄，工价银市平松江。」鄙行由十一月十五日起，各号帮案、烧炉人每月工价银四两，副帮案、帮烧炉工价银三两九钱，福禄□」等工价银三两八钱。节人三月至半年，每月工价银四两正。一个月至八十天，每月工价银五两正。」浮帮忙节人每天工价银三钱，至一个月算账，九两正。此系中保人说合，与各号掌案、东家、掌柜议定，并无□□。」如要返悔，有各宝号说合人一面承管。以后合行人等呈献香烛供品，立刻碑文，以垂永久。」
关圣帝君、观音大士、九天雷祖圣会。」
各宝号说合中人等：
乾泰久姜店　梁鉴甫
俊古古玩铺　杨玉峰
东文美供作　何量生
三泰永粮店　郝善廷
三义和粮店　张觐堂
义成源粮店　武世荣
瑞昌号姜店　孔再舆
东利顺姜店　李子荣
益和泰粮店　颉万禄
元发永粮店　米子伦
丰盛号粮店　曹德瑞
福丰号粮店　张掌柜
宝源号木厂　王祥山

义成号粮店　岳喜明

公和顺粮店　杨子馨

东天源粮店　陶子明

四义局粮店　姜璧臣

振昌聚粮店　靳成芝

荣德成粮店　秦凤岗

德聚号粮店　温显臣

万泰永粮店　杨掌柜

公和长粮店　邹掌柜

光绪三十四年新正月十八日阖行公议吉立。」

（碑阴）

额题：永远」长久」

（碑阴题"光绪三十四年"，刻说合人题名，从略。）

英亲王后裔绰公墓刻石

大清光绪戊申叁拾肆年(1908)玖月

刻石高 38 厘米,宽 70 厘米,厚 10 厘米。碑文正书。

1996 年普查时,刻石在大兴区魏善庄乡西芦垡村王进起院内,仆地。

按:此为英亲王后裔德明清光绪三十四年(1908)重修墓地后的记事碑。英亲王阿济格,是清太祖努尔哈赤第十二子。其后裔绰公,即绰克都,是阿济格次子付勒赫的第三子,生于顺治八年(1651)三月七日,卒于康熙五十年(1711)七月二十七日,原葬于魏善庄乡羊房村。乾隆三十六年(1771)八月,迁葬于芦家垡村,即现在的西芦垡村。世人称此地为王爷坟。

录文:

太祖高皇帝之皇子、英亲」王后裔、公爵绰公□」福地座落在顺天府,」属大兴地而京南芦」家垡村内,座西向东。」旧有宫门一座,因庚」子年被匪拆毁失修,」于甲辰重修一次,又」于戊申年落地修建。」

监修人:英亲王第十」一世孙、四品宗室德」明率子启泰,并带领」守护家人王自有、王」自富、王顺等,督工运」料,敬谨恭修。」

大清光绪戊申叁拾肆年玖月立。」

英亲王后裔绰公墓刻石拓片

詹天佑书"清华园火车站"石匾

清宣统二年（1910）

詹天佑书

石刻文字正书。

石匾在海淀区成府路与中关村东路交叉口西南角的老清华园车站。

按：清华园火车站，清宣统二年（1910）为詹天佑所建，是京张铁路出京的第一站。老清华园车站在20世纪60年代就停止了客运业务，80年代货运业务也终止了，随后车站整体搬到了老车站东南方向、四环路南侧。

清华园火车站旧照

清花翎二品顶戴内廷大总管李公墓志碑

清宣统三年（1911）三月上巳日（三日）

额篆：流传奕叶（阳）永垂不朽（阴）

（碑阴）

首题：皇清花翎二品顶戴内廷大总管李公墓志碑

癸巳恩科举人国史馆誊录花翎议叙分省补用同知愚表侄王元炘撰文

丁酉科拔贡尽先选用直隶州州判族侄璿书丹

贡生法部举叙司主事愚表侄刘林藻篆额

碑身拓高 225 厘米，宽 71 厘米；额拓高 30 厘米，宽 35 厘米。额文篆书，碑文正书。

碑原址在海淀区恩济庄李莲英（以下碑文中为"连"）墓地，碑已不存。中国国家图书馆存拓片。

录文：

额篆：流传」奕叶」

光绪三十年十月初十日，」孝钦显皇后」赐蟒袍补服全袭，」赐大福寿字各一轴。」

宣统三年二月初六日，」隆裕皇太后」赐祭坛，」赏银两治丧。」

（碑阴）

额篆：永垂」不朽」

皇清花翎二品顶戴内廷大总管李公墓志碑」

公姓李氏，讳连英，字灵杰，平舒世家也。其先世多宿儒显宦，后世椒衍瓜繁，支分派别。公之父侨居京师，有子五人，公居仲，年九岁入内廷充役使，循守规矩，」有若成人。暇则就学，辄记不忘，盖其聪颖有大过人者。当」圣驾幸热河，公以童年随扈，奔走跋涉，虽艰苦备尝，未曾言念及之，时咸丰十年十一年间也。及公年长，补充首领，愈加谨慎，事上以敬，接下以宽，如是有年，未尝」稍懈。嗣升为副总管，位愈高，气愈下，当醇邸观兵海口，公从之，维持左右。大阅毕，自提镇以至部曲，莫不悦服，则公与有力焉。虽然过无可过，功不言功，而」圣明洞鉴，懋赏勤劳，特奉」懿旨，升为大总管，又赏加二品顶戴，此掖廷人破格之举。自开国以来，未有若是之光荣者也。在他人处此，或有满而溢、高而危者，而公不矜不伐，矢慎矢勤，」数十年常如一日。迨光绪二十六年，外洋联兵肆扰，」驾幸西安，公随侍道途，跋履山川，逾越险阻，并日而食，劳不得息，扶持颠危，臻于安谧。惟时其犹子衔从，尝谓之曰：汝从吾于患难中，汝其知吾之艰难困苦乎？」□□、□□两宫回銮，普天同庆，公自思可告无罪，已萌退志，及」太上孝钦显皇后升遐，公之退志决矣。退居之时，年已衰老。公殁于宣统三年二月初四日，生于道光二十八年十月十七日，年六十有四。其入内廷行走，历更咸丰、」同治、光绪、宣统四

李莲英墓地旧照

朝,问谁能若是之慎始敬终、进退得宜者哉?而公之处家庭,其孝友又有可述者。公之父早殁,事母惟谨,数日必请假一定省,曲意承旨博」亲欢。母殁后,亲扶舆榇,安葬于平舒故里,哀敬备至。至友爱兄弟无不周,教育侄辈溥而忉,身受者多足征,更非余私为谀颂也已。为公承嗣子四人:长,成武,」花翎二品顶戴候补守备;次,福德,花翎兵部郎中;福顺、福荫,皆有官职。以余习知公,又稔公家事也,传记之任,义不容诿,因撮要征,信而志之。」

癸巳恩科举人国史馆誊录花翎议叙分省补用同知愚表侄王元炘撰文。」

丁酉科拔贡尽先选用直隶州州判族侄璿书丹。」

贡生法部举叙司主事愚表侄刘林藻篆额。」

宣统三年三月上巳日镌石。」

皇清花翎二品顶戴内廷大总管李公墓地碑

清宣统三年（1911）九月上旬

额篆：流传」奕叶」

首题：皇清花翎二品顶戴内廷大总管李公墓地记碑阴记（阳）碑阴记（阴）

癸巳恩科举人国史馆誊录花翎议叙分省补用同知愚表侄王元炘撰

丁酉科拔贡尽先选用直隶州州判族侄璿书丹

贡生法部举叙司主事愚表侄刘林藻篆额

碑身拓高226厘米，宽74厘米；额拓高31厘米，宽32厘米。额文篆书，碑文正书。

碑原立于海淀区恩济庄李莲英墓地。碑已不存，中国国家图书馆存拓片。

录文：

额篆：流传」奕叶」

皇清花翎二品顶戴内廷大总管李公墓地记」

从来人以地传，地亦以人传，斯二者每相须也。然地为扶舆秀奇之地，必人为光明俊伟之人，以斯人得斯地，以斯」地葬斯人，非其人莫与属也。京西距阜成门十里余名恩济庄，有佳兆。光绪三十三年九月十三日，钦奉」懿旨，赐李公连英者，纵横数十亩，荡平无窒碍，土沃而净，境扩而幽，树木交柯，郁郁葱葱。然于宣统三年二月三十日，葬」公于此，以妥以安，永永无极。盖天钟秀于是，有待于是，至是人与地乃相得而益彰。墓之北，远山环抱，绵亘不绝，为」藩篱，为屏风，昭其状也。东傍古刹，庙貌巍峻，法像尊严，资以保障，可默邀神灵之护佑焉。西隔长垣，诸监寺之丘垄」也，冢则累累，树则盘错，幽阒邃深，权枒旋绕，其有合群拱向之情乎？墓之前为大路，往来行人络绎于道，颇有□□」远来群萃会同之象。稍远则平原广殖，万汇蕃昌，其生生不息之机，更有以茂对斯墓，而应以发育欣荣也。猗□□」哉，洵乃佳城矣。又为庙中买地一顷二十亩，易得庙东闲旷地，修建祠宇，以为四时奉祭之所。殖庭广厦，旷如□」□」门复屋，奥如也；画栋华楹，焕如也。悬以遗像，荐以苾芬，愈以显洞洞乎敬、属属乎忠、匆匆乎其欲其飨之也。公之犹」子衔等延余周览墓地，作记以垂示久远，用是综其全舆，表其四维，分其方向而书之。是为记。」

癸巳恩科举人国史馆誊录花翎议叙分省补用同知愚表侄王元炘撰文。」

丁酉科拔贡尽先选用直隶州州判族侄璿书丹。」

贡生法部举叙司主事愚表侄刘林藻篆额。」

宣统三年九月上旬日镌石。」

（碑阴）

碑阴记」

是墓也，公之犹子衔等经理时，本拟就墓前房院用作祭祠，惟因地势广狭不⌞甚相宜，遂与关帝庙住持意泉和尚议定用庙东隔壁闲地建祠。另买田地⌞一顷二十亩，每亩价银二十三两，共出银二千七百六十两整。买妥后以一顷⌞归庙中与建祠之地相抵，余二十亩因庙中正殿左旁三楹悬有公像，归住持⌞自行荐祭之用。祭祠则大门边房一层、垂珠门一层、祠堂一层、后边房一层共⌞四层三院，又东跨院房一层，又于祠外东南隅立一方亭。工既竣，周围内外局⌞度宏整，不虚不竭，足壮观瞻。因又记之以垂永远云。⌞

创办青韭园行历年功绩碑

清宣统三年（1911）秋月

首题：创办青韭园行历年功绩碑

额题正书：万古流芳（阳） 永垂不朽（阴）

喻普详撰文

潘永龙书丹

碑身阳阴拓均高116厘米，宽66厘米；额阳阴拓高23厘米，宽19厘米。额文、碑文均正书。碑原址在丰台区岳家庄，现下落不明。中国国家图书馆藏拓片。

录文：

额题：万古」流方」

创办青韭园行历年功绩碑」

尝闻古者功成则以铭物，示不忘也。然功无大小，苟事有可传，必欲昭兹来许。其示」不忘，一也。京师广、右安门外，向有青韭园行，朔其创办之物，自嘉庆迄道光，韭圃仅有」数家，发售者均赴菜店。旧例，经纪倒付商人水钱二成，以一成扣作店费。未几，商繁」而店隘，本行遂迁于街市。惟售规紊乱，该经纪卖满钱，付客人九六不足。至道光廿」五年，本行之前人史君出，会合同志，屡次与经纪力诤，而商人始得九八与九九。尔」时赴市会计水钱，系樊家邨孙君因公遗失驴头，上官诉讼，始行经纪赔补。一切办」公花费，俱系孙君自备。其公而忘私之热诚，百世下犹令人歆歔焉。越咸丰丙辰，本」行之实业日增，统计韭圃不下七十余家。于是合行公同会议，将菜店水钱，提作祀」神献戏之用。每年于九月念五日起，由经纪手扣留二成，至惊蛰前，使费敷用，即行」停止。此后，各归各容，均使满钱二成水之，以劳永逸也。其年例祀神，原议南北轮」流。嗣因北界不负担任，南界遂专理焉。迨至光绪丙戌，菜市行使当十□串，实不堪」用。彼时经纪钱色银价，格外取巧。时承樊家村吕君等复纠合同行，极力维持，钱使」大个，银按市价，由此定章，商人亦不得别市发售。若有不遵，照例苛罚□筵一桌、大」席十五桌。历溯往昔，非继起有人，本行之利源挽回，何克至此哉？所望后之承之者」善为调停，勿使若光绪甲辰，因演剧而南北解体，始有他处发售，并附村亦有失和。」将来和衷共济，南北两界及附村连合，其功不尤伟欤！今拟将前项所余之款尽数」提出，刊刻二碑，建于南北两界。殆亦有鉴于此，略述颠末，勒诸石，以示纪念不忘云。」

大清宣统辛亥秋月　　□□喻普详谨撰」

幽□潘永龙恭录」

（碑阴）

额题：永垂」不朽」

（碑阴刻题名，从略。）

那桐书"清华学堂"石额

1911 年

那桐书

石刻文字正书。

石额在海淀区清华大学清华学堂大楼大门外。

清华园石额

清华学堂石额

清华学堂大楼

香冢刻石

清

阳、阴拓均高 55 厘米，宽 28 厘米。碑阳文字篆书竖题，碑阴诗文隶书，后题记及末二行诗为小字行书。

石原址在宣武区陶然亭公园。石佚于"文革"中。中国国家图书馆存拓片。

录文：

香冢」

（碑阴）

浩浩愁，茫茫劫，短歌终，明月缺。」郁郁佳城，中有碧血。碧亦有时」尽，血亦有凷火。一缕烟痕无断」绝。是耶？非耶？化为胡蝶。题香冢碑阴。」

□□□可怜生，香梦遒离绿满汀。落尽」夭桃又得李，不堪重读□花铭。」

鹦鹉冢刻石

清

桥东居士撰文并书丹

阳拓高55厘米,宽28厘米;阴拓高55厘米,宽22厘米。碑阳文字隶书竖题,碑阴文字正书。石原在宣武区陶然亭公园,石已佚。中国国家图书馆存拓片。

录文:

鹦武冢」

(碑阴)

维年若月,有客自粤中来,遗鹦鹉」殊慧。忽一日,不戒于狸奴,一搏而绝。」吁!微物也,而亦有命焉。乃裹以练帙,」盛以锴函,瘗城南香冢之侧。铭曰:」

文兮既所伏,慧兮疠所生。乌虖!作」赋伤正平。桥东居士」

里闬报德记碑

民国元年（1912）十一月

额篆：用垂颂声

首题：里闬报德记

任邱宗树楷撰

宗俊琦书

碑身拓高110厘米，宽60厘米；额拓高24厘米，宽21厘米。额文双钩篆书，碑文正书。碑原在宣武区牛街清真寺，现下落不详。中国国家图书馆存拓片。

录文：

额篆：用垂」颂声」

里闬报德记。任邱宗树楷撰，子俊琦书。」

西俗东渐，革命军起，鄂垣一哄，九城风从。禅让默行，谓无事矣。镇军未服，激成」一掷。藉口焚掠，兵先匪后。荡产亡家，十室而九。众意恫惧，相骇以走。宣南一隅，」回族所居。属党保御，实为阿衡。穷暑继夜，栉雨沐风。卫我资产，于兹数月。群□」怿怿，如顶而戴。爰勒斯石，以铭厥功。芳名具纪，冀垂无穷。」

倡首人阿衡王宽」

赞同人阿衡王振益」

闪起光　马德禄　胡玉山　王永亮」

王书文　穆德珍　常松椿　闪起亮」

王文惠　闪瑞友　尹德隆　窦长有」

刘起荣　杨德明　马明振　谢得林」

同聚当　于树松　徐文炳　路祥彬」

万成当　高瞻石　于树椿　徐长清　孙耀斌」

丰聚当　徐长沛　谢天禄　仝立」

中华民国元年十有一月」

"德胜门"匾

民国年间（约民国二年，1913年）

邵章书

石高80厘米，宽220厘米。石刻文字为阳文，正书。

石现在西城区德胜门钱币博物馆内存放。

德胜门匾拓片

靴鞋行财神会碑

民国三年（1914）五月立

额题：靴行商会

首题：靴鞋行财神会碑文

碑身阳、阴拓均高131厘米，宽72厘米；阳额拓高24厘米，宽19厘米。额文、碑文均正书。碑原址在宣武区煤市街甘井胡同，现下落不详。中国国家图书馆存拓片。

录文：

额题：靴行」商会」

鞋靴行财神会碑文」

盖闻勒铭叙事，所以昭久远之规；镌石留芳，所以著始终之迹。考我行自前清咸丰年间，当十大钱流通，市面银价日昂，因之缝、尚、□」圈、排五行工人，每年藉此增价，则各号受其累者固已久矣。后经高君瑛约会同行人等，设立靴鞋行财神会，为行中会议公事□□。」当时在会者二十余家，不在会者约有百家。然缝、尚者每增价时，必先要求在会者，如不允，则罢工，其不在会者做活如故。至在□□」恐生意之停滞，不得不俯允其增，而不在会者随亦一律增之。缝、尚者既如此，而切、圈、排三行之工价亦遂因此而增焉。所以后□□」新号，皆不欲入会也。至光绪八年，缝、尚工人又有齐行罢工之举。本行绅商傅君养园见此情形，不忍坐视，以为屡受工人之挟□，不」能不设法维持。因与会中各号商议，分为四路：外东、外西、内东、内西，即分往不在会之各号，婉言劝导，以明利害相关之故。且言，愿入」会者，请于二十八日在天福堂面商一切。至日，各号毕集，幸皆踊跃从公。其不在会者，由是而尽入会矣，前后共计一百二十家之数。」至于议论增价之事，公同商酌，务筹以对待之方。遂议定，由四月初一日，新入会者概不发活，且公推外东隆庆郝君恭谨、外西□□」鲁君国兴、内东天兴韩君清麟、内西三顺王君清泉等四人联名在中城司控告合美会。夫合美会者，即缝、尚工人所立之会也。旋□」批准，差传到案，两造各执一词，一求增价，一求减价。奉城宪当堂公断，不增不减，俱照原价开工做活。如合美会人不遵本司官□□，」准各号另觅工人做活。且又出示晓谕，各号另觅工人，不许合美会人拦阻。乃合美会人不服堂断，又在提督衙门及顺天府大、宛二」县等衙门控告，犹冀推翻前案，以遂其贪利之心。而各署均不受理，俱将案卷送交中城察院归案讯办。则合美会首事之人至此□」无可如何矣。此案自三月起，至九月底止，半年之久。如郝君恭谨等热心公益，仗义兴词，道路奔驰，不辞劳瘁，公堂之辩论，不避□□。」迨至案结之后，固已甘苦备尝矣。若长福傅君养园、万吉耿君安斋、祥茂李君晓峰、天有郭君明斋、全盛王君致和、万升李君荩□、□」顺刘君耀堂、万安李君仪斋、恒聚王君萱侯、大顺刘君远亭等，设谋画策，昼夜磋商，虑财用之不足，百计操持；惧人事之无常，多方□」前。此维持之力也。至光绪三十一年，会中公议禀请前清商部。部中分派行中择出正副董事八家，议定外东正董事傅养园、刘福□，」外西正董事李廷元、副董事王荫亭，内东正董事尹霭堂、副董事张玉泉，内西副董事杨心泉、刘筱山，俱有商部凭单为据。随于十一」月初七日，即入商务总会矣。今日者平安已久，商务日兴，本会同人等念往事之维艰，恐前功之渐泯，爰勒诸石，昭示来兹。尤望后□」承办者，知创造之非易，思保守之宜坚，勿遇事而畏难，必和衷以共济。俾会务日增月盛，则本会同人之幸也。且以会中余款所置□」产三处若干间、神前供器等物若干具，志于碑阴，庶几并垂不朽焉。」

中华民国三年五月日公立。」

（碑阴）

所有建筑房间列后：」

长巷头条胡同路东住房壹所，内计东瓦房叁间半、西瓦房叁间半、南北厢」各叁间，共计房拾叁间。」

甘井胡同路南住房壹所，内计南瓦房五间、北瓦房五间、东西厢房各贰间，」计房拾肆间。」

煤市街路西铺面房壹所，内计西楼房上下六间、南北厢房各贰间、屏门壹、」空地一段、北房一间，又北院北房叁间，共计房拾肆间。」

神前供器共有二分，另有清册注明。」

靴行财神会众商号公立。」

重修浮山会馆碑

民国三年（1914）十一月初一日

额题正书：万古流芳（阳） 永垂不朽（阴）

首题：重修浮山会馆碑记

山西警务学校毕业邑人贾文卿撰并书

碑方首方座，首身通高 190 厘米，宽 76 厘米，厚 21 厘米；座高 57 厘米，宽 117 厘米，厚 47 厘米。额文、碑文均正书。

碑原址在宣武区天桥街道鹞儿胡同 16 号，现藏北京石刻艺术博物馆。

录文：

额题：万古」流芳」

重修浮山会馆碑记」

且建祠立馆，固由前人之缔造；而兴废补缺，尤赖后人之经营：天下事大抵然也。京师为人文」荟萃之地、商贾辐辏之区，不设公所，则观光贸易者行旌甫至，不免有宿栈假馆之繁。

重修浮山会馆碑碑阳

重修浮山会馆碑碑阴

重修浮山会馆碑碑阳拓片

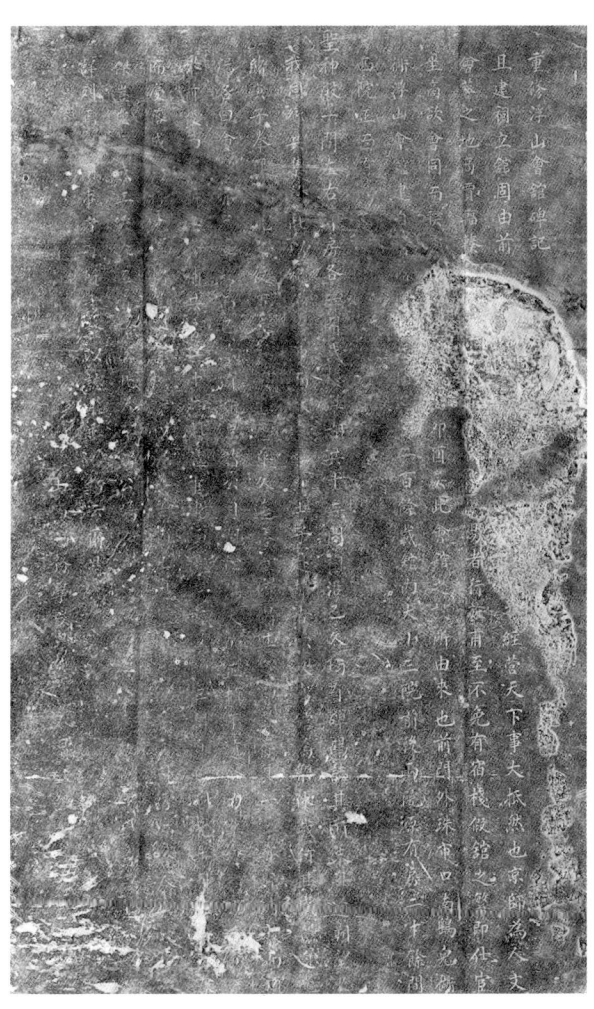
重修浮山会馆碑碑阴拓片

即仕宦、」坐商，欲会同而联乡谊，未免参商卯酉矣。此会馆之设所由来也。前门外珠市口南鹞儿衚」衕浮山会馆，建自前清雍正年间，迄今二百余载。馆内大小三院、前后两院，原有房二十余间。」西院正面有」五圣神殿一间，左右耳房各一间，戏楼、罩棚共十二间，相沿已久，均有碑碣志其颠末。每逢朔、望，凡」我同乡，共集于此，以祀诸神而叙桑梓。即士子赴都者，亦以寓馆为□。休哉！何其盛欤！自光」绪庚子拳匪扰乱之后，百凡俱废，且历年久远，房屋倾塌甚多，即或存具一二，亦皆墙败而顶」漏。名曰会馆，亦只虚设而已。幸有旅京诸公，目睹心伤，大加正顿，不遗余力，集会捐助，共成义」举。前后两院，新建、修补共房二十二间，并重建西院殿前罩棚三间。自民国元年开工，至今春」而庆落成焉。将见美轮美奂，不惟足以庆华丽而壮观瞻，亦足以妥神灵而洽人心。地灵人」杰，岂虚语哉？工竣立石，适余寓此。首事诸公嘱余为记。余援其重修之始末并善举之芳名而」详列焉。俾嗣事者有所考证，以志永垂不朽云尔。是为序。」

山西警务学校毕业邑人贾文卿撰文并书。」

（碑阴）

额题：永垂不朽

（碑阴满刻铺号、人名及捐资金额，从略。末行题年款"中华民国三年十一月初一日立"。）

重建嵩云草堂刻石

民国丙辰（1916）九月

首题：重建嵩云草堂记

正阳袁乃宽撰文

拓高 45 厘米，宽 107 厘米。石刻文字正书。

石刻原在宣武区上斜街 34 号，现下落不详。中国国家图书馆存拓片。

按：袁乃宽，字绍明，河南项城人，1868 年生。历任天津县知县、拱卫军军需总长、镶红旗蒙古副都统、筹办煤油矿坐办等职。1916 年袁世凯谋称帝时，任筹安会会员。1923 年任农商部总长。卒年不详。

录文：

重建嵩云草堂记」

中州之有乡祠也古矣，重修于康熙十八年，汤文正公」为之记。其南有嵩云草堂者，崇墉雕甍，地广于祠可数」倍，盖光绪初豫人官京师之所建也。其时袁文诚公督」饷务，首斥钜金为之倡，事乃举，毛文达公记之，迄于今」垂数十余年矣。前清末造，设法政学堂，以课豫之子弟。」民国初元仍其旧，而规模之狭隘者、学科之窳败者，益」振兴而光大之，骎骎乎有菁莪、丰芑之盛焉。去年秋，忽」不戒于火，图书、房舍悉为煨烬，曾不俄顷，而向之盛者，」已如尘沙积劫，不可复睹。茂草莫翦，像设不陈，馨欬如」闻，弦诵斯寂。同人等咸忧之，乃宽尤引以为大戚。夫河」南居中夏之中，地形四达。九州之有河南，犹一身之有」腹心也。嵩山为五岳之一，拔地摩天，崒岩耸秀。阙塞万」安，轩辕猴氏，首尾盘屈，若拱若拊，绵亘数百里，世所传」嵩阳三十六峰者，天地造物之奇极焉。斯堂之存也，所」以标腹心之重、山河之异，而使人增桑梓之恭也。百余」年来，风流弘长，乡之先喆，靡不有事于此。后起者不能」踵事而增饰之，奈之何？及吾身而亲见其燔也！邦人何」以观焉？于是，张公镇芳、曾公述棨慨然以兴复为己任，」奔走相度，擘画钩稽，鸠工庀材，计日程役。凡费钱数万」缗，历时阅数月，而堂庑廊舍焕然重峙。既落成，乃宽言」曰："昔袁文诚、毛文达居鼎盛之时，当休明之运，或雍容」殿阁，或扬历军戎，风规羽仪，肃穆映望，芒寒色正，如斗」枓之在天。一言造端，则举世风靡，其有所缔建，宜乎卓」绝而宏远也。今者神州陆沈，邦国殄瘁，昌黎所谓公私」扫地赤立，新旧不相保持。是不特文章资地与前贤相」悬绝迹，其遭际与世运之升降，亦奚可同日语也？而二」公者不自暇逸，黾勉规画，卒溃于成。乃宽得相与以终」始其事，使前贤之遗风余烈不泯没于□襮，其用心之」苦、成就之劳，为何如哉？后之登斯堂者，亦可以观感而」兴起矣夫。丙辰九月，正阳袁乃宽记。」

西峰寺溥儒摩崖诗刻

1916年秋

溥儒撰文并书丹

摩崖诗刻在门头沟区永定镇岢罗坨村西西峰寺东侧山沟内。

按：西峰寺始建于唐代，初名慧聚寺，元代时称玉泉寺。明正统年间重建时，英宗赐名西峰寺。清代寺院衰败，清末时为恭亲王奕䜣子载洵产业。西峰寺东侧山沟内有载洵之子溥儒在1916年秋留题的多处摩崖石刻。

溥儒（1896—1963），姓爱新觉罗，字心畬，号西山逸士，恭亲王奕䜣之孙。曾赴德国柏林大学留学，获博士学位。回国后，任北京师范大学和北京国立艺术专科学校教授。1949年去台湾，在台湾师范大学任教。为近代著名书画家。

录文：

其一：长空无片云，」皎皎一轮月。得」□□西山，千峰」尽成雪。」丙辰秋月。」心畬。」

其二：云静石梁悬，」花疏竹篱短。」秋雨一夜寒，」山中红叶满。又题。」

其三：趺坐岩树」间，松下云」来往。不闻人」语喧，但听」钟声响。」丙辰秋月」题石。」心畬。」

西峰寺一景

溥儒摩崖诗刻之"云静"

溥儒摩崖诗刻之"长空"

溥儒摩崖诗刻之"趺坐"

龙岩新馆碑

民国五年（1916）十二月

首题：龙岩新馆碑记

苏寿乔撰文并书丹

连贤基等八人立石

石为嵌墙横石，高 40 厘米，宽 80 厘米。石刻文字正书。

石原址在宣武区虎坊桥贾家胡同 14 号，现藏北京石刻艺术博物馆。

按：据碑文，龙岩旧馆在石头胡同路东，原为段云龙所建，供岩州的平宁、龙岩二县共享，以龙岩为名。后售出旧馆在贾家胡同购新馆，仍袭旧名。因其时龙岩改州为县，平宁分立而出，为表会馆归二县共有，特立碑记。

录文：

龙岩新馆碑记」

石头胡同路东，龙岩旧馆在焉。原有建」筑物，系吾岩段云龙君所充。其自序」有云："岂一州二邑，无合为新馆之图？"观」二语而段君之意可知矣。门额仅标龙」岩者，以平、宁旧隶岩州，言龙岩而平、宁」在其中也。民国五年，国会重开，旅京者」麕集，金以旧馆地点不良，且受乡人委」托，爰将该馆售去，即以售出之款，于贾」家胡同购新馆一所。时岩改州为县，与」

龙岩新馆碑拓片

平、宁分立，额标龙岩，似为岩县所独有。」因公竖石碑，以垂久远。夫处分物产，全」视所有者意思之表示。段君既有谋」一州二邑新馆之宣言，则原有建筑物，」其为三属所共有，而非岩人所独有也」明甚。以共有物售出之价金，因而购得」新物产，则其仍为共有也，更无待言矣。」古今人度量之相越，其不甚远乎！后之来者，当体先人大公无我之心，对于新」馆所有权义，共同分担享有，不分畛域，」而门额则仍其旧，盖取有举莫废之义」云尔。」

苏寿乔撰并书。

民国五年十二月。连贤基、詹调元、刘万里、林锡良、陈阁勋、陈纬、章腾蛟、杜绍贤立。」

龙潭湖袁督师庙石刻一组

1. "袁督师庙"石额
民国六年（1917）四月书

康有为书丹

石高 56 厘米，宽 222 厘米。额文横题，双钩正书。

石嵌于崇文区袁督师庙庙门外侧上方。

录文：

丁巳夏四月，」袁督师庙，」乡后学康有为谨书。」

2. 袁督师庙石联
民国六年（1917）五月题

康有为撰并书

庙联分刻二石，石均高 220 厘米，宽 43 厘米。拓高 215 厘米，宽 45 厘米。

石现嵌于崇文区袁督师庙门外两侧墙壁。

录文：

孔子二千四百六十八年丁巳夏五」

其身世系中夏存亡，千秋享庙，死重」泰山，当时乃蒙大难。」

闻鼙鼓思东辽将帅，一夫当关，隐若」敌国，何处更得先生！」

乡后学南海康有为撰并书。」

3. 袁督师庙诗刻
民国六年（1917）闰二月二日

康有为撰文书丹

石高 40 厘米，宽 100 厘米。诗文行书。

石现嵌于崇文区龙潭湖袁督师庙内南墙。

录文：

浩风无量劫，」所历知几」合？三十有二相，」现示随变化。」偶披垢腻衣，」来税人间驾。」

说尽千万」偈，漆灯明暗」夜。丁巳闰二月」二日，康有为。」

4．明袁督师庙碑

民国六年（1917）八月记

王树楠撰文

张伯桢集袁崇焕诗

宋伯鲁行书

石高50厘米，宽110厘米。石刻文字正书。

石嵌于崇文区龙潭湖袁督师庙内南墙。

按：该石后附刻袁督师遗诗八首及张伯桢撰《佘义士墓志》，尾又刻张伯桢五月一日跋一则。

录文：

其一

明袁督师庙碑记　醴泉宋伯鲁书」

东莞张篁溪既筑其乡先正袁元素督师遗集行世，又上书政府，吁请合祀关岳庙」中，以美忠魂昭之万世。今年八月，复创建督师庙于左安门内广东新义园，以为旅」京乡人岁时荐享之所。乌呼！古今之以忠死国者报矣。篁溪独惓惓于督师若此，此」岂私其一乡之见哉？诚以督师之生死，为明清兴灭之所繇关，而种族之见，遂酿为」四千余年世局之大变而不可收拾，此尤篁溪所痛心疾首者也。或谓督师之死，死」于清人之间，温体仁、梁廷栋、满桂之私嫌，固也。余独窃谓，此不足以死督师，死督师」者，中官耳。杨太监之言入而督师死，魏忠贤遗党高捷、袁宏勋、史□辈之疏入而督」师死。东江岁饷，毛文龙藉以贿中官者也。文龙死而中官之赂绝矣，围城之后遂乘」机□起而浸润之，于是督师不得不死矣。嗟乎！中官之祸，明二百七十年几如一辙」之覆，卒以此殒其国，而亡其身。其可异者，当时之僇辱忠良，曾孟子所谓土芥犬马」之不若，而明社一屋，怀忠抱节以死国难者，若蚁趋而鳞萃也。清无有明之一失，逮」其末也，而婴城效死者百无一二焉，斯则可悲者矣。八月望日，庙既落成，篁溪属余」为之记。余又益叹督师之死之系于国运者大也。丁巳八月，新城王树楠记。」

其二

袁督师遗诗」

东莞张伯桢篁溪纂，醴泉宋伯鲁芝田书。」

边中送别」

五载离家别路悠，送君寒浸宝刀头。欲知肺腑同生死，何用安危问去留？策」杖只因图雪耻，横戈原不为封侯。故园亲侣如相问，愧我边尘尚未收。」

山海关送季弟南还」

公车犹记昔年情，万里从戎塞上征。牧圉此时犹捍御，驰驱何日慰升平？由」来友爱钟吾辈，肯把须眉负此生？去住安危俱莫问，燕然曾勒古人名。」

弟兄于汝倍关情，此日临歧感慨生。磊落丈夫谁好剑，牢骚男子亦能兵。才」堪逐电三驱捷，身上飞鹏一羽轻。行矣乡邦重努力，莫耽疏懒堕时名。」

偕诸将游海岛」

战守逶迤不自由，偏因胜地重深愁。荣华我已知庄梦，忠愤人将谓杞忧。边」衅久开终是定，室戈方操几时休？片云孤月应肠断，椿树雕零又一秋。」

话别秦六郎」

海鳄波鲸夜不啾，故人谈剑剡溪头。言深夜半犹疑昼，酒冷凉生始觉秋。水」国芙蓉低睡月，江滨杨柳软维舟。自怜作赋非王粲，戛玉鸣金有少游。」

南还别陈翼所总戎」

忼慨同雠日，间关百战时。功高明主眷，心苦后人知。□鹿还山便，麒麟绘阁宜。去留都莫讶，秋草正离离。」

度庾岭」

客路过庾岭，乡关渐已远。江山原不改，世事近来非。瑟岂齐门惯？人宁狗监」稀。驱车从此去，莫作旧时归。」

归庾岭 步前韵」

功名劳十载，心迹渐依违。忍说还山是，难言出塞非。主恩天地重，臣遇古今」稀。数卷封章外，浑然□日归。」

过诃林口占」

四十年来过半身，望中祇树隔红尘。如今著足空王地，多了从前学杀人。」

其三

佘义士墓志铭（附录）」

东莞张伯桢撰，醴泉宋伯鲁书。」

大明袁督师之仆曰佘义士，粤顺德马江人也，执役于督师，督师」出必挈之行。崇祯三年八月十六日，朝廷非罪杀督师，暴骨原野，」乡人惧祸不敢问。义士夜窃督师尸，葬北京广渠门内广东旧义」园，终身守墓不去，死傍督师墓葬。中华民国五年，东莞张伯桢子」锡遵死，伯桢以督师故，瘗子忠魂之侧。佘淇涕泣曰："我佘氏世世」守督师墓，今将三百年。家本粤乡，怆怀首丘，独九死不归者，承祖」志也。"伯桢曰："自古中朝大官，范人形而立人国者，如蚁戢戢矣。一」旦随风易向，彼其受气于未生之前，已纯然褚渊、冯道遗种也，君」臣之义亡，

以友道衡之，世无义士，天柱折，地维灭矣！"乃奠幽宫，伐｜石燕山，铭辞石上。铭曰：｜

是惟大明义士坟，厥名不传传佘君。藩溷之华胡纷纷？兹坟劲草｜千万春。｜

其四

本庙坐庚向甲，兼卯酉地点，暨日课乃□□□青所□建筑经费，均伯桢｜所筹，并植果木，置祀田，以为荐享之用。特识数语，以告后人。伯桢敬识。｜丁巳五月吉日。｜

5. 明袁督师庙刻石

民国六年（1917）九月书

首题：明袁督师庙记

康有为撰并书

石高 42 厘米，宽 110 厘米。拓高 40 厘米，宽 107 厘米。石刻文字正书。

石嵌于崇文区龙潭湖袁督师庙内北墙。

按：19 世纪中叶以后，中国一些学者、维新党人，如康有为、梁启超等反对以帝王年号纪年，提倡孔子纪年。他们所办的《强学报》，于光绪二十一年十一月（1896 年 1 月）出版的创刊号上，以孔子卒后 3 年为孔子纪年的纪元。康有为《礼运注·序》中，则以孔子降生之年为纪年。

录文：

明袁督师庙记｜

嗟夫！明清之际关于中国，亦大｜矣，非止系一朝之兴亡也！观夫｜袁督师之雄才大略，武棱盖世，｜遂见忌于敌，以谗间死，虽曰天｜命，岂非人事哉？夫国非才不立，｜有国者临舫闻鼓，莫不思才而｜用之。然才愈奇，志愈大，人主未｜必竟其用。即能倚畀信用，而内｜移于权奸女谒，外怵于敌国外｜患，左右谗慝之口交构而并作，｜卒自坏长城而国亦珍灭。呜呼！｜古今殆同一揆，岂独袁督师！吾｜十二岁侍先祖连州公，读督师｜传，至其纬繣边事，登长城，察形｜势，奏思宗期五年破敌而壮之。｜连州公曰："是敌畏而用间杀之｜"者也。后登长城，想公之雄风。门｜人东莞张伯桢为公表微，刻公｜集，复筑公祠于京师，令后之爱中国者思将才，庶公英灵武烈｜犹懔懔也。孔子二千四百六十八｜年丁巳九月。｜

乡后学康有为撰并书。｜

6. 袁督师庙诗刻

民国六年（1917）冬十月

康有为撰书

石高 40 厘米，宽 100 厘米。拓高 36 厘米，宽 37 厘米。石刻文字行书。

石嵌于崇文区龙潭湖袁督师庙内北墙。

录文：

吾粤将才名世者，督师祠墓酹」残红。古来才大原难用，朝末功高」鲜令终。间入长城君自坏，谗多冤」狱世无穷。国亡勿谓无人在，长令」伤心吊鬼雄。杜邮赐剑杖凉」风，马革投潮葳种弓。冤写金陀莫」须有，幽囚钟室将毋同？摇落山河名」将碧，萧条异代劫灰红。记游山海关」凭吊，立马长城一世雄。」

丁巳冬十月题袁督师词墓二」章。南海康有为。」

7. 康有为手札刻石

民国六年（1917）11 月 9 日

康有为撰书

石高 32 厘米，宽 42 厘米。拓高 30 厘米，宽 39 厘米。石刻文字行书。

石在崇文区龙潭湖袁督师庙旁意钓亭内，嵌墙。

录文：

吾所作《春秋笔削大义微言考》，」在粤已刻第五卷，劣不可用。吾」今寄汝，在京刻之。照所印样本」□十三行，每行廿六字，不必极精，」要中价者可也。惟要朱墨套」板。孔子所以笔削者，以朱」笔特表明之。故必须朱、墨二色」板。惟弟妥办之。□先付第一」卷，可查收。此问」子幹仁弟近祉。」

十一月九日，有为白。」

龙潭湖袁督师庙

袁督师庙联

袁督师庙北墙石刻

袁督师庙诗刻（南墙）

明袁督师庙刻石（康有为撰文，北墙）

明袁督师庙刻石（王树楠撰文，南墙）

袁督师庙诗刻（北墙）

意钓亭内景

康有为手札刻石（意钓亭内）

悼亡亭内景

袁公祠刻石

孔子二千四百六十八年（1917）丁巳七月

乡后学南海康有为撰书

石高36厘米，宽99厘米。刻文27行，满行10字，隶书。

石在崇文区东花市斜街52号袁崇焕祠。

按：祠内有袁崇焕墓。

录文：

嗟夫！明清之际关于中国」亦大矣，非止系一朝之兴」亡也！观夫袁督师之雄才」大略、武棱盖世，遂见忌于」敌，以谗间死，虽曰天命，岂」非人事哉？夫国非才不立。」有国者临斴闻鼙鼓，无不」思人才而用之。然才愈奇，」志愈大，人主未必能竟」其用。即能倚畀信用，而」内移于权奸女谒，外怵于」敌国外患，左右谗愿之口」交构而并作，卒自坏长城」而国亦殄灭。呜呼！古今殆」同一撲，岂独袁督师？吾十」二岁侍先祖连州公，读督」师传，至其纬繻边事，登长」城，察形势，奏对思宗，以五」年破敌，而壮之。连州公曰：」"是敌畏而间杀之者也。"后」登长城，想公之雄风，门人」东莞张伯桢为公表幽，刻」公集，复筑公祠于京师，令」后人爱中国，思将才，庶公」英灵武烈犹懔懔也。孔子」二千四百六十八年丁巳七月。」乡后学南海康有为撰书。」

袁崇焕墓碑

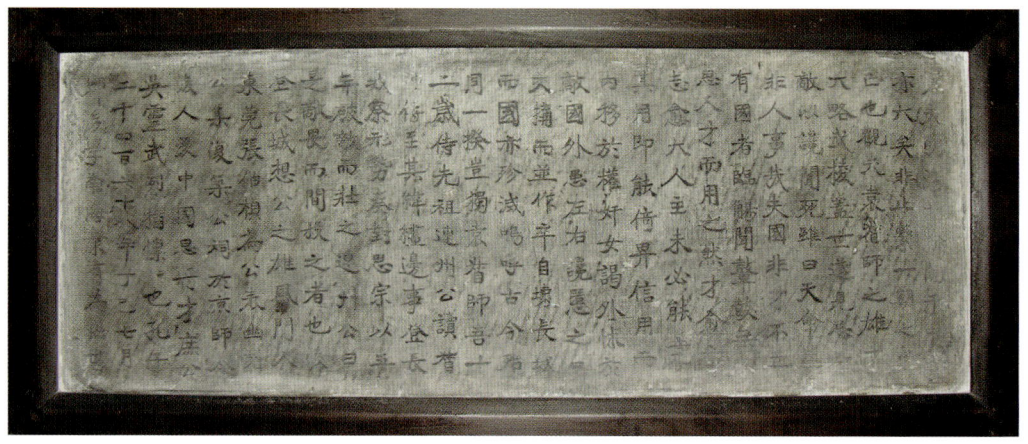

袁公祠刻石

袁公祠刻石拓片

听雨刻石

重修明督师袁崇焕祠墓碑

海甸绅商为共和军保护治安捐资碑

民国六年（1917）九月日

额篆：功同□后（阳）协于克一（阴）

山左王金浩篆额并撰书

西郊海淀镇绅商公立

碑螭首龟趺，首身高 270 厘米，宽 93 厘米，厚 40 厘米；龟趺高 94 厘米，宽 113 厘米，前后长 265 厘米。碑阳、阴额文均文双钩篆书，碑文均正书。碑阴前为商号及题名，分刊七栏，每栏 20 行，末列发起人人名。

碑原址不详，现存北京石刻艺术博物馆。

录文：

额篆：功同｜□后｜

夫时局阽危，盗贼每乘机而窃发；兵戎倥偬，同民辄望烽而先惊。是以弭患于已然，事劳而民受之灾，其｜功较小；防患于未然，吏逸而民免于难，其功乃大，此故理之所在，不必身当其吏而后知也。兹因民国六｜年七月之一日，民主政体一变而为君主政体，和平现象一变而为竞争现象，遂致枪林弹雨，都中无完｜肤之兵，鹤唳风声，郊外成闭关之势。一方告警，罔不畏危，同室操戈，又将谁咎？傥非弹压得间，扞卫有术，｜则城门失火，几何不殃及池鱼耶？况我西郊海淀地处要冲，变将不测，势全垒卵，危不可言。幸蒙｜

海甸绅商为共和军保护治安捐资碑碑阳　　海甸绅商为共和军保护治安捐资碑碑阴

陆军第十三师临时组织之共和军｜司令官刘君文华、副司令官田君益三、李君华安督率三军，既不惮巡逻之苦，支分数骑。复不辞侦戍之劳，昼则｜刀枪垒障、冲风冒雨，后先皆虎贲之兵；夜则刁斗无声，戴月披星，左右皆鹰扬之将。是｜司令官指挥之得力，即｜李师长教育之成功，岂止营屯细柳、部伍紧严、树爱甘棠、巡行芟蘙也哉！故凡我绅民，孰无身家？其使强｜梁敛迹、不得扰害我身家者，非我绅民之力也；凡我商民，孰无财产？其使萑苻潜形、不得攘夺我财产者，」非我商民之力也。伟哉！」共和军保护治安之力，虽云林烟渚，不闻噪鼓而惊雷，而慑怵商歌，固已铭心于饱德矣。吾侪有何知能？」不过恃维持秩序长治久安，乃可享自由之幸福耳。今既阛阓静谧，营业上无损失之可虞，闾里安全，居」住上无纷扰之可虑，然后知军官之功烈固不可忘，士卒之勤劳亦不容没也。所由勒之贞珉以示仰瞻，」建诸通衢曰昭纪念，并期历久常贞、永垂不朽云。」

中华民国六年九月日。山左干金浩篆额并撰书。」西郊海淀镇绅商公立。」

（碑阴）

额篆：协于」克一」

（碑阴刻商号及题名，从略）

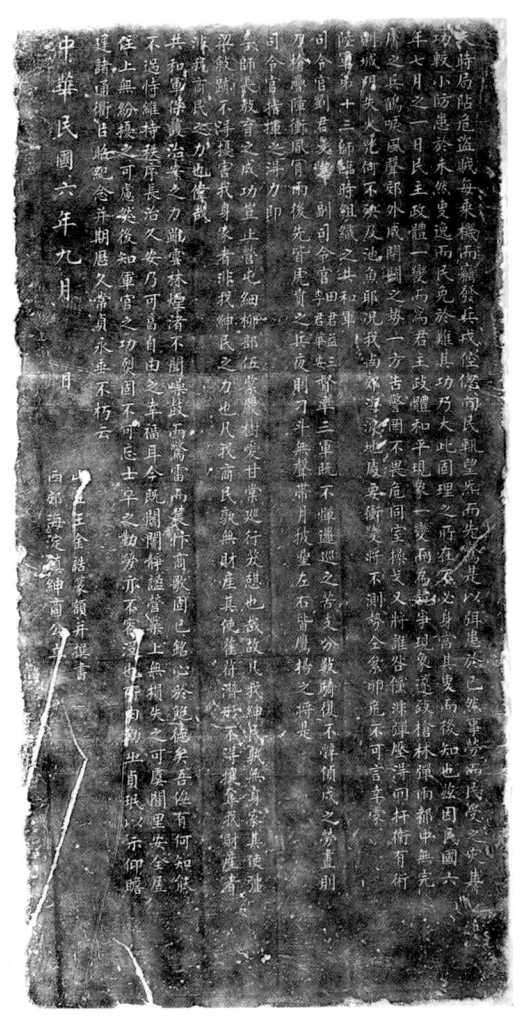

海甸绅商为共和军保护治安捐资碑碑阳拓片

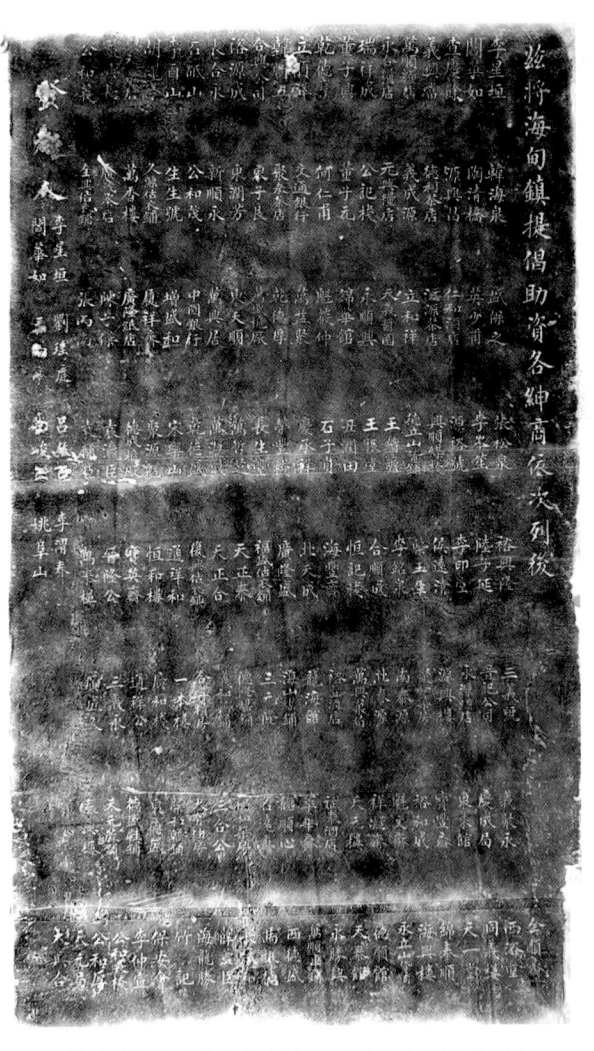

海甸绅商为共和军保护治安捐资碑碑阴拓片

创建中央医院碑

民国七年（1918）一月

首题：创建中央医院记

施肇曾撰文

拓高173厘米，宽69厘米。碑文正书。

碑原址在西城区阜成门内大街人民医院，现下落不详。中国国家图书馆藏拓片。

录文：

创建中央医院记」

古者医有专官，有专学。医师一职，载在周礼；医经一家，著之《七略》。年世愈降，官愈失其制，学愈失其传。放坠之绪，晚乃扬于欧美诸洲，」人公于学，学公于官，官公于民，都而郡，郡而邑，邑而乡，咸设院以掌其政，养万民之疾，有隆古之遗风焉。西学东渐，其宗教家恒放而」行之于亚东各国。近十余年来，吾国士夫远游彼邦，习其刀圭，归而起效所为，颇有其人，而规模狭隘，瞠乎弗如，识者病之。同人鉴及」于此，谓国都之地，中外具瞻，宜有所建设，树之风声。爰就阜成门内相度隙地，创立医院一所，名曰中央，尊首善也。倡其议，计其费，启」其工，纂其规程，集在事者为董事会，以时讨论而纠率之，兢兢业业，惟日不足，诚不自知其愿奢力绌，而壹似射者之视乎砖的也已。」属以国家多难，娄遘艰屯，与事诸公先后星散，创办诸事，盖几几乎莫得而举焉。其间之委曲周章，盖有人之所不及知者。幸今交通」总长曹润田先生久笺部务，回翔京华，力肩巨任，与肇曾日夕孜孜，谋所以贯彻始终之计。时周先生缉之适长财政，以本院豫定之」费为数至三十万元，虑无以集事也，就部款中悉心擘画，以资挹注，得十万元为之倡。复督属僚共相输助，又数千元。认捐各家陆续」收集现金及纸币，约九万数千元，暨政府公债票四万余元。综汇成数，仅逾三分之二。虽尚有认捐之款可期，而时越情迁，无繇征索。」肇曾忝从诸公后，谊不获坐视，遇有所阙，则竭其力之能，至旁皇周浃，弗敢稍恌，而兢兢焉以蕲其成。其间所与反复商榷，如笙镛之」相禽应者，则前中国银行总裁徐容光君毗赞之力为多。院之基址为旧废市场，民屋栉比，勘估商购，迁贸时日。赖警察总监吴先生」镜潭令所辖区长董理劝谕，悉得就范。操斤执畚，于是乎毕集。至审曲执、考朴斲、治仪具，则伍君连德尤瘁于其事焉。以夫创始之人」蓄心思，縻财力，更合京外乐善之士，夫群策群力，历时至二十余月而甫观厥成，不难且劳欤？虽然已往之规画如此其艰，未来之设」备亦正匪细，所望将其事者，本仁恕博爱之怀，导聪明精微之智，敦廉洁醇良之行，民胞物与，苍赤胥苏，使斯院之光誉烂照寰瀛，八」辅九牧闻风踵起，与欧美诸洲并荣齐烈，岂不盛哉？！谨述梗概，用谂来兹。 民国七年一月。杭县施肇曾记。」

杨继盛狱中手植榆树刻石

民国七年（1918）五月
余绍宋撰并书
拓高63厘米，宽54厘米。石刻文字正书。
石原在西城区司法部街，现藏北京石刻艺术博物馆。

录文：
明杨椒山」先生狱中」手植榆树。」戊午五月，后学龙游余绍宋敬题。」

杨继盛狱中手植榆树刻石拓片

杨继盛狱中手植榆树刻石（旧照）

杨继盛狱中手植榆树歌刻石

民国七年（1918）五月刻

首题：杨椒山先生狱中手植榆树歌

余绍宋撰书

拓高35厘米，宽98厘米。石刻文字行书。

石原在西城区司法部街，现下落不详。中国国家图书馆存拓片。

按：石刻无年款，与"杨椒山先生狱中手植榆树"刻石同为余绍宋书写，应是同时所刻。

录文：

杨椒山先生狱中手植榆树歌」

士生乱世何所恃？生不足重乃」重死！有明养士三百年，所得之」士能有几？椒山先生人中龙，平」居落落望孤忠。臣心如水面如铁，」常山之舌侍中血。大奸不去敢爱」身？封章入告批逆鳞。陈词慷慨」动鬼神，大节凛凛标松筠。奸党」闻之恨次骨，私议纷纷肆罗织。缇」骑传呼入请室，手植此榆前致辞：」"榆如有灵榆有知，榆生臣死，榆」死臣生。榆竟不死臣不生，天凄日」黯悲风鸣！可怜明社遂已屋，空」余荒祠与古木。今日西曹结构新，」世事变迁□陵谷。我来窃寄」景仰思，尚请执政葺其祠。复虞」后人恣剪伐，榆阴扫叶重题碑。」君不见忠武祠前有古柏，蟉枝」南向根如石？此榆有枝皆北向，一」例精诚相感格。盘根错节非凡」材，摩挲尤贵公亲植。尔来兴废」亦何常？对此茫茫空太息！铃山堂，」今在否？先生有瞻称人口。树犹如」此树亦奇，精灵呵护常相守。正」气还留天地间，我附此歌同不朽。」

龙游后学余绍宋敬题。」

杨继盛狱中手植榆树歌刻石拓片

许文肃公（景澄）赞恪刻石

民国七年（1918）六月

首题：许文肃公赞（有序）

旧属唐文治谨题

吴兴章祖申敬书

拓高47厘米，宽35厘米。石刻文字正书。

石原在东城区外交部街，现下落不详。中国国家图书馆存拓片。

按：外交部街另有"许景澄奏稿刻石"，拓高31厘米，宽253厘米，石亦下落不详。中国国家图书馆存拓片。

许景澄（1845—1900），原名癸身，字竹筠，生于浙江嘉兴，同治年间进士。曾任驻法、德、奥、荷4国公使，后改驻俄、德、奥、荷4国公使。1897年，许景澄出任总理各国事务衙门大臣兼工部左侍郎，并兼任中东铁路公司督办。1900年，清政府利用义和团力量，并派出官兵同时攻打外国使馆，对外宣战，许景澄极力反对。7月28日，许景澄被以"勾结洋人，莠言乱政，语多离间"等罪名，与袁昶同时被杀于北京。1901年，光绪帝为许景澄等五人平反，官复原职。宣统元年（1909年）追谥为文肃。著有《许文肃公遗稿》、《许文肃公外集》、《出使函稿》。

录文：

许文肃公赞（有序）｜

庚子拳祸，能维持正气、遏绝横流者，公与徐、袁、联三公是也。三公暨公」之忠，并转瞬即白，今且由外交部呈请建祠，合隆胙飨。而文治于公独」有相知之深者。忆昔公自欧洲返节，入总署，参枢要，于外情国势洞悉」详尽。每见其建一议，陈一疏，咸持之有故，不折不挠。呜呼！曾惠敏以后，」言外交学者，公一人而已。惟其见之确，故守之坚，身膏斧质，痛何如矣！」赞曰：」

时惟困敦，京阙尘生。六州铸错，三辰缠眚。虹蜺刺天，舌烧崩城。浙水汤」汤，萃生国英。国英岳岳，谁其先觉？草疏陈词，辟愚警噩。虓阚宗王，付之」碈砆。谓输国情，纵喙群啄。公正其命，不崩不摧。节义文章，耳倾目嵬。譬」彼豕突，戕此奇瑰。血流三丈，心趯百回。宣圣有言，守死善道。其在我公，」匪言允蹈。瞯是志洁，养由气浩。人或未知，请言公抱。忆昔晦蒙，戢戢群」公。目超平平，指骞凿空。自曾公外，谁解折冲？真理既昧，大势又懵。此与」愚罔，其去几何？延广磨剑，侜冒挥戈。茧茧者流，信妖婆娑。郭京袭金，弃」甲则那。公鉴其弊，聿求宏义。抵德历俄，译言仿器。师船列表，瓯脱绘地。」好则敦盘，衅亦法理。如何群凶，婪婪害气。突集宫禁，焚毁使邸。王子召」乱，尸臣肆欺。智者结舌，明者怀疑。公于此时，屹然不挠。非由奋发，曰葆」清纱。忠信蛮貊，良知攸绍。苌弘碧血，于谦布袍。

公之取义，如赴康庄。公」之成仁，不谅愚狂。曰仁曰义，我心所藏。万国公理，百世幽光。肃公遗像，」永祀蒸尝。

旧属唐文治谨题。吴兴章祖申敬书。」

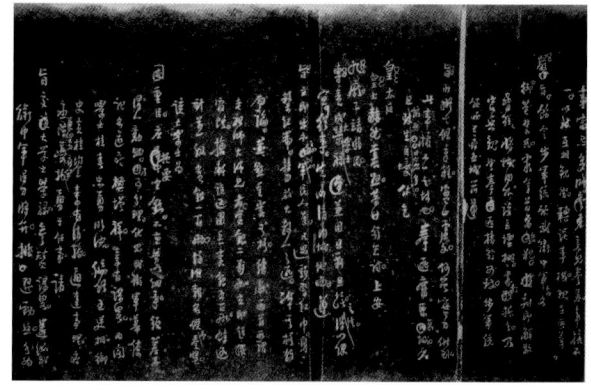
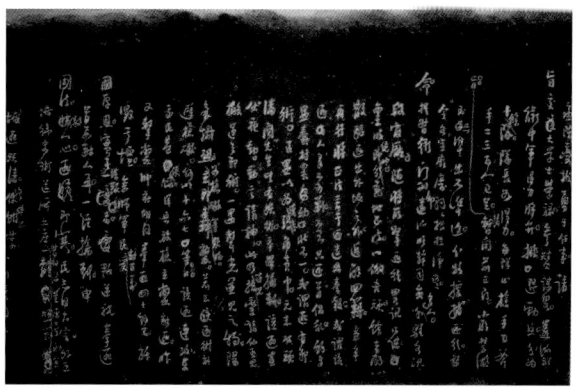

许景澄奏稿刻石拓片一组

司法部修建官廨碑

民国七年（1918）九月
额题：司法部修建官廨碑记
司法总长朱深撰文
碑身拓高170厘米，宽80厘米。额拓高30厘米，宽32厘米。额为阳刻，正书；碑文正书。碑原址在西城区原司法部街，现下落不详。中国国家图书馆存拓片。

按：朱深（1879－1943），字博渊，河北永清人。毕业于日本东京帝国大学法学部。历任北京政府总检查厅检查长、段祺瑞内阁司法总长、内务部总长、京师警察总监等职。抗战爆发后，任北平伪中华民国临时政府委员、法制部总长、汪伪华北政务委员会委员长、"剿共"委员会委员长等。

录文：

额题：司法部」修建官」廨碑记」

京师之有刑部，自明永乐辛丑始也，是时刑部、都察院、大理寺并列为三法司。正统七年十一月，始建官廨，英宗实录谓在宣武街西，厥后私家撰」述，谓在城隍庙西，谓在皇城西，谓在长安街西，其寔一也。廨旧有五显庙，弘治间，彭惠安韶命碎其像，改祀宋赵清献。嘉靖七子李攀龙、王世贞、徐」中行辈官西曹，相聚论诗，建白云楼四川司中。贵溪江以潮为郎，甘露降轩柏，建甘露轩福建司中，凡诸名迹，咸在是间。有清之初，因明锦衣卫故」址，移建刑部官廨。于是俗呼前廨曰旧刑部街，曰旧刑部街廨。堂壁间，有锦衣卫题名碑，后毁于火。清制，部设尚书，满、汉各一，侍郎满、汉各二，设十」八清吏司、司务厅、司狱司、赃罚库、秋审处附焉。大堂东向，堂左奉天司，堂右有隶司也。堂东为廊，廊左湖广、广东、陕西三司，廊右河南、山西、山东、江」西四司及司务厅也。堂与廊之南曰南夹道，列居江苏、安徽、福建、浙江、四川、广西、云南、贵州并督捕司凡九。堂西南、西北二隅，各置狱曰南北所。北」所垣东大榆树，传为杨忠愍手植。考忠愍系锦衣狱三载有余，手植榆树，盖或有之。清嘉庆间，部官乃于树下建祠祀之。光绪间，附祀主事韩绍徽，」庚子七月殉节于陕西司者也。又有阿公祠，祀司狱官阿世图，尝以除夕纵囚，一囚后期，阿惧罪自经，后囚归，亦死阶下，今造像焉卒是也。光绪三」十二年九月，诏改官制，易刑部曰法部，省尚书一、侍郎二，设左右丞、参各一。明年更部制，设八司一所。曰审录司，旧陕西、广东二司处所也；曰制勘」司，旧山西、河南二司处所也；曰编置司，旧江苏、安徽二司处所也；曰宥恤司，旧云南、福建二司处所也；曰举叙司，旧奉天司处所也；曰会计司，旧直」隶司处所也；曰都事司，旧满汉两档房处所也；曰典狱司，旧山东司暨提牢厅处所也；曰收发司，旧当月司处所也。丞参设厅，就秋审处听事焉。有」宪政筹备处，改赃罚库为之。有律学馆，改四川、贵州、浙江、广西四司旧址为之。

有状纸处，改江西、督捕二司旧址为之。有学律馆，改督催所旧址为之，馆寻废。有统计处，就大堂以内东向板房为之。清初迁建刑部，前明旧廨废弃已久，所谓白云、甘露诸迹，亦皆渺焉无存。虽其后司寇治事之所榜曰白云亭，然弟袭典征名，非其旧矣。宣统三年辛亥十月，复改官制，省尚书、侍郎，设大臣、副大臣各一。寻共和告成，废大臣名称，设正、副首领。中华民国元年，改法部曰司法部，省正副首领，设总长、次长各一；省丞、参，设参事官四；省八司一所，设厅一曰总务，设司三，曰民事，曰刑事，曰监狱，如今制，分处旧司所而治事焉。于时改制大备，京师官舍求适于用，咸新厥居，而兹部乃顾庳逾甚。三年三月，总长吴兴章公请就旧址改建，报可。乃徙居大理院楼下，命技正贝寿同鸠工庀材，亟董斯后。五年，帝制事起。明年，复辟事起，中更变乱，帑绌工纡，不获计日成。今年四月，深备位阁员，来长司法，而新廨适以是月落成。凡为楼房三十有三，楼下房如之，而增三焉。凡为平房九十有五，湫者龙而高，隘者廊而大，其材半枅，其瓦半砖，其砖石划□，其为式西洋，凡围垣甬道沟渠之属，扉扇桱槛梯几之具，靡不序豁庝通，凡用钞币十六万二千有奇。是时楮货贬下，数年均算，才及百之七五，寔用银圆十二万二千有奇，而电灯、煖管、自来水设备之费不与焉。既迁廨，楼中间为总长室，为次长室，其下为参事厅，楼东为会议室，其下为廨门楼、会议室，南为秘书室，其北为刑事司。廨门以南，为总务厅四科五科，其北为总务厅二科，楼南廊道为监狱司，其下为总务厅三科，楼北廊道为民事司，其下为总务厅一科。都楼上下所占，半旧廨大堂，半北所故址，而书藏，而宾室，而译室，而械窨，咸错落是间。大门迤北，为修订法律馆，其南为群房，食室庖廥在焉，卫士厮役居焉。又黝垩杨、阿二祠以存其朔，且志不朽。自始作至今，几及五年。中间凡五易部长，至深乃观厥成功，岂非幸也？方事之始，章公树之铭曰："弼教辅治，深固不倾。"深固不才，祝斯廨也，亦如章公言。抑思往制久而湮闷，使后之人无所考也，爰次起末而为之记。时贰部务者，吴县张一鹏也。中华民国七年九月谷旦。司法总长永清朱深。

东莞新馆刻石

民国戊午〔七年（1918）〕五月十五日撰文

民国己未〔八年（1919）〕十月书丹

首题：东莞新馆记

邑人张伯桢撰文

清远朱汝珍书丹

石为嵌墙横石，高38厘米，宽98厘米。石刻文字正书。石左下方镌篆文印章二方："朱汝珍印"（阳文）、"甲辰榜眼"（阴文）。

石原址在宣武区上斜街56号，现藏北京石刻艺术博物馆。

录文：

东莞新馆记」

东莞新馆，世传为年大将军羹尧」之故宅，前临上斜街，与番禺新馆」接壤；后通金井胡衕，与四川会馆」毗连。闻诸父老，年大将军故后，展」转归诸蜀人。自某君返蜀后，东洋」人赁之居，即曩日东文学堂之旧」校地也。庚戌秋，陈提学伯陶履都，」与同人议谋添设邑新馆，藉陈孝」廉锡恭介绍，与杨东皋订约，以五」千数百金得之。辛亥春，复筹数千」金，筑前院，八阅月工竣。猝遭国变，」乡人南下。时董其事者为邑人尹」太史庆举，尹氏亦避兵旋里，负荷」之责，归之于我。爰于壬子春修饰」之，遂落成。是年五月，陈史部高第」病殁于馆，嗣是，居者叠传凶问，金」曰不吉。乃于甲寅三月，聘遂溪李」青卜吉改之。复于乙卯七月，添立」式古堂于后院，为供奉邑先贤之」所。又于戊午五月，于前院添筑一」照墙，遂告苟完矣。还忆经始

东莞新馆刻石拓片

至今,」才九年耳,世事等诸沧桑,旧交半」属墟墓,可胜言哉！抑吾又思,吾邑」人素以文章节烈著于世,代出伟」人,多与历史朝代有关系,诚为吾」邑之光。甚愿吾辈尚论古人,以乡」先哲为法,使吾邑声誉传播于大」地,则不徒旅京莞之幸,抑亦后」起者之幸也。乡人以余习于旧闻,」属纪其事以告来者。后之览者,能」无今昔感欤？戊午五月十五日,邑」人张伯桢记。」
己未十月,清远朱汝珍书。」

安平公所碑

民国八年（1919）

首题：北京琉璃厂安平公所记

江都李钟豫撰文

宛平祝椿年书丹

李月亭镌刻

拓高127厘米，宽67厘米。碑文正书。

碑原址在宣武区南新华街土地祠，现为北京实验幼儿园。碑下落不详。中国国家图书馆存拓片。

按：安平公所即安平水会所在地。水会是老北京的一种公益组织，常由一些大商号发起，串联附近各个铺户共同协商成立，并选出会首主持会务，制订防火公约，再按铺户大小，分等级出钱，作为筹备经费以购置防火器材、雇用消防人员。民国初年，京师警察厅下属以消防组织，人员受过专门训练，并配有机动消防设备，是新式的防火组织，这种私人性质的水会就逐渐被淘汰了。

录文：

北京琉璃厂安平公所记」

江都李钟豫撰」

宛平祝椿年书」

仁人之心，救民水火。夫水火本为生人日用所必需，而有时反其常轨，适足为生人之大患。北京首善之区，阛阓栉比，偶」有不慎，火患因之。严冬之际，风干物燥，尤须防患未然。前清咸、同之世，琉璃厂设有小锣会，公议团防，假吕祖祠为会地，」名曰从善水会。经理无人，几同虚设。光绪五年岁次己卯，全厂绅商议复旧观。当有李钟铭、张启泰、周思敬、赵春宜、牛英、」祝庚身、江宗海、刘泰安、计彬、孙述祖、袁以德、呼堃、萧秉彝、刘应奎、吴赓韶、饶起凤、胡永昌、陈恭超、李执中、崔泰遇、范寿椿、」王德凤、王登瀛、王鸿宾、任庆泰、孙广盛、景春融诸善士首先出资，并广募巨款，购土地祠左近隙地，建筑房舍，置备械具，」轮班值日，通力合作，更名安平水会，取安宁平静之义，精神为之一振。每遇火警，靡不身先。太和门灾、祈年殿灾，均往扑」救，叠邀赐帑，奖励有加。七年辛巳，增建神殿，供奉天仙圣母、增财锡福诸像，基址益为扩展，并筹资推广善举，救济偏灾。」十六年庚寅，永定河堤决，近畿悉成泽国。殷给谏如璋巡视北城，捐廉为倡。全厂绅商各募巨资，先放急振，继办冬抚，往」来于泥淖冰霜中，活人无算。十九年癸巳，河堤复决。余给谏联沅仿照前规，会同绅商，筹办振抚，一如庚寅。常熟翁文恭」公倡立义仓百楹于所之北，吴县潘文勤公发起振济书画局于所之西北隅。二十年甲午，陈大京兆彝设平粜局于此，」拨款修筑通州运河东岸长堤七千余丈，以工代赈。凡兹善举，官厅竭提倡之力，绅商尽辅助之劳，用能赓续进行，绵延」弗替。二十六年之变，外兵入城，横遭毁坏。事定之后，又复集款经营，规复旧制。塑像之费，为善士继君独力担任，尤为笃」信。民国五年岁次丙辰，市政公所勘修新华街，以本所有妨路线，应行拆让。经张主任毓书之力请于蒲督办殿俊，得以」一律修复，惟南北方向易为东西方向，与前稍异耳。今全工告竣，绅商绘具图说，呈送市政公所、京师警察厅分别立案，」并刊列捐资姓名，俾垂永久。爰述先后事绩，用示来兹。」

中华民国八年月日。李月亭刻石。」

潞郡会馆纪念碑

民国九年（1920）九月十二日

额题：永垂不朽（阳）万善同归（阴）

首题：潞郡会馆纪念碑文

碑身阳阴拓均高 120 厘米，宽 66 厘米；额阳阴拓高、宽均 15 厘米。额文正书，碑文正书。碑在宣武区珠市口西大街潞安会馆，现下落不详。中国国家图书馆存拓片。

录文：

额题：永垂｜不朽｜

潞郡会馆纪念碑文｜

广渠门内东兴隆街，今名土地庙，旧有潞郡会馆炉神庵一座，院外余地是潞人坟茔，例如祭祀、会议、养病、停柩，向为郡｜人铜、锡、烟袋三帮经理。丁巳民国五年三月，因馆役德海将全部房舍租给陆军部兵工厂官硝局之朱兰田占用，彼恃｜势值卫，禁阻潞人会议，三帮经理目击心惊，义愤同深，公举绅士郑宝善、刘伯川，商界周仕雯、程天锡、赵天章、郭世臣等｜呈究德海于警察，诉除租约于法厅，三审终结，执行管业录后。《京师地方审判厅布告第四六一号》："为布告事：本厅执行｜刘伯川等诉朱兰田等租房一案。民国七年一月二十二日，朱兰田曾将所租广渠门内东兴隆街炉神庵房屋一所共｜四十七间并戏台、照棚点交刘伯川接收。内有东房四间，因暂放动产，讨限十五日腾交，具结在案。兹据刘伯川等状称，｜朱兰田迄今仍未将房腾交，请即勒令腾交，并令将讼费十五元六角迅交前来。应即照准，限朱兰田即将该房四间腾｜空，交刘伯川等具领，并令迅将该讼费照交。特此布告。中华民国九年七月九日，京师地方审判厅长邵文。"伯川等复于｜民国七年七月间，与馆董郑君宝善议定规划，建筑界石，呈警厅在案。馆地南北计长二百八十六尺，西面稍短，得一百｜九十六尺，东西计广二百十一尺，北面稍狭，得一百六十四尺。警区核定，书存官府，以杜欺占。爰集五载经过事实，并同｜乡诸君子血汗金钱，双方牺牲劳怨，匪懈始终，在所不辞。勒于珉石，传之万世，以纪不朽之功业。是为志。｜

平顺刘德泉撰。牟平曲书元书。｜

绅界郑宝善、李庆方、王夏卿、刘德泉、裴□棠、牛菁泉，商界周仕雯、郭世臣、程天锡、陈佐周、魏晋藩、赵天章。

中华民国九年九月十二日。｜

（碑阴）

额题：万善｜同归｜

（碑身刻捐资题名，从略。）

陆征祥家族祠墓石刻一组

民国九年（1920）

石刻在西城区马尾沟陆征祥家族祠堂内。

按：陆征祥（1871—1949），上海人，字子欣，亦字子兴。幼年入基督教。1916年任驻荷兰公使。1911年转任俄公使，是年改入天主教。次年任唐绍仪内阁外交总长。1915年10月任国务卿兼外长。1919年任巴黎和会首席代表。1927年入比利时布鲁日本笃会为修士，1935年任司铎。1946年被罗马教皇授修道院院长。1949年病死布鲁日。

1920年陆征祥在任外交总长期间，在西城区马尾沟购地修建祠墓，将其父母、祖父母的墓从上海迁到北京。

陆征祥家族祠墓位于西城区马尾沟八号，为中西合璧式。祠墓建筑座东朝西，为砖石结构，梁柱均为花岗岩雕琢，屋顶为起脊，黑琉璃瓦。祠墓建筑分上下两层，下为墓穴，上为祠堂，地上建筑面积约18平方米，地下略小。祠堂建筑分前室和后室两间。前室穹顶绘有彩色仙女、天使、蓝天、星辰图案，四面墙壁均嵌有刻石。后室呈半圆形穹庐状，墙壁嵌有刻石。祠堂四壁上镶嵌的汉白玉石名人题刻，包含了清光绪宣统皇帝圣旨及御笔题刻、北洋时期各届政府首脑如袁世凯、冯国璋、段祺瑞、黎元洪、徐世昌、伍廷芳以及社会名流张謇、康有为等四十多位名人题刻，具有重要的文物价值。

陆征祥家族祠墓已被列为西城区文物保护单位。

1. 宣统御笔"孝思维则"匾

民国九年（1920）刻

拓高30厘米，宽100厘米。铭文横题正书，其上（钤印）"宣统御笔之宝"，印文篆书。祠堂坐西朝东，石嵌于在陆征祥家族祠堂后室墙壁。

录文：

孝思维则。」

"孝思维则"匾拓片

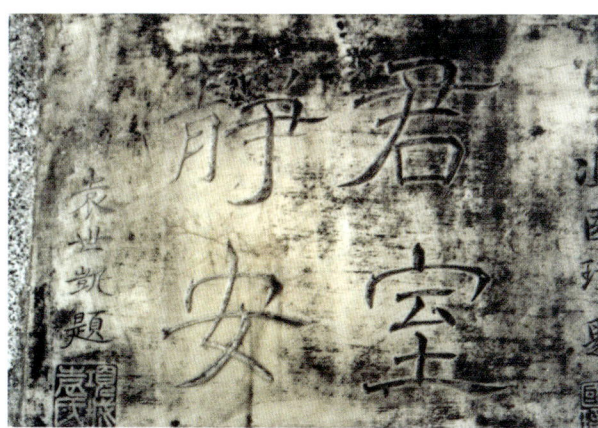

陆征祥家族祠墓石刻（一）

陆征祥家族祠墓石刻（二）

2. 为陆征祥之父母颁圣旨刻石

清宣统元年（1909）正月二十三日颁

民国九年（1920）刻

拓高70厘米，宽46厘米。石刻文字正书。

祠堂坐西朝东，该圣旨嵌于祠堂后室东壁上方偏北处。

录文：

奉｜天承运｜皇帝制曰：华胄清资，启佑必原于严父；令仪硕望，蕃昌聿振｜于名门。爰涣国恩，用彰家训。尔陆诚安，乃出使和国大臣｜陆征祥之父，操修醇粹，启迪勤劬。儒席传珍，琢就珪璋之｜器；良材肯构，蔚为台阁之英。门祚方新，宠章洊被，兹以覃｜恩，赠尔为资政大夫，锡之诰命。於戏！承家有子，聿昭孝治｜之风；被命自天，用作义方之劝。式承茂奖，追令德音。｜

制曰：推恩溯本，爰锡庆于亲帏；禀训入官，并归功于母教。式｜颁渥典，用播家声。尔吴氏，乃出使和国大臣陆征祥之母，｜顺以承夫，勤以课子，宅能三迁，夙成俎豆之容；织就七襄，｜早振文章之绪。徽音久著，宠命宜加，兹以覃恩，赠尔为夫｜人。於戏！鸿章叠布，尚伸慈孝之恩；宣泽长流，弥笃靖共之｜谊。广宣麻问，远树芳仪。｜

出使和国大臣，｜宣统元年正月二十三日，｜陆征祥之父母。｜

3. 为陆征祥之曾祖父母颁圣旨刻石

清宣统元年（1909）正月二十三日颁

民国九年（1920）刻

拓高30厘米，宽85厘米。石刻文字正书。

祠堂坐西朝东，该圣旨嵌于祠堂后室东壁上方居中处。

录文：

奉｜天承运｜皇帝制曰：盛代酬庸之典，｜申锡命于五章；良臣报｜本之荣，极推恩于四世。｜载嘉旧德，爰沛新纶。尔｜陆泰林，乃出使和国大｜臣陆征祥之曾祖父，善｜以开先，业能昌后，一经｜垂教，发诗礼之菁华；奕｜世贻麻，表弓裘之矩矱。｜欣逢庆典，特贲天章，兹｜以覃恩，貤赠尔为资政大夫，锡之诰命。於戏！秩｜崇报渥，邀宠泽于中朝；｜源远流长，树风声于来｜禩。钦承显命，用阐幽光。｜

制曰：朝廷布荣绰之襃礼，｜求其始彝；典锡重闱之｜泽，恩逮所生。嘉命载颁，｜徽音益远。尔殷氏，乃出｜使和国大臣陆征祥之｜曾祖母，柔嘉维则，淑慎其仪。矩法娴明，夙协宜｜家之化；

奉
天承運
皇帝制曰華胄清資啟佑父原於嚴父令儀碩望蕃昌聿衍於名門爰渙國恩用彰家訓爾陸誠安廼出使和國大臣陸徵祥之父操修醇粹啟迪勤劬儒席傳珍琢就珪璋之器良材肯構蔚為臺閣之英門祚新寵章洊被茲以覃恩贈爾為資政大夫錫之誥命於戲承家有于聿昭孝治之風被命自天用作義方之詰命於戲承家有
制曰推恩遐本爰錫慶於親幃稟訓入官蒞歸工於之風被命自天用作義方之勤式承茂獎追念德音頒渥典用播家聲爾吳氏廼出使和國大臣順以承夫勤於課子宅能三遷凤成但旦之容織就七襄早振文章之緒音久著寵命宜加茲以覃恩贈爾為夫人於戲鴻章屢市尚伸慈孝之忱宣麻問遠樹芳儀誼廣宣澤長流彌篤靖共之
出使和國大臣
宣統元年正月二十三日

为陆征祥之曾祖父母颁圣旨刻石拓片

风规表著,式昭」启后之模。集介福于曾」孙,溯芳型于累世。兹以覃恩,貤赠尔为夫人。於」戏!龙章焕采,犹传珩瑀」之声;凤诰增华,益焕笄」珈之色。尚承宠渥,长席」鸿庥!」

出使和国大臣,」宣统元年正月二十三日,」陆征祥之曾祖父母。」

4. 为陆征祥之祖父母颁圣旨刻石

清宣统元年正月二十三日

民国九年(1920)刻

拓高 70 厘米,宽 45 厘米。石刻文字正书。

祠堂坐西朝东,该圣旨嵌于祠堂后室东壁上方偏南处。

录文:

奉」天承运」皇帝制曰:功隆赏茂,式宏锡类之仁;积厚光流,必溯诒谋之」泽。荣名上逮,义问弥彰。尔陆德昌,乃出使和国大臣陆征」祥之祖父,作室基先,开祥裕后,一经代授,传家泽衍,缥缃」再世,寖昌匡国,名高黼黻,兴宗兆叶,縻爵阶崇。兹以覃恩」赠尔为资政大夫,锡之诰命。於戏!良臣茂绩,实承旧德之」光;大父蒙恩,丕焕新纶之采。式承庥渥,庶慰显扬。」

制曰:职崇朝亓,嘉丕绩于良臣;泽沛纶章,推鸿慈于大母。重」帏锡庆,累世承庥。尔张、张氏,乃出使和国大臣陆征祥之祖」母,轨仪娴习,风范淑嘉。主馈宜家,启再传之令绪;含饴裕」后,邀三锡之宠光。启佑有原,恩施宜沛。兹以覃恩,赠尔为」夫人。於戏!芳规未邈,尚贻昌大于方来;宠赉仍加,庶保昭」融于罔斁。用酬母训,载荷王纶。」

出使和国大臣,」宣统元年正月二十三日,」陆征祥之祖父母。」

奉承運

皇帝制曰功隆賞茂式宏錫類之仁積厚光流必溯詁諆之澤榮名上逮義問彌彰爾陸德昌迺出使和國大臣陸徵祥之祖父作室基先開祥裕後一經代授傳家澤衍綈緗再世寖昌匡國名高黼黻興宗兆葉縻爵階崇茲以覃恩贈爾為資政大夫錫之誥命於戲良臣茂績實承舊德之光大父蒙恩丕煥新綸之采式承庥渥庶慰顯揚

制曰職崇朝宁嘉丕績於良臣悼錫慶累世承庥爾張氏洎澤沛綸章推鴻慈於大母軌儀嫺習風範淑嘉主饋宜家啓出使和國大臣陸徵祥之祖母邀三錫之寵光啓佑有原恩施宜沛茲以覃恩贈爾為夫人於戲芳規未邈尚貽昌大於來龍賚仍加庶保昭融於聞歗用酬母訓載荷王綸

宣統元年正月二十三日

陸徵祥之祖父母

为陆征祥之祖父母颁圣旨刻石拓片

5. 陆诚安传（附诗及跋）

民国九年（1920）刻

李月亭镌石

石高30厘米，宽420厘米。

按：石刻嵌于祠堂后室内半圆形西壁间。前为南汇王广圻撰写于中华民国二年八月的陆诚安传记，同邑朱寿朋谨书丹，文字正书。传记后由西向东镌刻有徐世昌、熊□□、张謇、杜蕴宽、梁士怡的诗作，末为张一麐跋语。

录文：

云峰陆先生讳诚安，」江苏上海人。秉卓特」之资，具微远之识，独」醒于前清末造众醉」之世，颠踬困顿，几为」常人所难堪。先生奋」志独立，不少自挫，自」遭吴夫人黄门之戚。」今子兴外相方在襁」褓中，先生境益艰窘，」而松柏之质岁寒不」凋。及外相年稍长，先」生即令执贽入广方」言馆，习有用之学。躬送之，往诫之曰：学无」成，毋相见也。苟汝成」立，异日博升斗禄，余」亦弗分汝甘。当是时，」举世方沈溺于科举」之学，凡父兄所期望」于子弟者，制艺、帖」括外，殆无余事，其愚」且谬之。爱国者尤以」西学为邪说，相戒勿」令子弟闻知，闻先生」斯举且鄙夷之，以为」自陷爱子于歧途，将」更沈沦而靡有涯也。」先生目笑置之。居恒喜谈古先哲人嘉言」懿行，尤拳拳于陆清」献公陇其，引以为外」相勉。性慷慨，遇戚友」急，有时至罄囊中馈粥资以周助之，虽己」枵腹弗计也。及外相」以优试升送京师同」文馆，未几，又为嘉兴」许文肃公景澄罗致」后车，将赋骁征，以先」生春秋渐高，宜就菽」水养，勿再自事生计」为请，先生怫然曰：人」贵能自立耳。今余精」力尚足自养，汝勉旃，」毋以父为念。并先外相」相之行而赴津沽矣。」外相自到俄后，国际」多故，北邻之交日臻」重要，历任使者倚若」左右手，瓜期屡届，而」黾勉王事，不获言旋。」先生虽思子情殷，然」慨念时艰，亦辄驰书」以先国家之急为勖。」遇有自俄归者，道及」外相从公之勤，则怡」然涣然，喜形于色。自」是终先生之世，竟不」及令外相复见一面，」为外相平生一大憾」事，常戚戚然为广圻」言之。然先生在天之」灵所期望于外相而」快慰于无形者，固在」彼不在此，盖其秉资」之卓特，具识之微远，」非可以寻常窥测也，」大率类然。广圻幸侍」外相，久得闻先生风」谊，心仪有年，窃尝思」稍有以表彰之，愧不」能文，日久而未有以」就。今重辱外相远道」赐书，谆谆见嘱，用敢」就所闻先生梗概，叙」述一二，其为有裨后」之人阐发潜德之助」与否，固非所敢知已。」

中华民国二年八月。」

南汇王广圻谨记，时」奉使比利时九年八」月。同邑朱寿朋谨书。」

有子能专对，先生信独贤。只」今遗像在，展对一凄然。四海」征名彦，千秋溯道传。欲将真」面目，长此对中天。」天津徐世昌题。」（行书）

陆诚安传（附诗及跋）刻石拓片

沧海桑田黄歇浦，先生」亮节世谁知？干戈扰攘」惊棋局，家国殷忧感鬓」丝。耻逐锥刀随市侩，但留」书卷付佳儿。侧闻史馆搜」遗逸，竹帛流芳待异时。」孙宝琦」（楷书）

霭霭见□宇，瞻依一肃然。衣冠洛社」旧，家世剑南绵。德叶潜龙静，声」蜚老凤□。平原有遗爱，端合绣」丝传。」熊□□敬书。」（行书）

桥梓南山在，云间积」庆余。十年忧国泪，万」里勖儿书。观行陈先」籍，趋庭忆旧庐。丁兰」思不匮，刻木恨何如？」张謇」（楷书）

尊俎频年赖折冲，国侨端有」惠人风。中原氛祲消除日，家祭」勿忘告放翁。」先瞰世德媲华亭，自有渊源」记过庭。宁亡吴中家画扇，至今」克嫔肖像型。」杜蕴宽拜识。」（行书）

坐上春风邈莫进，不留今日访明」夷。凿楹晏戈书长在，刻木丁兰意」等悲。绝域声名归使相，过庭诰」诚忆人师。论交东孟称私淑，侧望」西瀛有所思。梁士诒」（行书）

外交家多习纵横捭阖之术，而陆君子兴独以诚实不」欺名于四国。当世士大夫方驰骛于纷华之域，君乃澹」泊宁静，使人一见而鄙吝之意俱消，何其盛也。及读」君所为先德」云峰先生像志，而后知其濡染于趋庭之教者为深」且厚也。先生之教子，不望以大官而望其为良民，又时」引清献公言行相诏勉。清献之学以立诚为宗，自」诚生明，不逆亿而自先觉。君秉此教以扬历中外，」弼成共和之治，折冲樽俎之间，天下翕然称之，而」欿然若无，与于其躬，可谓盛德君子者矣。西方儒者」谓民主国尚道德，得君所秉于家教者，以施于国，安」患民德之不进乎？诵君是编，不独家乘之光也已。」张一麐敬记。」（行书）

京师琉璃厂翰茂斋李月亭镌字。」

6. 陆征祥祖母及父母牌位刻石

民国九年（1920）刻

石高50厘米，宽80厘米；拓高53厘米，宽83厘米。石刻文字正书。

石刻嵌于前室西面墙壁上方正中。

录文：

先考云峰陆公，生于道光十五年乙未十月十一日巳时，」殁于光绪二十七年辛丑正月二十六日巳时。」

先祖妣张太夫人，生于道光二年壬午六月初」四日，殁于光绪十二年丙戌九月二十二日。」

先妣吴太夫人，生于道光二十二年壬寅四月十九日亥时，」殁于光绪四年戊寅五月二十七日戌时。」

陆征祥祖母及父母牌位刻石拓片（附诗及跋）刻石拓片

7. 康有为撰石额、石联

民国九年（1920）刻

康有为撰文并书丹

门额高 30 厘米，宽 210 厘米；二联均高 210 厘米，宽 30 厘米。石刻文字行书。

石刻在祠堂前室东墙，即大门内侧。

录文：

门额：丰德焘后。」康有为。」

门联：（上联）至孝能营万家家，」

（下联）阴德预大驷马间。」

康有为撰门额、门联刻石拓片

8. "世贵名荣"石额

民国九年（1920）刻

石额高 34 厘米，宽 150 厘米；拓高 35 厘米，宽 136 厘米。石刻文字正书。

石在祠堂前室西墙上方。

录文：

世贵名荣。」

"世贵名荣"匾拓片

9. 石联

民国九年（1920）刻

元和陆润庠书丹

二石均高 218 厘米，宽 34 厘米。石刻文字正书。

石联嵌于祠堂前室西墙。

录文：

（上联）道貌严凝中外咸仰，」

（下联）家风宣振先后同符。」元和陆润庠拜题。」

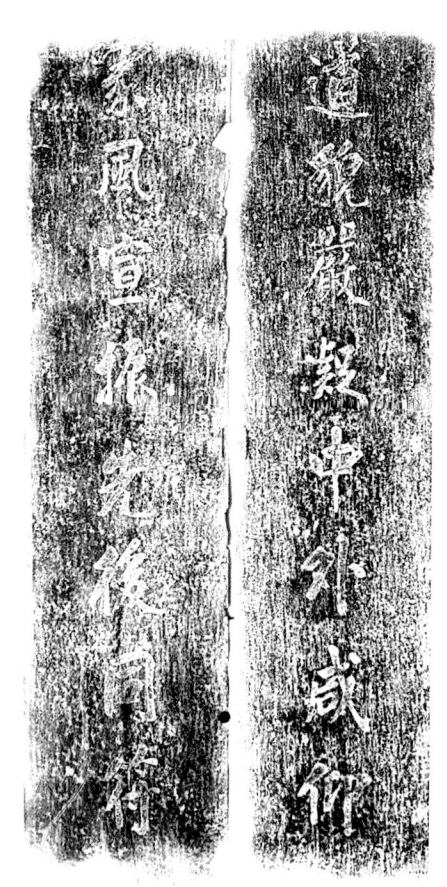

石联拓片

10. 祠堂前室北墙、南墙题刻

民国九年（1920）刻

南、北墙题刻均高30厘米，通宽420厘米。

北墙题刻者自西向东排列为：袁世凯、冯国璋、段祺瑞、胡惟德、陈篆、吴笈孙、徐世襄、刘符诚、刘崇杰、王金章、周传经、王景岐、王廷璋、孙昌烜、陈广平、李殿璋。

南墙题刻者自由西向东排列为：黎元洪、徐世昌、伍廷芳、刘镜人、郭则沄、钱能训、孔昭立、章祖申、严鹤龄、王继曾、陈恩厚、朱诵韩、朱鹤翔、刘锡昌、朱寿朋、朱文柄。

录文：

（北墙石刻自西向东）

君室」静安，」袁世凯题。」（正书）

行为」世则，」冯国璋题。」（正书）

万世」之宁，」段祺瑞敬题。」（正书）

馨欿」犹存，」胡惟德敬书。」（正书）

光垂」休铭，」陈篆敬题。」（篆书）

遗型」远裕，」吴笈孙敬题。」（正书）

阡表」泷冈，」徐世襄敬题。」（正书）

道范」常存，」刘符诚敬题。」（正书）

居仁」宅义，」刘崇杰。」（正书）

昭铭」景行，」王金章敬题。」（隶书）

源远」流长，」周传经敬题。」（行书）

寝成」孔安，」王景岐敬题。」（篆书）

吉符」丹篆，」王廷璋敬题。」（正书）

处和」履中，」孙昌岐敬题。」（正书）

人伦」模楷，」陈广平敬题。」（正书）

先民」矩矱，」李殿璋敬题。」（正书）

（南墙石刻自西向东）

潜德」幽光，」黎元洪题。」（正书）

宅幽」育德，」徐世昌。」（正书）

天和」地德，」伍廷芳。」（行书）

潜德」留贻，」庚申孟夏刘镜人敬题。」（正书）

佳城」葱郁，」郭则沄谨题。」（正书）

宁神」真宅，」钱能训拜题。」（正书）

林泉」幽壤,」孔昭立敬撰。」(行楷)
人伦」师表,」章祖申敬题。」(正书)
名流」息壤,」严鹤龄敬题。」(正书)
泽流」遐裔,」王继曾敬题。」(正书)
克昌」厥后,」陈恩厚敬题。」(隶书)
含弘」光大,」朱诵韩敬题。」(行楷)
积德」垂光,」朱鹤翔谨题。」(正书)
远绍」宗风,」刘锡昌敬题。」(正书)
懿德」惟光,」朱寿朋敬题。」(正书)
弈叶流芳,」庚申首夏朱文柄敬题。」(正书)

祠堂前北墙题刻拓片(一)

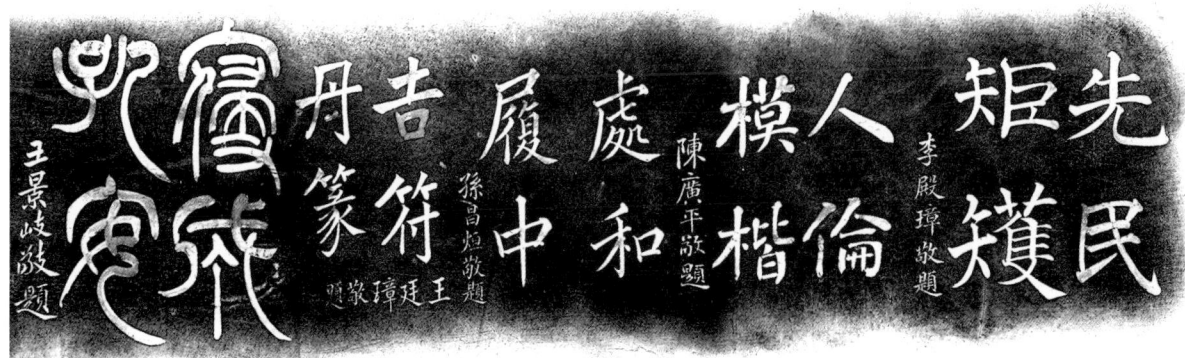

祠堂前北墙题刻拓片（二）

祠堂前墙题刻拓片（一）

祠堂前墙题刻拓片（二）

11. 祠堂前室东墙题刻

民国九年（1920）刻

祠堂前室东为祠堂大门，大门内南北两侧墙壁各有两则题刻。石刻高均为30厘米，宽均为55厘米。

录文：

（东墙北侧，自北向南）

昭明」景行（隶书），」郭有道碑字敬题。」云峰先生墓堂，」无锡许同莘。」（正书）

泽流」遐裔，」吴县张泽嘉敬题。」（篆书）

（东墙南侧，自南向北）

阴行」昭名，」刘乃蕃敬题。」（正书）

木本」水源，」小门生姚亚英敬书。」（正书）

祠堂前室东墙刻石拓片

马福祥捐资助学碑

民国十年（1921）四月下浣

马福祥撰文

碑方首，座佚。首身通高170厘米，宽42厘米。额阿拉伯文，横题五行；碑文正书。碑现在西城区三里河清真寺。

录文：

庚子之役，先兄振威公授命正阳门，同殉者二从兄、二犹子暨弁兵百余人。福祥既购置阴地，葬之阜」城门外三里河清真寺侧，随扈赴陕。廿余年来，福祥及先兄长子今宁夏镇守使鸿宾先后入觐，藉便」谒墓，屡于清真寺有所留遗，以为讽经之用。然三五年一至，或数年不至，仍觉可暂而不可久。岁辛酉，福祥」复以都统绥远入都，拟筹捐的款于清真寺，以为开学讽经常年赀费。适有王姓西便门外西药王庙自置」红契地壹拾壹亩，在先兄茔地之南，相距二百步。内有水井一眼，南至王姓，北至车道，东至王姓地岗，」西至车王府茔地地岗，四指分明。公议买价银叁百贰拾圆，福祥如数交给，契买永远为业。即将地主老」契及新立买契均凭同人交给清真寺崔经理仁斋承管，年得租金贰拾贰圆，概归寺中，以作开学讽经」之费，永远支使，不得挪作别用，庶不负福祥捐赀兴学之心。爰志数语，用备考览云尔。」

一等文虎、嘉和章，一等大绥宝光嘉禾章，陆军上将衔，陆军中将勋二位，绥远都统、导河马福祥云亭甫谨志。」

中华民国十年辛酉孟夏下浣谷旦。」

马福祥捐资助学碑

第二监狱碑

民国十年（1921）四月

司法总长武进董康撰文

司法次长龙游余绍宋书丹

拓片高135厘米，宽69厘米。碑文正书。

碑原址在西城区德胜门外功德林第二监狱，现下落不详。中国国家图书馆存拓片。

按：第二监狱已被拆除，其旧址为北京市公安局13处办公楼所在地。

录文：

京师第二监狱在德胜门外下关之北功德林故址，旧为顺天府习艺所，民国二年十月，改宛平」监狱。三年十月，始定今名。新会梁君锦汉任典狱长，其时因陋就简，实苦湫隘。四年九月，乃建议」依据部颁监狱图式，创造新监，分年拨款，本由监工囚自行建筑。经始于是年十月，至八年八月」告成。采用双扇面及十字暨丁字形式，凡监房十六座三百五十九间，能容囚千人以上。中建十」六方亭一座，东西前后八方亭四座，工场九座，炊场、洗濯场、理发室、洗面室、厕所、仓库暨事务楼、」职员宿舍、看守宿舍等，复增建房舍楼屋四十余间，统计面积五十七亩有奇。又监外附地三十」余亩。全监规制完备，整饬有加，具详梁君所上牍中。凡用钞币八万一千九百余圆，核之实银，仅」五万余圆，工巨费省，得未曾有。中外人士之来观者，校其成绩，佥谓足当数十万圆之值。梁君之」勤劬兹役，可谓至矣。今君移佐理曹，而累岁以还，手所规画，有眷眷不能去怀者，胪其大略，来请」为记。康维为治之道，得人则理，任举一端，足可推见。使尽如梁君之苦心毅力，施于有政，何事不」济？今各地监狱诸待缮治，而度支奇绌，既不能任藉巨帑，则非得精意料简，庀材课工，度不克悉」中程法。康既嘉梁君之能尽厥职，因志梗概，以示后来，且为有典狱之责者劝也。」

中华民国十年四月。司法总长武进董康记。司法次长龙游余绍宋书。」

顾亭林祠刻石

民国十年（1921）五月十五日
首题：重修顾亭林先生祠记
徐世昌撰文并书丹
横石两方，一石高 31 厘米，宽 93 厘米；一石高 32 厘米，宽 93 厘米。石刻文字行书。
石在宣武区广安门内报国寺。

录文：
重建顾亭林先生祠记」
京师广安门内大报国慈仁寺」创于辽金间，旧以双松称，毘卢」阁尤踞一寺之胜。康熙戊申春，亭」林先生尝寓于此。道光癸卯，何子」贞太史、张石洲明经为先生建祠」堂于寺西南，春秋致飨祀焉。五月」二十八日为先生生日，亦恒举文滔之」会。己酉，石洲卒，设主于祠右夹室。」嗣是祀先生皆以石洲祔。咸丰壬子，」潘玉泩刑部□置祭器，始陈俎豆。」越六年丙辰，朱伯韩侍御为文记之，」勒石祠壁。光绪庚子之乱，寺毁，改」寺基为昭忠祠，独西偏顾祠仅」存。今年辛酉，张君一麐创议，集」赀重建。易飨堂南向，中龛奉」先生神位，仍以石洲祔祀。缭以周□，」中门之外，筑室三楹，为游憩所。取」李子德诗意，榜曰炊羹庐，其旁为」四柿亭，补植双松，以存慈仁故迹。」祠中旧有先生像刻石，亦摹补焉。」忆当乙未、丙申间，余尝偕鹿

顾亭林祠石刻

215

君□」理、徐君坊同游兹寺，殿宇半圮，毘」卢阁虽存而已不可登。趋竭先生」祠，读朱伯韩所为记，出而□□开」□井阑，徘徊双松之下，不觉移目。卅」载景光，宛其在目，而寺废矣，而祠」新□，若系于人，若不系于人也？光绪」季年，先生配食两庑，位在先儒」张氏□园之次，高山景行，私祀益」虔，讵好事哉？况先生之学，以博学」于文、行己有耻为宗，而尤推重朱」子。其华阴朱子祠堂上梁文，谓两」汉经师，有抱残守缺之功，未足当」□往开来之任。惟朱子启百世之先」□，集诸儒之大成。持论若此，则其心」所向往者可知。尝言，天生豪杰，必」

（第二石）

有所任。拯斯人于涂□，为万世间」太平。此吾辈之任也。又曰，治乱之关，」必在人心风俗。而所以转移人心，整」饬风俗，则纪纲教化为不可阙。又曰，」北方学者之病，饱食终日，无所用心；」南方学者之病，群居终日，言不」及义，好行小慧。凡此名言，发人深」省。登斯堂者，当有悠然思古，慨念」感发而叹亲炙之末由者。百世而下，」精神若接，廉顽立懦，于是乎在」正不□□沧桑易世之余，为宣武」城南存故实也。是不可以不记。」

中华民国十年仲夏之望」

徐世昌谨撰并书。」

静园刻石

民国十年（1921）夏

林纾撰

赵世俊书

李月庭镌

分刻四石，拓均高47厘米，宽69厘米。石刻文字正书。

石原在东城区东便门外，现下落不详。中国国家图书馆存拓片。

录文：

静园记」

京师东便门外运河之故」道，葭苇丛生，明漪绝区，余」苦于不可得水，至是，翛然」如泛杭州之西溪、济南之」明湖焉。辛亥乱后，不至者」近十年。辛酉夏，及门段生」慎五邀游静园。静园者，大」兴乐君舜慕娱亲之别墅」也。万柳交阴，中翼然隐二」亭，朱栏宛宛，直出深碧之」外。稍西，则银墙一道，危楼」

（第二石）

高耸于群树之上，则垂虹」阁也。主人款余于春晖堂，」敞窗之后为艺圃，结构雅」朴。舜慕年四十许，肃客甚」恭。语余，是园盖为母王」太夫人筑也。太夫人六」十有二，为高邮王文简曾」孙女。文简经学为乾嘉诸」子之冠，太夫人躬承家」学，宜其谡谡有林下风也。」园之大可十顷，然榛芜尚」有未辟者，漕运既绝，流水」

（第三石）

抱门，初无喧呶之声，可云」静矣。太夫人即命曰静」园。《南华养生主》缘督以为」经，可以保身，可以全生，可」以养亲，可以尽年。余按，缘」，顺也；督，中也；经，常也。顺」中之道，处真常之德，屏万」嚣归于一静，则保身、全生、」养亲、尽年，靡所不可。盖事」不求过其分，要于所分也。」夫以静园之广可十顷，而亭馆仅据其十之二，舜慕」

（第四石）

之意，固未尝求全也。郭象」曰，任万物之自为，□然与」至当为一，即所谓任物以」全理。呜呼！天下事多端，若」在在用思，为求其尽遂，则」殆矣。静园之构，不求多而」适际其分，母子融融，乐静」以全其天，则庄子所谓全」生养亲。余于舜慕之治静」园，悟玄理矣。」

闽县林纾撰。」

南丰赵世俊书。」

李月庭刻石。」

翼城晋翼两馆并一碑

民国十年（1921）九月一日立

额篆：示来

首题：两馆并一记

清赐进士出身度支部主事庚子辛丑并科解元邑人王晒宸撰文

四等嘉禾章历署山西永宁石楼等县知事京兆任用县知事前清丙午科优贡生邑人李廷械书丹

碑身拓高125厘米，宽58厘米；额拓高23厘米，宽14厘米。额文竖题篆书，碑文正书。碑原址在崇文区小江胡同晋翼会馆内，现下落不详。中国国家图书馆藏拓片。

录文：

额篆竖题：示来」

两馆并一记」

天下无一成不变之事，古人有两利取重之言，盖时势不同，斯胶执非计。吾邑当有清盛时，服政庙堂者公卿接踵，楸迁京邸者车驷连」踪。故其时乡先生为联桑梓之谊，建设会馆，竟有两处，一曰翼城会馆，在前门西之虎坊桥，一曰晋翼会馆，即此馆也。迨乎清末，烽燧不」靖，商业衰落，此馆遂为人和、泰和两布商以银四千余两出典于都中吴姓。自此，吾邑只余翼城一馆矣。惟翼城馆创建于清之雍正十」年，迄今历年已久，栋摧墙倾，敝败不堪。而吾邑自民国以来，官商之在京师者又日益萧条，修之无力，听之不能。因思此馆规模堂皇，屋」宇坚固，且典出多年，若不及时赎回，久而必为他人有。至是典者既不可复，存者又成废产，不将两馆而一馆不保乎？于是公同议决，将」虎坊桥之翼城馆售出，即以其价银赎回此馆。无鸠工之费，而颓垣易为华堂；无筹款之劳，而旧业归于原主，非穷变通久之良法欤？特」民国新章，买卖房产，手续最繁。只此一转移间，已费吾人数月之奔走周折，始克成功，则前人创造之难可知矣。兹诸事告竣，爰镌石以」记其颠末，俾乡人知其难，而愈思所以保存之也。则为幸实多。」

清赐进士出身度支部主事庚子辛丑并科解元邑人王晒宸撰。」

四等嘉禾章历署山西永宁石楼等县知事京兆任用县知事前清丙午科优贡生邑人李廷械书。」

会首：华盛号常定泰、广义号李家枝、大兴泰崔恒山、茂盛号丁日杲、福兴泰马集祥、兴盛斋史昌义。

学界：柳孚申、丁绍仪、王汝垣、吉永琪、常崇文。

商界：王万泉、张全念、王立家、马长庆、李庆泰、周天喜、」北华盛、褚瑞生、解晋泰、薛宝善、李庆丰、郭国玺、」张维垣、王廷臣、马福江、王天德、程光明、董廷玺、」崔祥庆、续弘宽、王恩仁、王正涌、张培友、乔鑫钟、」杨文元、董绍业、续有志、马朝臣、张泉、王定章、」冯治家、梁文炳、刘昭英、史光照、郑国本、丁扬。」

中华民国十年岁在辛酉九月吉日立石。」

整容行公益会碑

民国十年（1921）三十令节国庆纪念日岁次辛酉时维重阳（九月九日）

额题一：整容行公益会碑

额题二：万古流芳

二品顶戴前湖南特用道翰林院编修四等嘉禾勋章国务院简任职存记国务院谘议内务部参事上行走贺州林世焘撰并书

碑阴

    额题一：共襄义举

    额题二：万古千秋

碑方首，方座疑为后配。碑首身通高 140 厘米，宽 64 厘米，厚 15 厘米；座高 67 厘米，宽 90 厘米，厚 35 厘米。碑阳刻卷草纹边框，边框内上方自右及左横题"整容行公益会碑"和"万古流芳"两行额文，正书，其下竖刻碑文，正书。碑阴无边框，其上方自右及左横题"共襄义举，万古千秋"两行额文，正书，碑文正书。

碑原址在宣武区培智胡同，现藏北京石刻艺术博物馆。

整容行公益会碑

按：碑原址在宣武区前门外煤市街小马神庙 31 号甲理发公会内，其建筑已拆除，旧址改为胡同。

整容行即理发店，公益会成立于清光绪三十二年（1906），用以接济本行人年老孤苦者，或为死者置备义材、义地。

林世焘，字昭彦，号次煌，广西贺县人。光绪三十年（1904）末科进士，以办学务授编修。民国初年，任北洋政府临时参议会议员。工于书法，为张之洞侄婿。

录文：

额题一：整容行公益会碑」

额题二：万古流芳」

整容之业，由来旧矣。自前清入关，薙发令下，于是有整容店之设。及民国改为剪发，又易名理发店。窃叹夫发之为物虽小，而所关实」大。稽之往古，于婚则曰"结发"，于丧则曰"括发"，于夷则曰"断发"，于僧则曰"削发"：莫不为礼制、国俗、宗教之所系焉。洎洪、杨蓄发称兵，乃名」之曰"发逆"。至于今日，而薙发几遍全球。若是乎一发之微，恒足以转移乎国运，所谓一发千钧者，非欤？京师正阳门外马神庙街，于前」清光绪丙午年，由整容行设立公益会，其会章纯为慈善性质。本行人或年老孤苦，不能自食其力者，则由本会出赀财以养之；或身」罹疾病，以至死亡者，则由本会备义材、置义地以葬之。其任事之人，均以本行铺长按日轮班，尽纯粹之义务。所有款项，计人派捐：伙」友每日二文，铺长每日四文，集腋成裘，共襄斯举，善莫大焉。今其会长等欲勒碑以垂久远，而乞文于余。余惟业无贵贱，皆须团体，事」无大小，胥赖实心。若此整容之行，而有公益之会，是亦改良社会之一端也。后之与斯会者，其亦念前人之所为，遵守而扩充之，必使」毫发之无遗憾，庶无负此公益之旨乎。爰为叙其立会之缘起，并附列发起诸人姓名于后，俾知此虽小道，亦必有可观者焉。道德之」存，自在天壤，无古今治乱兴衰，一也。」

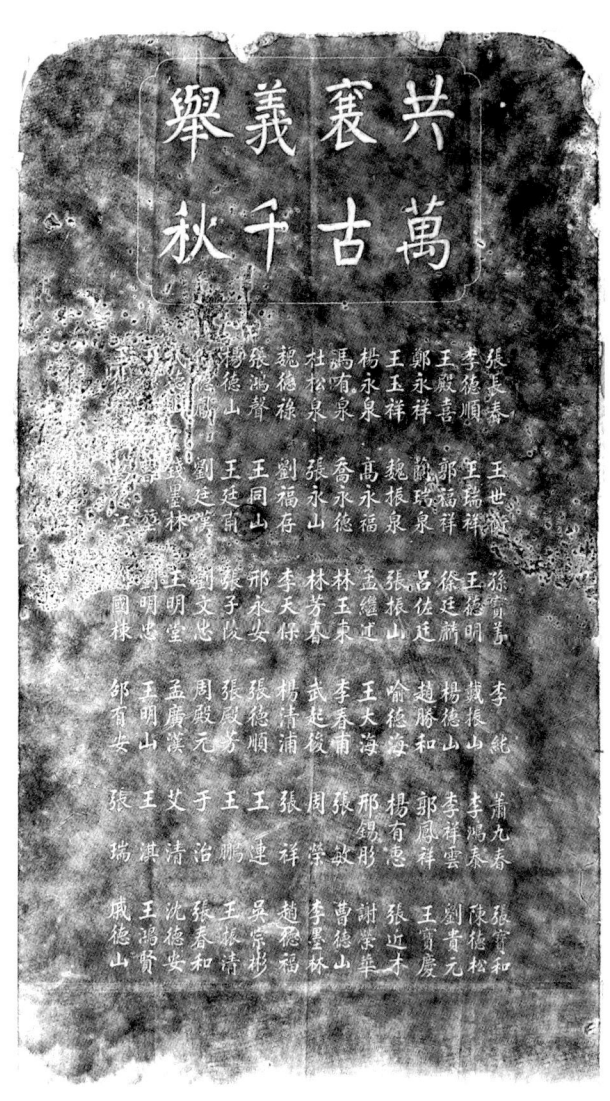

整容行公益会碑碑阴拓片

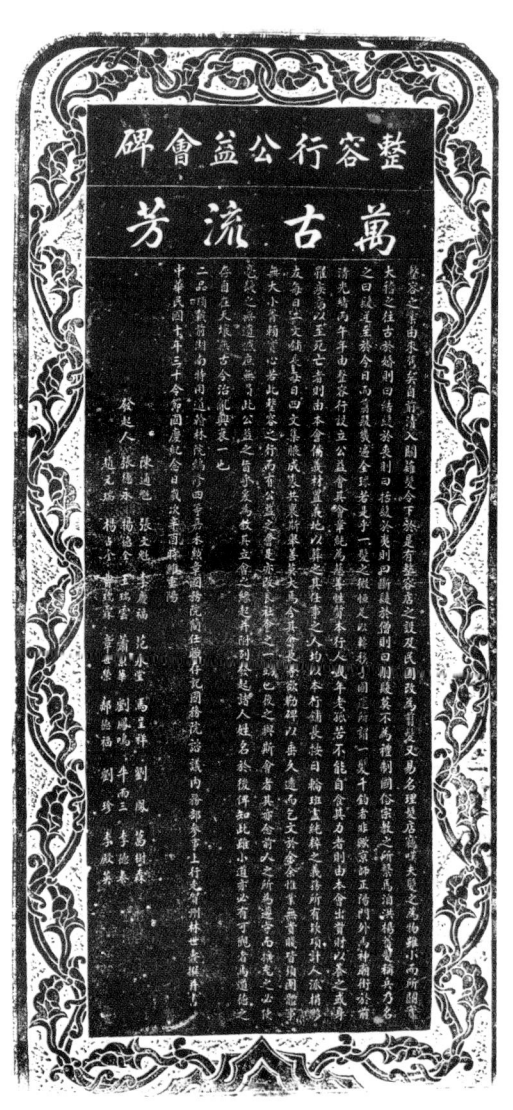

整容行公益会碑碑阳拓片

二品顶戴前湖南特用道翰林院编修四等嘉禾勋章国务院简任职存记国务院咨议内务部参事上行走贺州林世焘撰并书。」

中华民国十年三十令节国庆纪念日,岁次辛酉,时维重阳。」

发起人:陈通魁、张德永、赵元瑞、张文魁、杨德全、杨占魁、李庆福、王瑞云、曹瑞霖、范永堂、萧京华、章世荣、马呈祥、刘凤鸣、郝德福、刘凤、牛雨三、刘珍、葛树森、李德泰、李殿英。

(碑阴)

额题一:共襄义举。」

额题二:万古千秋。」

(碑身刻题名15行6列,从略。)

整容行公益会碑碑阳

整容行公益会碑碑阴

地质调查所图书馆刻石

民国十年（1921）十月上浣
农商总长王乃斌记
石高62厘米，宽114厘米。石刻文字正书。
石在西城区兵马司胡同。

录文：

地质调查所图书馆记」

民国十年九月，地质调查所图书馆成，丁所长以验工告，且曰：文江」备员兹所以讲求地质，端赖图书，附室三楹，仅足庋置。八年，派与巴」黎和会以暇，搜罗欧美载籍，彼都专家，亦竞以新箸见饷，总万数千」册，载以归，室隘莫容。原有矿产陈列馆五室，亦不敷用。爰与邢前司」长端、今林司长大闾、今翁会办文灏商之业矿诸巨商，先后集银币」几四万元，图书、器用约费五分之二，余供营构。今幸观成，不可无述，」敢以记请。予惟中国地质之发明数千年矣。首山之铸，载自轩皇，夏」禹随刊，别金三品，《山经》所载矿产一门，胪列尤伙。探采宜有专书，」《周」官·廿人》掌金玉石锡之地，以时取之，则物其地图而授，巡以禁令，筦」理亦至周密。古于窑藏之兴，非苟焉而已。纸版未行，书惟竹帛，又更」秦火，欲绝艺之传著无佚，戛乎难哉！夫大块蕴藏，宣泄以供世用，是」能以美利利天下也。以美利利天下之事，而或以言利少之，历代虽」有开山置冶之政，人之视之末艺焉尔。任诸椎鲁之伦日事钻凿，而」于地层积累之类、分矿苗形脉之识别，率知而不能言，言亦不能明」其原理，欲其笔之书，传之其人，邈不可得。至若竖一义可衍为学说，」创一法能定为专科，更茫乎未有闻也。而以视外人之精其术者，探」幽索险穷极精能，父诏子传，锲而不舍。居肆成事，以专门而名家，镂」版风行，转相则效。国富民利，势莫强焉。此无他，在上能重视而提倡」之，故收效如是其大也。今我国既人人知矿为美利所在，业者日多」。若无成编以资前导，冥行擿埴，又奚可者？本部鉴此，特设专所调查」地质，既事图书之庋藏，兼为物产之陈列。有志斯道，皆可取资。增古」所未传，成今之伟业，不必借材异地，亦可开径自行。是则建设斯馆」之微旨也。予既多诸君赞襄部务，克勤厥职，又嘉京外巨商，热心斯」举，相与有成，故乐为记之。输款诸君及在事各员，例得备书，俾后有」所考览焉。中华民国十年十月上浣。农商总长王乃斌记。」

捐款清单：

黎大总统　　　壹千元

杨树诚君　　　壹千元

刘厚生君　　　壹千五百元

袁涤庵君　　　壹千贰百元

地质调查所图书馆刻石拓片

开滦矿务总局　　壹万壹千元

中兴公司　　叁千元

六河沟公司　　壹千元

柳江公司　　五百元

京奉铁路局　　柒百元

津浦铁路局　　柒百元

益华公司　　五百元

门头沟公司　　五百元

福中公司　　叁千元

马楣君　　壹百元

袁述之君　　五百元

俞继述君　　五百元

鲍星槎君　　五百元

井陉矿务局　　叁千元

汉冶萍公司　　叁千元

贾汪公司　　壹千元

京绥铁路局　　柒百元

京汉铁路局　　柒百元

普益公司　　壹千元

龙烟公司　　壹千元

怡立公司　　壹千元

保晋公司　　壹百元

发起人：矿政司司长邢端、矿政司司长林大闾、技正丁文江、技正章鸿钊、佥事翁文灏。

监修人：技正丁文江、技师李学清。

会计员：佥事吴钟麟、主事吴启贤。

熊希龄诗刻

民国十一年（1922）五月

熊希龄撰文并书丹

刻字面积高 80 厘米，宽 120 厘米；字径高约 9 厘米，宽 8 厘米。诗文行书。

摩崖在海淀区香山森玉笏。

按：熊希龄（1870—1942），字秉三。湖南凤凰人。清光绪进士。1905 年充出洋考察宪政五大臣。1912 年民国成立后，曾任财政总长、国务总理兼财政总长、内阁行政院长等职。1920 年后，致力于联省自治运动。1928 年后，历任国民党政府赈务委员会委员、中华教育改进社董事长、世界红十字会中华总会会长。他于 1920 年在香山创办"香山慈幼院"，1942 年病逝于香港。

录文：

远看塔影漾湖波，｜又听群儿唱晚歌。｜为念众生无量苦，｜万山深处一维摩。｜丹炉石洞话前因，｜汉武秦皇迹已陈。｜欲学长生终是幻，｜倚栏却忆散花人。｜余病久未愈，乃率｜童子军游森玉笏，｜即支帐住宿于此，｜口占记之。壬戌五月。｜

凤皇熊希龄。｜

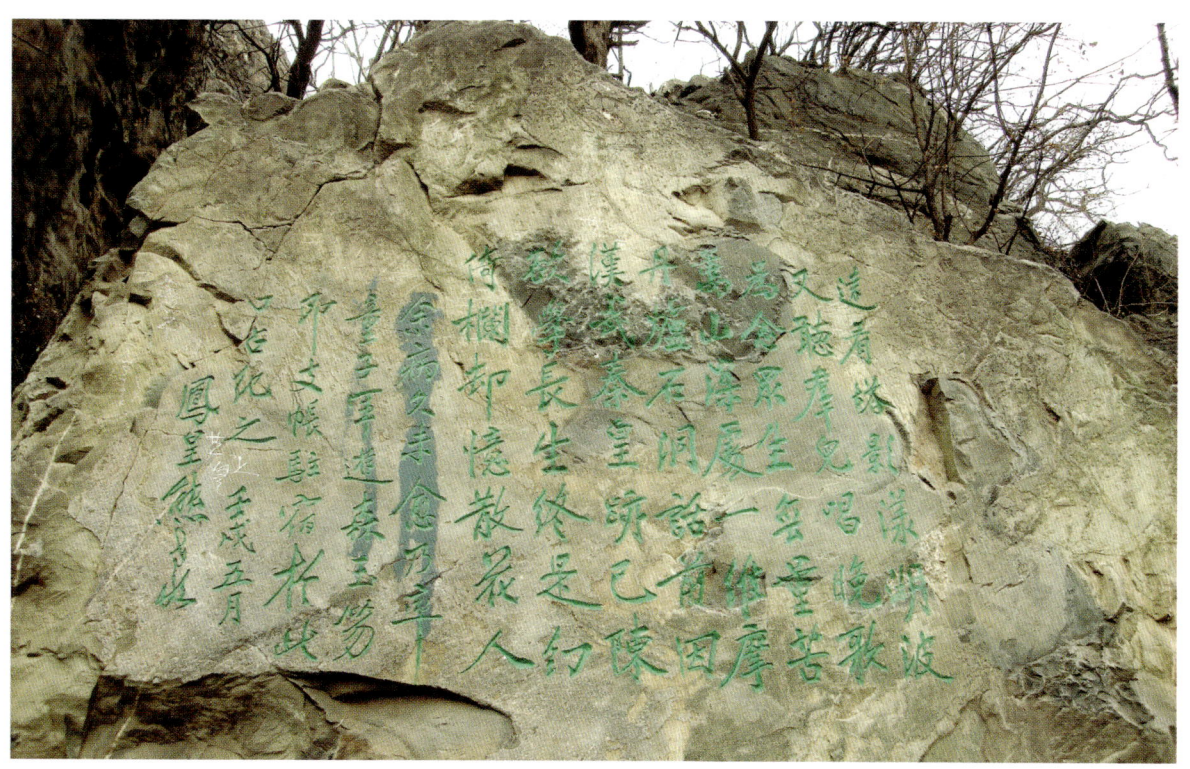

熊希龄诗刻

中国地学会新置会所碑

民国十二年（1923）春

首题：中国地学会新置会所记

慰西居士泗阳张相文撰

榆庄□农铜山张伯英书

碑高 115 厘米，宽 65 厘米，厚 13 厘米。碑文正书。

碑原址在西城区后海北河沿 11 号，1994 年 6 月自北京师范大学张至善先生处征集入馆，现藏北京石刻艺术博物馆。

按：碑文漫漶较甚，前 9 行文字依据《南园丛稿》卷七"中国地学会新置会所记"补录。

中国地学会成立于 1909 年 9 月 28 日，1922 年正式迁入北京，设会址于后海北河沿 11 号，该碑即立于此处。据北京大学地理学院崔教授 2009 年 8 月 22 日来馆索取资料时讲，该碑之前先由后海北河沿运至北京大学，后经由张至善与我馆联系入藏我馆。

录文：

中国地学会新置会所记」

维中华民国十有二年春，地学会始置会所于什刹海后海北沿，为屋二十间，寝室、庖湢、书斋、客室，因便区分既，又斥去卑陋不适用者，改」造前后房三间，中分二院。后院为会所插架图书，琅嬛满室；前院为白祠，缭以周垣，地稍宏敞。祠之东为土山，山上作小亭，而于后起屋三楹，槐」柳萧疏，间植花木。当春秋佳日，凭栏远眺，则三海亭台、西山烟树，莫不尽态极妍，滉漾于波光云影之中，岂非读书尚友之快境哉？且夫地学」会之创始于天津也，迄今十五稔矣。其时当宣统元年己酉，江安傅沅叔增湘提学直隶，宝山袁观澜希涛佐之。余适主持北洋高等女校，逾」年，同邑陶卓如懋、南通白雅雨毓昆亦先后至津，执教鞭于女校，余与雅雨又兼各校地理讲席，为斯学师资之难也，于是有结社讲演之」议。宣言既出，应者纷来，遂定期于八月十五日开大会，举职员。莅会者自傅君、袁君外，有傅观察彤臣、蔡太守儁、张校长伯苓，其他各校教」员、学生凡百余人。傅、蔡诸公且倡捐经费，而地学会遂以成立。然职员中委身以任其事者，惟余与雅雨，至于文字撰述，一惟卓如是赖。三人」者日夕聚谋，目营手揣，一若有重责之在身而莫能或释者。翌年正月，地学杂志因以出版矣。顾发行期年，赔累甚巨。余偕雅雨走京师，丐助」于当道，得军谘府五百金。既而，直督陈小石夔龙复捐助五百金。雅雨则抚髀大喜，谓吾会前途发皇有望矣。无何，革命军兴，四方骚动，校友」星散，杂志亦停刊。雅雨先已参与滦州军事，余与卓如迂道秦皇岛，航海至沪。顷之，南京政府开幕，雅雨自滦州电请济师。余急讽黄元帅克」强兴，合烟台海军赴援。而滦事已坏，雅雨殉难古冶矣。痛哉！纪元初春，为开追悼会于沪上，且议所以维持会事者，乃合词请于教育部。蔡总」长鹤

中国地学会新置会所碑拓片

顾元培批准立案，月补助二百金。洎南北统一，政府北移，吾会亦定居于国子监南学。蔡君仍长教育，得援案补助。是时共和新造，人心浮动，几不知学问为何事。吾会栖止虽定，然雅雨死，卓如谋食他方，余独以代议士撑持其间。仅一年余，而袁氏谋逆，畏忌党会，当局承意旨，而甚焉追还会所，并停止补助金。农商总长张啬公謇闻而惜之，商诸教部，分任补助，遂得赓续不废，然会屋卒不可得。自此，遂迁赁民房，不常厥居矣。编辑诸君，卓如后为白眉初月炘、章厥生嵌、刘敬篪仲仁、黄介之、萧作宾鸣籁，最近则吴次藩其辕任编纂，姚存吾士鳌以撰述助之。十数年间，人地屡易，中遭洪宪之变、复辟之乱。余既以护法，奔走频年，未遑兼顾。然一编风行，终以不坠，其所赖以随事匡扶者，殆难缕指。而若英敛之华、史赓言廷□、王峄山桐龄、黄稷丞笃谧、顾石城琅、苏少衡莘、夏颂来清贻、陈伯弢汉章、王滁斋源翰、姚孟曛明辉、李翼唐宏增、罗膺中庸诸君，皆后先疏附，时时策厉其进行者也。夫岂一手一足之烈哉。当戊午己未之际，中交银行停兑，纸币低落，受损颇巨。幸其时掌教育者为傅、袁两君，乃特拨三百金以济之。庚申秋，复得国务院月助二百金，因而稍稍振厉。至辛酉冬则国事阽阻益甚，部院款同时告匮，乞援诸方，迄无一人应者。余亦意志颓丧，乃亟谋所以偿夙负清手续者，私拟宣告消灭即在旦暮间矣。先是地学会杂志之初发刊也，体例谨严，文章务求典雅，其销行虽远，而收入之数乃不逮千百之一二。故终日皇皇，惟仰给补助以自活。至是，姚君乃建言参用语文，旁加符号，以迎合新潮流，庶几销售日多，财政或可以自立，并矢愿纯尽义务以专责成。余立从其说，举全权悉以委之。姚君既锐志经营，越数月销数果稍增进，然出入相悬犹甚也。未几，姚君又以游学欧洲去矣。幸而是年夏，法统重光，旧学同侪云集都下，相与鼓吹募集，益以雅雨所遗存吾所省积资约三千金。自是，地学会乃得有固定之基。而今年初夏，遂与诸同人捆载而入矣。夫以研究学术之机关苟得祗桓精舍以与海内同志朝夕讲贯于期间，斯固名山大业不朽盛事也。而余则已老而厌事，惟日冥心于梵书禅悦中矣。回视山河大地且无异空华，斯会存废亦何所容心。然既筚路蓝缕，积胼胝之力以成之，则门庭施设凡赖付托得人，所望后之主斯席者勿据为私产，勿视为传舍，允做十方丛林之制，择贤而授，使灯灯相续于无极焉，庶乎发挥光大渐进而与列邦诸学会较短挈长，迭主齐盟于坛坫间也。是则中国学者人人所当引为己责者欤！慰西居士泗阳张相文撰。榆庄□农铜山张伯英书。

五更月偈碑

民国十二年（1923）七月书

首题：五更月偈

马福祥书丹

碑方首座佚，碑首身断后粘接，碑身下部残缺。碑首身残高213厘米，宽83厘米，厚25厘米。额为阿拉伯文五行，横题双钩；碑正文隶书，文后题记行书。

碑在西城区三里河清真寺。

按：《五更月偈》刻于1923年同年九月"王岱舆墓碑"之阴。

录文：

五更月偈」

一更初，月正生，参悟真宰无影形。不产物，物不生，不落方所不落空。永活固有无终始，独一无偶为至尊。全体存，大用运，动静」一显开妙门。一更中，月正新，方会无极性理种。元气剖，阴阳分，万物成备人极生。无极是种太极树，树藏果内果即种。甚分」明，须认真，莫把种作种根人。一更末，月正高，吾教定认异诸教。修后世，望恕饶，遵行天命与圣条。顺享天堂无限福，逆罚地」狱受刑牢。劝同志，细推敲，莫教死后哭号啕。二更初，月正皎，人生斯世命不牢。恋荣华，终日劳，深入苦海受煎熬。百年三万」六千日，人生七十古来少。早回头，莫逍遥，急忙下手无常到。二更中，月正圆，呼吸二气莫放闲。少饮食，聊盹眠，常把真言记」心间。青龙宝剑休离手，斩断恩爱与万缘。自此间，放步前，诞登道岸见机关。二更末，月正辉，人心惟危道心微。猿马劣，龙虎」威，关口层叠山尤巍。虽有青锋难敌斗，怎能慷慨出重围？访明师，求护卫，透过玄关得真机。三更初，月正清，大道不离本身」寻。乾坤大，物无穷，尽在微躯方寸中。道包天地人包道，贯彻万物不遗尘。知的精，好用功，认已明时认主明。三更中，月正朗，」一颗明珠海底藏。忙奔岸，驾孤航，翻入龙窝层层浪。受尽千般无限苦，捞得珍宝无价偿。谨护持，莫放荡，富贵好还原家乡。」三更末，月正端，一心要玩御花园。登九霄，叩玉环，仙童把盏劝御筵。采得几般灵药料，制成济世妙金丹。遇病汉，赠一丸，医得」疲癃登寿岸。四更初，月正偏，嫦娥梳妆玉楼前。体似酥，面粉团，袅娜蹁跹赛天仙。注定精神倾魂魄，谪下尘凡配姻缘。阴阳」交，男女欢，相亲相爱无限年。四更中，月正西，浊体怎能扫真一。炉里煅，火中爁，炼尽铅华存精汁。修成万宝贮晶瓯，不染尘」垢不染泥。主人唤，莫敢违，全体归真上清虚。四更末，月正盈，克己复礼为正统。践三乘，过五行，成全四藏是真人。昆仑宝镜」原属我，理气首质我为宗，撑慈航，济迷人，便输真诚恻隐心。五更初，月正缺，胸藏一壶真日月。天已卷，地已裂，慧眼睁时无」蔽着。已障已消真容显，色妙二世俱透彻。虽有口，却无舌，怎与世人说秘诀？五更中，月正残，清心显性道成全。升降合，循环」完，更超名相真谛显。天人合一要浑化，三忘尽时本然湛。玄中妙，妙中玄，难语难言默自然。五更末，月正落，复命归根上大」罗。无色府，无相窝。无声无臭真寂寞。扯破纯一锦幔子，钻碎一真玉圈窠。无晨夕，无如何，依然最初独自乐。」

　　回之为教也，一日五时所，皆拜真主，一夜五更所，以记真言。苟非素习回经，□明回教之宗旨，而欲得清真奥秘，□□其难之。余□长回教，少年失学，既未识可兰经文字，亦未通亚剌伯语言，于回教宗旨，茫□莫辨」。虽从俗从宜，遵行回教规则，而行之不著，习矣不察，经身由之，不知其道，岂不大可哀耶！□公余之暇，得涉猎吾教王岱舆、刘介廉、伍子先、马文炳、张□齐、马复初诸先正译述经典，炖然若□会于心。然管窥」蠡测，莫穷高深，略见吾教之清真而所以清、所以真者，犹未得其要领焉。惟研究刘介廉先生《五更月歌》，觉有味乎。其言之尧□谓，万物中有一身，一身中有一乾坤。玩兹月歌，作者身中真有一乾坤哉，悠久不息，」阴阳无间，得主有常，天人合一。此介廉先生本躬行心得之理，为□□牖民之计，□拜□□，特匹铸明德□□鉴□以浅显□言，作为唱道之文。言近道远，守约施博，善道也，亦善言也。□□□岱舆先生□」碑于碑阴，敬录是歌，俾阅者藉知吾教真谛，庶于二先生卫教□□□有当乎。」

　　中华民国十二年七月谷旦。一等文虎章一等大绶嘉禾章一等大绶宝光嘉禾章陆军上将勋二位□武将军绥远都统马福祥书谨跋。」

王岱舆墓碑

王岱舆墓碑碑阴所刻《五更月偈》

美国总统哈定雕像座

1923年11月1日

石座为覆斗形，上部较小，下部较大。座四立面镌文字。拓作4纸，2张汉文，2张英文，均高约30厘米，宽60厘米。汉文均正书，英文字母均大写。

石座原址在西城区中山公园，1999年拓自天安门管理处。

录文：

其一

美故总统哈定于民国十」年召集限制军备会议于」美京。此会之成绩，哈氏自」言可称为各国觉悟和为」贵、战无益之第一次切实」表示。推哈氏之志，将使五」洲万国尽偃甲兵，遐迩一」体，人类蒙庥，不亦泰乎？我」中华民国为与会之一国，」且我国民素爱和平，与哈」氏志事若合符节。今闻哈」氏之殁，不胜其怆痛，爰」建斯碑，以资纪念。」

其二

华伦哈定略传」

华伦哈定，美之沃海沃农家子也。先世为」苏格兰人，父名乔治，业农兼精医术，母为荷」兰故家女儿。弟八人，君居长，幼时虽入学读」书，恒兼操他业。尝为农人、铁道工人、印刷工」人。迨一八八三年，君年十九，毕业于本州中」学，始为一乡间小学教员。是年移居于曼利」安镇。翌年创办一日报于本镇，又兼业律师。」一八九八年当选为本州州议会上院议员。」一九零四年被推为本州副州长。一九一四」年当选为国会参议院议员。一九一六年被」推为全国共和党大会会长，其间三次游欧，」所至于政治社会之得失，殚心论究，□是□」望日隆。一九二零年当选为大总统。翌年□」月就任为美国第二十九任总统。君在总统」任内，内政外交均卓然有所树立，而发起华」盛顿会议以限制军备及解决远东问题为」号名，成绩甚著，尤为世人所称道。一九二三」年七月，君游历坎拿大，归途遘疾，旋经治愈。」八月初，忽患中风，不及诊治，殁于桑港旅邸。」君生于西历一八六五年十一月二日，殁于」一九二三年八月二日，妻名弗洛伦，姓克林」氏，为本镇富商女。」

其三：

ERECTED」IN MEMORY OF」THE LATE PRESIDENT WARREN G.HARDING」OF THE UNITED STATES OF AMERICA」

BY 」THE CHINESE CITIZENS' ASSOCIATION 」

NOVEMBER1.1923. 」

其四：

THE LATE PRESIDENT HARDING OF THE UNITED STATES OF AMERICA」IN

CONVENING THE WASHINGTON CONFERENCE ON DISARMAMENT IN 1921 MADE POSSIBLE AN EPOCH—MAKING EVENT WHICH, TO USE HIS OWN WORDS, WAS "THE FIRST DELIBERATE AND EFFECTIVE EXPRESSION OF GREAT POWERS, IN THE CONSCIOUSNESS OF PEACE, OF WAR'S UTTER FUTILITY ". IT WAS PRESIDENT HARDING'S NOBLE AMBITION TO INDUCE THE NATIONS OF THE WORLD TO LAY DOWN THEIR ARMS SO THAT PEOPLE EVERYWHERE MAY ENJOY THE TRANQUILLITY OF PEACE.OUR COUNTRY HAVING PARTICIPATED IN THE CONFERENCE AND OUR PEOPLE BEING PEACE—LOVING BY NATURE.WE SEE IN PRESIDENT HARDING A LIFE WHOSE ASPIRATIONS AND ACHIEVEMENTS WERE IN PERFECT ACCORD WITH THE SENTIMENT OF THE CHINESE PEOPLE. FEELING THAT HIS LIFE WAS AN INSPIRATION AND HIS DEATH A LOSS TO THE WORLD.THIS LITTLE MONUMENT IS ERECTED ☐ ICATED TO HIS MEMORY.

美国总统哈定雕像座铭文拓片

京师凤阳会馆碑

民国十三年（1924）二月

首题：京师凤阳会馆记

定远方燕年撰文

铜山张伯英书丹

碑身拓高83厘米，宽64厘米。碑文正书。

碑原址在宣武区排子胡同46号原凤阳会馆，现下落不详。中国国家图书馆存拓片。

按：张伯英（1871—1949），字勺圃、少溥，号云龙山民、东涯老人，江苏徐州人。曾任北京政府陆军部秘书、将军府秘书、国务院秘书厅帮办。1924年任北京临时执政府秘书长，1926年辞职。善鉴赏书法、金石、字帖。著有《续徐州诗征》、《黑龙江通志》等。

录文：

京师凤阳会馆记」

京师于全国近东北，距各直省道里多辽远。往时省人士与计偕者留滞燕赵近地，请附」顺天闱、应秋试者，与夫诸以公事来、有所勾当者，恒络绎至。至则僦居散处，而言语、市井、」风尚不熟习，又多苦扞格。故旅居者每协营馆舍，以各绥其乡人，俾无羁客感，而乡之长」老士夫，亦得以岁时聚会，从容揖让谈谯于其堂，隐然存乡饮酒礼意。此会馆之在京师，」所以衡宇相望也。凤阳皖北境，直京师南二千里。自明以来为府治，所属凤阳、怀远、定远、」寿、凤台、宿、灵璧，凡七邑，观光上都者伙矣。嘉庆六年，寿州孙坦斋先生讳克俊官秋曹，始」鸠资度地于正阳门外中西坊，今西河沿排子胡同道南，建屋若干楹，为凤阳会馆。及公」殁，乡人龛而祀之馆，以报其功，礼也。泊道光二十九年、同治三年，重修者两次。故栋宇至」今完整。馆中庶务，例择郡之官京朝久而老成更事者掌之，初以阄定，岁一更以为常，谓」之直年。稽于籍可晓者，自嘉庆十四年迄咸丰元年，皆如是。厥后事势不齐，辄小变其例。」中间寿州孙相国文正公再掌馆，历二十余年，最久，盖乡人倚信，续续推之，不肯释也。同」治、光绪间，文正与定远何地山先生讳廷谦、先族祖芝塘公讳汝绍迭直其事，睹馆用之」有常，惧来者之不易，相与策久远计殖息，先后置市屋数廛而节用其租入（屋产别有记）。当时」之为会馆谋者，如此其周也。岁庚子五月，京师有警，文正所居被兵，馆之簿籍丧焉，仅有」存者，辛亥以还，都人轻转徙，司馆者多不常厥居。或谓旧章弗善也，则刊而去之，方诸昔」日，盖稍稍殊矣。然比年闻他会馆，颇有困于财力，不能支拄保有，而吾馆宴然无改。七邑」之士子，负笈远求学，或因他职事来者，望门投止如曩时。其前哲之祀事，圮漏之葺塞，守」视之饔飧，仍各有所取给，则有恒产之故也，可不谓厚幸欤？岁癸亥，凤阳黄君硕甫董馆」事，严立规制，慎司出纳。其言曰，往者创之，来者弗守，谓之何？吾馆之建，今百二十有四年」矣。阙焉无记，后将安考？咨于众，属下走为辞。走不文，然敬念乡先正与吾宗诸老之遗泽」在是，又昔所托庇焉者，谊曷敢辞？谨述为记。」

定远方燕年撰。」

铜山张伯英书。」

中华民国十有三年岁在甲子二月谷旦。」

柳州会馆建置始末碑

民国十三年（1924）三月

首题：柳州会馆建置始末记

翟富文撰文

王树槐书丹

拓高119厘米，宽73厘米。石刻文字正书。

碑原址在宣武区骡马市大街贾家胡同，现下落不详。中国国家图书馆存拓片。

录文：

柳州会馆建置始末记

翟富文撰文。王树槐书丹。」

柳州会馆始于前清光绪丙戌岁，顺德左君宗蕃贯柳籍，领乙酉科广西乡荐，会试入都。清例，举人初会试，须得同乡京官具保结。」左君以寄籍故，为同乡京官所靳。融县王君秉策、马平秦君继昌相与居间说合，左君除认本省会馆经费若干外，并出资在宣武」门外骡马市南贾家胡同购宇舍，为柳州阖属创立会馆，计前、中、后三座，屋各五椽，价银九百两。是岁，王君捷南宫，□□县外用。秦」君故官部曹，会馆事遂悉委秦君。京官例得僦居本籍会馆，惟贡举之年，本籍应科人来，必先期让避。秦君主柳馆事，遂挈眷居馆」中。己丑、庚寅、壬辰三科，柳籍公车来者寥寥，悉就便寓省馆，而柳馆事无复过问。后秦君病卒，其妻李氏携两孤留居如故。甲午会」试，马平王君赞中、融县江君蕴琛、龙君应祥、罗君朝纶、象州胡君建恭计偕联袂至造馆，见李氏，李氏谓，馆舍朽坏，先夫竭力修葺，」逋负累累，计需银贰百两，无以为偿，馆产且不保。于是缪辂久之，乃议划馆屋出赁，取赁金递偿李氏，至满数为止。试罢，皆出都，柳」馆事悉托省馆值年代理。戊戌会试，余与罗君朝纶、胡君建恭及罗之同县王君绍尧、刘君钟藩、雒容秦君树忠同来，因共访李氏。」李氏谓，岁入赁金不敷偿所逋负，非即得银百二十两不可。众病之，无以应。适江君自乙未入翰假归，至是，以散馆来，乃代筹银，如」数付李氏。李氏始出馆。余与诸君下第归，就说柳属父老，各以本县学额为差，酿金汇偿江君。江君改知县赴滇，柳籍无京官，□以」馆事托省馆值年。科举废后，寓会馆者多宦游留学之士。民国肇造，余与马平覃君超膺选众议员，集会都下。国事方棘，会馆事未」遑问也。无何，罢去。丙辰夏杪，国会二次召集，余挈眷重来，从秦君树忠及马平王君绘和、莫君家骧同寓柳馆。见馆舍墙屋土木皆」百余年前旧物，剥落倾圮，殆不可终日。在京同郡诸君集议重修。时马平陈公炳焜任广西省长，陈君凯任警察厅长。余与诸君联」名函请捐助，旋得覆电允诺，在柳在邕分途募集，陈公先捐桂币千元为倡，汇寄来京。众议鼎新改建，拟头门用正面五间式，其内」两大楼南北对向，重甍飞阁之属，规画颇壮伟。议定，逾春遂经始。先建头门，甫落成而复辟变作,相将南旋。壬戌秋,法统恢复,再聚」都门。三江陈君峻云适补参议员缺,相与议续前役。惟以前议工程为费过巨,乃改议中、后两座俱用正面五间式,与头门相衔接。」中座地基增□尺许,前庭、后庭左右各小屋一间,头门后檐横墙作正方屏门,左右各一小门。公推马平张君玉麟为监工,于癸亥」季春三日经始,夏杪竣工。爰略记本馆成立始末,并此次先后重修工程暨捐资实数,泐石馆壁,俾资考查焉。」

陈炳焜桂币一千元
唐□初桂币二百元
刘□□京币一百五十元
李春晖桂币一百五十元
陈凯桂币一百五十元
覃超京币一百五十元
张应椿桂币一百元
翟富文京币六十元
陈峻云京币六十元
高成忠桂币五十元
王会中京币五十元
王绎和京币三十元
田钟祥桂币三十元
张兆武桂币廿四元
王铎京币二十元
罗兆琛桂币二十元
冯慧熙京币二十元
唐熙年桂币十五元
张玉麟京币十元
黄榜标京币十元
杨弢桂币十元
莫锡瑞桂币十元
谭得贵桂币十元
刘名世桂币十元
李腾□桂币十元
王树槐桂币十元
林景熙桂币十元
蔡世华桂币七元

蔡幸□桂币六元

江文义桂币五元

陆善焜京币三元

韦宝辉京币二元

黄经明京币二元

陈东□京币二元

江炳荣京币二元

张健京币二元

陆云□京币二元

林岳云京币一元

王□和京币五元

廖□钧京币五元

□上所捐皆实。」□□□□结算。」

一支头门工程银七百七十七元，一支中后两座工程银九百元，一支刻碑工料银叁拾元，余数繁细，别有□信录印布。」

中华民国十三年岁次甲子季春谷旦。」

京城内外农圃研究所成立始末碑

民国十三年（1924）岁次甲子五月日

额篆：耕凿遗规

首题：成立京城内外农圃研究所始末记

浙江绍兴俞铸剑云甫撰

北平清附生润珊氏马增绥书

（碑阴）

额题：永垂不朽

碑方首，首阳、阴均浮雕祥云、江崖，座佚。碑首身通高148厘米，宽63厘米，厚18厘米。碑阳额文篆书，碑文正书。碑阴额文双钩正书，碑文正书。

该碑2001年4月6日征集于宣武区菜市口西200米路北，现藏北京石刻艺术博物馆。

按：碑阴前半部刻题名，行字不等。题名后10行文字记购建房屋所用材料、办公用品清单及所费款项。

录文：

额隶：耕凿」遗规」

成立京城内外农圃研究所始末记」

京城内外农圃研究所成立始末碑碑阳

京城内外农圃研究所成立始末碑碑阳（局部）

惟民国十有三年甲子夏五月，京师四郊园行同人乃于宣南广安市场迤东筑屋三⌋楹，组成农圃研究所，注册立案，用以联络团体、研讲园蔬，意至善也。夫以分田画井，古⌋籍尚矣，至蔬食虽为日用必需，而史无专载，园学家各据一说，殊难折衷。辄近以来，海⌋禁开，交通便，菜蔬种类日益繁，颐株守隅见、不事精研耻孰甚焉。同人等因欲保守固⌋有、发展将来、广国用藉便民食，是以组所研讨、极力讲求虫患天灾之预防，培种之完⌋全以及舟车所通输入蔬菜种类，更进而探讨无遗，以期我京郊发展圃学，而蔬食无⌋虞匮乏，利莫大焉。惟兹事体大，非集思广益，收效良难，是农圃研究所之所以成立者⌋也。顾园行之设，旋起旋仆，迄未观成。昔在有清咸丰八年秋，西六村曾重整园行，恭祭⌋五圣。至民国元年夏五月，而东六村又附于西，共成大会，恭祀五圣，藉兹联络。至最近⌋

京城内外农圃研究所成立始末碑碑阳拓片

京城内外农圃研究所成立始末记（碑阴拓片）

十有二年春，复有京师四郊园行合并之举，是盖略具雏形。至本所成立而规模少备，」猗与盛哉！设非同人热心毅力，襄斯盛举，亦复曷克臻此？是外表既壮观瞻，内容尤当」缜密，圃学自当实力探讨，尤应对于种籽储存、虫患防备、积极进步为实际之联络，实」地之研究、菜行之推广，将来此殆其嚆矢也。是所之成立，友人向余丐言，不佞因其立」意雅近耕凿，而又有裨于国计民生、为利斯溥，因不惮觊缕而志其崖略云。」

中华民国十三年岁次甲子五月日立。」

浙江绍兴俞铸剑云甫撰。」

北平清附生润姗氏马增绶书。」

（碑阴）

额隶：永垂」不朽」

（碑阴刻正副、会长、经理人、理事人、干事题名及账务清册，从略。）

王金铭像座

1924年10月

石座为王金铭铜像之座。拓高43厘米,宽26厘米。石刻文字3行,行6字,正书。

石座原址在中山公园,1999年拓自天安门管理处。

按:王金铭(1880—1912),字子箴,辛亥革命将领。1924年10月,冯玉祥在北京中央公园(今中山公园)内为他铸立了铜像。

录文:

辛亥革命滦州」起义之大都督」王金铭烈士像。」

王金铭像座铭文拓片

冯检阅使德政碑

民国十四年（1925）一月

额篆：永垂不朽

首题：冯检阅使德政碑

京兆永定河河务局局长孔祥榕率全河员弁等恭立

碑螭首方座。碑首身高283厘米，宽97厘米，厚38厘米；座高68厘米，宽117厘米，厚60厘米。额文篆书，碑文正书。碑阴无字。

碑现立于丰台区丰台镇北天堂村西大王庙后院，坐东朝西。

按：2000年前后调查时，碑仅存碑身，碑身高190厘米，宽90厘米，厚33厘米。碑当时无首，无座，仆地，存放于村内新时代家具厂，现重立于大王庙后院，并配上了碑首、碑座。

录文：

额篆：永垂｜不朽｜

冯检阅使德政碑｜

夫自古水患，黄河而外，首推永定。盖以上源诸水，皆夹流于晋北万山中，高于本河三千余尺，水湍土松，挟沙泥而下，河淤堤高，人｜居釜底，每一决溃，为患最深。甲子入夏以来，连月苦雨，水气勃戾，上源骤涨，汇而下注，溜益湍急。南上二三两工，抢护无效，先后决｜口四处，堤外数百里尽成泽国，人畜漂荡，田庐淹没，为百十年来罕见之奇灾。黄土坡者，左倚京奉铁道，右临本河北上二工，为溃｜决各口门之对岸也。当南岸决口之后，大溜斜奔，该工正当扫湾顶撞之冲，堤根被水，不转瞬而大堤涮去一百四十余丈。虽经｜内务部派员周技正象贤、方顾问维因，偕本河员弁兵夫竭力抢护，未能脱险。七月八日，水势更大。复蒙｜陆军检阅使冯公玉祥派现任京畿警备总司令鹿师长钟麟、李师长鸣钟，率同部下军队二千余人到堤协助。自营长以上，｜莫不负薪捧土，身先士卒，嗣见水溜过急，随溃随抢，危在旦夕。乃率军士，就残余土坡加筑新堤，昼夜弗懈，历三十余日，新堤始成。｜而水势汹汹，如万马奔腾，冲撞而至。使无新堤之防御，岂惟沿河村落被淹，铁道被毁，即畿辅以南数十万生民，皆葬鱼腹矣。厥绩｜岂不伟哉！祥榕甲子十月奉令管理永定河务，巡视各工，至黄土坡，见新堤百余丈形如弯月，迎流若屏幛焉。河干父老告余曰，此｜冯公堤也。今夏大水，倘无此堤防护，则吾民早与波臣俱去矣。吾数百村生命财产，今日得以父其父，子其子者，皆冯公之赐也。｜且也时当盛暑，堤外有荷田数亩，花叶亭亭。以两团兵士之众，从事工作者一月有余，虽汗流浃背，未尝妄采一藕以止渴。其纪律｜之严，诚为近世所罕睹。祥榕闻言，乃知德政感民之深且远也。冯公不但精于治兵，且善于治水，古之良将、良吏，冯公兼而有｜焉。当今举世滔滔，安得尽如冯公之连年派队协助者？则又不禁临流悚惶，为无数苍生前途既危且惧也。惟是南岸决口未堵,」涿、良、文、霸各县人民,尚日处于洪溜飘荡中。而环顾两岸堤工,焦头烂额,如黄土坡之险要,亟待修治者,尚不一而足。今幸」薛公笃弼来尹京兆,凡百为政,勤求治理。对于河工,尤亟亟垂询,思所以整治之策。是又继冯公而救我胞与者矣。祥榕钦敬之」余,爰铭贞珉,聊代口碑云尔。

京兆永定河河务局局长孔祥榕率全河员弁等恭立。」

中华民国十四年岁在乙丑一月谷旦。」

冯检阅使德政碑

镇威军张总司令以工代赈创修永定河汽车路德政碑

民国十四年(1925)一月

额篆:永垂不朽

首题:镇威军张总司令以工代赈创修永定河汽车路德政碑

京兆永定河河务局局长孔祥榕率全河员弁等恭立

螭首方座。碑首身高285厘米,宽97厘米,厚38厘米;座高73厘米,宽119厘米,厚60厘米。碑文正书。碑阴无字。

碑现立于丰台区大王庙后院,坐东朝西。

录文:

额篆:永垂」不朽」

镇威军张总司令以工代赈创修永定河汽车路德政碑」

昔汲黯发粟,德被淮南;李冰治水,名垂西蜀,是皆兼而为政,功在民生。若夫为国干城之重,寄作末」世劫海之慈航,能使千夫额手,万姓胪欢,如」镇威军张总司令者,是尤难能矣。查永定河向以经费不足,旧堤失修,而沿河村民因罹凶年,田庐漂」没,嗷嗷待哺者不可胜数。甲子十月,祥榕奉命任京兆永定河河务局局长,于履勘河务之余,曾著修」治本河方略,内有以工代赈办法,顾以空言无补,实惠难施。幸承」张总司令派阎君泽溥为京津赈务总办,采及刍荛,实行以工代赈办法,拨给赈粮四百五十石,创」修永定河北岸汽车路。祥榕督饬本河员弁悉集沿河灾黎,分给赈粮以日计工。上自京西跑马厂起,」下经杨村以达天津,分段兴工,凡二十有几日,而全路工程告竣。以岁久失修之河堤,今成汽车通行」之大道,不但可以补助京津交通之不足,且于本河抢险输料、查察工程,尤有莫大之便利,而沿河灾」黎得此赈粮,复免冻馁,一举三善,谓非」张总司令之功德也哉?!祥榕仰企风猷,谨识始末,爰勒贞珉,用垂不朽云!」

京兆永定河河务局局长孔祥榕率全河员弁等恭立。」

中华民国十四年岁在乙丑一月谷旦。」

镇威军张总司令以工代赈创修永定河汽车路德政碑

中央公园碑

民国十四年（1925）十月十日

首题：中央公园记

紫江朱启钤撰文并书丹

拓作两纸，均高 50 厘米，宽 103 厘米。

碑原在中山公园，现下落不详。中国国家图书馆存拓片。

录文：

中央公园记」

民国肇兴，与天下更始。中央政府既于西苑」辟新华门，为敷政布令之地，两阙三殿，观光」阗溢。而皇城宅中，宫墙障塞，乃开通南北长」街、南北池子，为两长衢。禁御既除，熙攘弥便，」遂不得不亟营公园，为都人士女游息之所。」社稷坛位于端门右侧，地望清华，景物巨丽，乃于民国三年十月十日开放为公园，以经」营之事委诸董事会，园规取则于清严，偕乐」不谬于风雅。因地当九衢之中，名曰中央公」园。设园门于天安门之右，绮交脉注，缦毂四」达。架长桥于西北隅，俯瞰太液，直趋西华门，」俾游三殿及古物陈列所者跬步可达。西拓」缭垣，收织女桥御河于园内，南流东注，迤逦」以出皇城。撤西南复垣，引渠为池，累土为山，」花坞水榭，映带左右，有水木明瑟之胜。更划」端门外西庑朝房八楹，略事修葺，增建厅事，」榜曰"公园董事会"，为董事治事之所。设行健」会于外坛东门内驰道之南，为公共讲习体」育之地。移建礼部习礼亭与内坛南门相值，」其东建来今雨轩及投壶亭，西建绘影楼、春」明馆、上林春一带廊舍，复建东西长廊以蔽」暑雨，迁圆明园所遗兰亭刻石及青云片、青」莲朵、搴芝、绘月诸湖石分置于林间水次，以」供玩赏。其比岁，市民所增筑如公理战胜坊、」药言亭、喷水池之属，更不遑枚举矣。北京自」明初改建皇城，置社稷坛于阙右，与太庙对」。

（第二石）

坛制正方，石阶三成，陛各四级，上成用五色」土，随方筑之，中埋社主，遗垣甃以琉璃，各如」其方之色。四面开棂星门，门外，北为祭殿，又」北为拜殿，西南建神库、神厨。坛门四座，西门」外为牲亭，有清因之。此寔我国数千年来特」重土地人民之表征。今于坛址，务为保存，俾」考古者有所征信焉。环坛古柏，井然森列，大」都明初筑坛时所树，今围丈八尺者四株，丈」五六尺者三株，斯为最巨。丈四尺至盈丈者」百二十一株，不盈丈者六百三株，次之未及」五尺者二百四十余株，又已枯者百余株。围」径既殊，年纪可度，最巨七柏，皆在坛南，相传」为金元古刹所遗。此外合抱槐榆、杂生年浅」者尚不在列。夫禁中嘉树，盘礴郁积，几经鼎」革，无所毁伤，历数百年。吾人竟获栖息其下，」而一旦复睹明社之旧，故国兴亡，益感怀于」乔木。继白今封殖之任，不在部寺而在群众，」枯菀之间，寔自治精神强弱所系。惟愿邦人」君子爱护扶持，勿俾后人有生意婆娑之叹，斯尤启钤所不能已于言者。启钤于民国三、四年间长内部，从政余暇，与僚叕经始斯园。园中庶事，决于董事会公议，凡百兴作及经常财用，由董事蠲集，不足，则取给于游资及租息，官署所补助者盖鲜。岁月骎骎，已逾十稔，董事会诸君砻石以待，谨述缘起及斯坛故寔，以谂将来。后之览者，庶有可考镜也。

中华民国十四年十月十日。紫江朱启钤。

修京兆公园碑

民国十四年（1925）十月

额篆：京兆公园记

首题：修京兆公园记

解梁薛笃弼撰文

常德陈际翔篆额

常德陈方楠书石

琉璃厂李月庭刻

首身拓高200厘米，宽68厘米。额文篆书，碑文隶书。

碑原在东城区地坛公园内，现下落不详。中国国家图书馆存拓片。

录文：

额篆：京兆」公园」记」

修京兆公园记」

京兆公园既成，主修王树槐来请曰："公园修于官者自我公始，请为记以垂久」远。"余曰："古无公园而亭台池沼之美，惟贵富者独有之，不必与人同也。今之所」谓公园者，徒供人士游观之乐，非所以化民而易俗也，余无取焉。京兆公园在」都城安定门外数十武，昔为方泽祀地之坛。台池楼观，繁华而壮丽。清社既屋，」祀事久湮，十数年来，鞠为茂草矣。余尹京兆之四月，本废物利用之旨，呈准内」务部，辟为公园。于是斩长茅，辇污土，葺垣补屋，砌砥锄畦，治世界园于门左，筑」公共体育场于门右，建共和亭于园东，设通俗图书馆于园之东南隅。园之东」北为桑区，园北故更衣殿，则改为农林事务所。即坛旧址，立讲演台于其上。凡」兹数者，各因地势之所宜，小而小，大而大，高高而下下，皆寓教育之意于其中，」与世俗之所谓公园者固异其趣，□冀来者之有以□其旨而扩充之也。全十」鸟鸣鱼跃之朝、月白风清之夕、林园台榭之美、四时临观之乐，则视游者之领」略而无禁焉。"爰询王主任之请，书数语归之，俾镌诸石。」

解梁薛笃弼撰文。常德陈际翔篆额。常德陈方楠书石。」

中华民国十四年十月谷旦。」琉璃厂李月庭刻石。」

京兆通俗教育馆碑

民国十四年（1925）十月
解梁薛笃弼撰文
常德陈方楠篆额
杭县许以栗书石
陈云亭刻

碑螭首方座。碑首身高340厘米，宽110厘米，厚46厘米；座高97厘米，宽159厘米，厚80厘米。碑身拓高190厘米，宽80厘米；额拓高26厘米，宽27厘米。额文篆书，碑文正书。

碑在东城区鼓楼前碑亭内。

按：《京兆通俗教育馆记》碑文镌刻于乾隆十二年九月乾隆御制重建钟楼碑碑之碑阴。碑阳额篆"御制碑文"，首题"重建钟楼碑记"，碑文满汉合璧，梁诗正书丹。

录文：

额篆：京兆」通俗」教育」馆记」

京兆通俗教育馆记」

治国之本在立政，立政之基在正俗，正俗之端在敷教。古者鄹庠遂序国学之法，乡射饮酒之」礼，考艺选言之政，莫不自上导之而始成。《舜典》先曰敬敷五教，而后曰庶绩咸熙。笃弼行能无」似，尹此大邦，日孜孜不敢自暇自逸，凡有补风俗政教者，导之而必期于成而后已。都城之北，旧」有钟鼓楼岿然矗立，垩赭不完，用就荒圮者有日矣。尝过其下，思有以易其名而利其用，遂有」京兆通俗教育馆之立。于是辇粪土，剷草莱，葺墙垣，治屋漏，丹楹桷，设四部于其间。中为讲演」部、游艺部，左为图书部，右为博物部。架有图书，室列型模，壁图懿训，历代帝王之像，山川草木」之类，动植飞潜之伦，山海珍异之物，农工出品之汇，张者，县者，罗者，陈者，举凡不出于教育之」外。馆之上曰明耻楼，陈列国家失败之史，以启国人爱国之心。馆后设公共体育场，以练国人」自强之身。中华民国十四年十月四日，与同人落成之。中外人士来游者，趾相错，肩相摩也。视」者，听者，立者，坐者，言者，起而行者，触目而惊心者，皆使喻教育之意于其中，其国家设教之本」务乎。当此强邻虎视，非提高民众之教育不足以图存。斯馆之设，殆亦古人敷教之旨欤。董筹」备之役者，为科长马鹤天，五阅月而成，凡用币万有八千余圆，掌馆事者为王凤翰，并记之以」谂来者。解梁薛笃弼撰文。常德陈方楠篆额。杭县许以栗书石。」

中华民国十四年十月谷旦。陈云亭刻。」

重建钟楼碑（旧照）

重建钟楼碑碑座

重建钟楼碑（现状）

重建钟楼碑拓片

京师饭庄商会成立始末碑

民国十有五年（1926）岁次丙寅夏正三月谷旦

额篆：永垂不朽（阳）永垂不朽（阴）

首题：京师饭庄商会成立始末记

山左蓬莱卢嘉淦撰文

山左蓬莱赵汝涌书丹

山左招远冷家骥篆额

碑方首方座，碑阴、碑阳边框均刻有卷草纹。碑首身通高221厘米，宽78厘米，厚28厘米；座高69厘米，宽100厘米，厚52厘米。碑阳额文篆书，碑文正书。碑阴额文篆书，碑文正书。

碑原址在宣武区铁树斜街34号，现藏北京石刻艺术博物馆。

按：根据碑文，京师饭庄商会成立于民国二年，在十一年时抽各号年终红利之1%置地产。碑文记述了商会成立始末、发起人、众人捐资等事宜。

京师饭庄商会成立始末碑

京师饭庄商会成立始末碑碑身

录文：

额篆：永垂｜不朽｜

京师饭庄商会成立始末记｜

语有之，经始维难，继守匪易，旨哉斯言乎！京师总商会筦商界之中枢，综属分会以数十计，饭庄行｜乃其一也。创办之初，赖今京师总商会会长简任职任用特给二等大绶宝光嘉禾章山左孙学仕｜晋卿先生首先提倡，并有张哲臣、梁善亭、张蔚亭、王承武、安树塘先生合力赞同，始得于民国二年｜成立商会，奉部批准。然以未有会所之故，数年来假天和玉为集会场所，不便孰甚焉。十有一年时，｜经王承武发起，以在会各号年终鸿利百分之一集腋成裘，赖诸君热心，连年抽捐五千余圆。方议｜采购地址之举，适值孙会长有李铁拐斜街路南自置房产拾肆楹有半，贬价让渡，作为公有。以陆｜仟圆署券，并首先捐助仟圆以为之倡，诸君子竭力捐助，而会址遂成。得有今日之美备者，皆诸君｜急公好义、众志成城有以致之。捐资备载于次。成会迄今，选举凡三次。初任正董张君哲臣，孙晋卿、｜梁善亭二君副之。期满改选，孙正梁副。本届为第二次改选，正董为张君蔚亭，副为王承武、赵锐臣｜二君也。自兹以往，膺斯选者何限？惟念及经始之艰难与继守之匪易,则所以保守会所、发达会务」者,其必知所济乎?爰勒贞珉,以昭来许。」

各号共捐洋陆仟伍佰贰拾玖圆列后。」

山东蓬莱卢嘉淦撰文。」山左蓬莱赵汝涌书丹。」山左招远冷家骥篆额。」

中华民国十有五年岁次丙寅夏正三月谷旦。董事张蔚亭、孙晋卿、王承武、安树塘、赵锐臣、梁善亭、李文林、张哲臣、杨仲宣、于华亭、王心泉、刘缉五、王益亭、吴子芳、郭佐庭公立。

(碑阴)

额篆:永垂」不朽」

(碑身满刻捐资铺号及金额,从略。)

京师饭庄商会成立始末碑碑阳拓片

京师饭庄商会成立始末碑碑阴拓片

牛骨行行规碑

民国十六年（1927）六月二十六日

额题：万古流芳（阳） 万古流芳（阴）

碑阳阴均连额拓，高135厘米，宽45厘米。额文正书，碑文正书。

碑原址在崇文区崇文门西河沿，现下落不详。中国国家图书馆存拓片。

录文：

额题：万古」流芳」

溯自北京牛骨一行，由来久矣。惟自光绪初年，各家始有联络，粗具行规。例定每月入」款，学徒三百文，手艺人六百文，掌柜一吊二百文，积蓄日裕。自光绪十九年起，常演行戏。后又买」东河沿一百零七号房五间、四十五号房五间，又南河岸五号房三间及砖井一座，立有行规，刻在碑上。」兹因房间失修，本行首十七家协商，先后将各房间拆盖齐整出租，并在一百零七号房内留一间作」□公所，并重定规章，另立碑额，以垂不朽。」

一、行中之事，十七家公议，不设会首；」

二、各号添一学徒，须报告行中登帐，并交纳铜元四十枚；」

三、另立新字号及分号者，交行中铜元八十枚；」

四、学徒虽学满出号，无本号掌柜作保，他号不准用；」

五、本行中人有在京亡故者，行中出补助费银洋三元；」

六、每年六月二十四日为年会，平日有事，得开临时会。」

中华民国十六年岁次丁卯六月二十六日。北京牛骨行公立。」

（碑阴）

额题：万古」流芳」

和□□ 兴盛永 瑞兴和 德丰号 金铨号」

瑞□长 富兴永 苏义合 聚义合 聚兴恒」

祥□源 通兴号 同合义 中义号 玉顺永」

永祥顺 复聚兴」

"四行储蓄会"匾

民国十一年至十六年间（1922—1927）

匾汉白玉石质，高90厘米，宽180厘米，厚14厘米。匾文横题，正书。

匾原址在西交民巷东口内，1998年出土于天安门广场工地，1998年11月23日征集入馆，现藏北京石刻艺术博物馆。

按："四行"即昔日盐业银行、金城银行、大陆银行、中南银行的合称，四行储蓄会是这四家银行的联合体，地址在西交民巷东口内，成立于1922年，1927年解体。

"四行储蓄会"匾

录文：

四行储蓄会。」

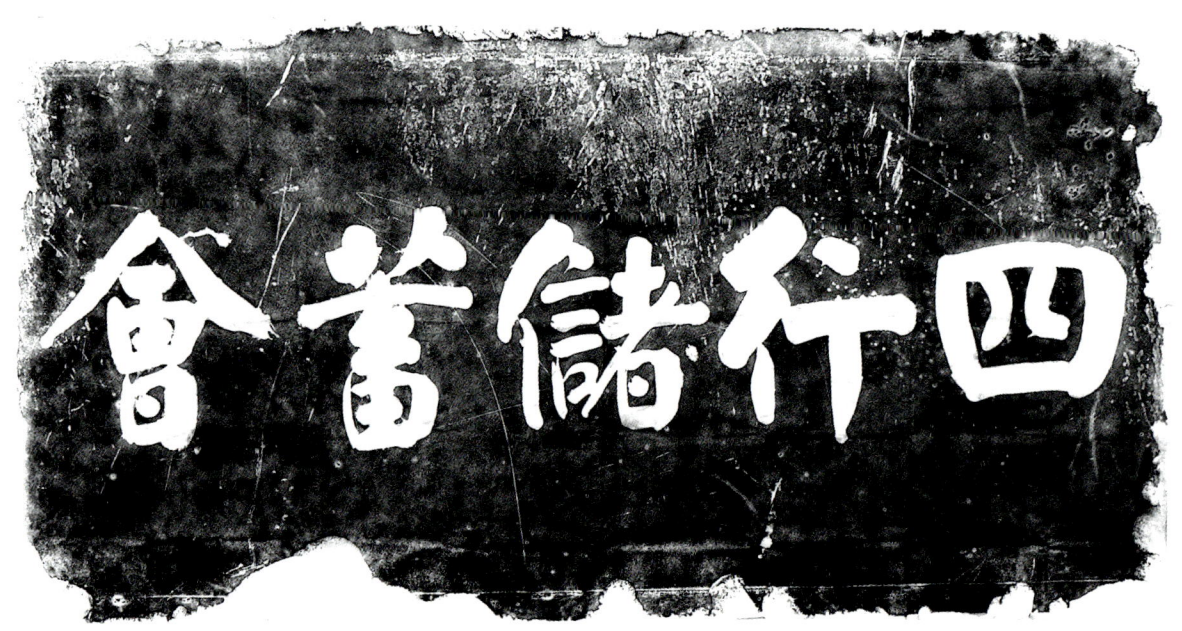

"四行储蓄会"匾拓片

京兆女子蚕桑传习所校舍碑

民国十七年（1928）十一月
前京兆女子蚕桑传习所所长李谦光撰文
前参议院议员庄陔兰书丹
拓高 99 厘米，宽 37 厘米。碑文正书。
碑原在东城区交道口西大街，现下落不详。中国国家图书馆存拓片。

录文：
北方宜蚕，夙为学者所公认。前京兆于民国十二年秋，建筑女子」蚕桑传习所校舍，以植蚕业基础。迨民国十三年春，京兆实业厅成立，遂将校舍挪用，以致本所赁居民房，诸感困难。本年秋，」河北省政府建设厅厅长温公毅然令将本所校舍归还，以复旧」观而宏造就。学生等感激之余，谨泐石以志。」
中华民国十七年仲冬。甲乙丙丁四级学生同立。」
前京兆女子蚕桑传习所所长李谦光撰文。」
前参议院议员庄陔兰书丹。」

孙岳墓志

民国十七年（1928）十二月二十五日葬

首题：陆军上将国民政府委员孙君禹行公葬墓志

沧县张继撰文

高阳崔其枢篆盖

吴兴沈尹默书丹

北平李月亭镌石

石长、宽均 73 厘米。墓志文字正书。

墓志在海淀区温泉胸科医院（现老年医院）孙岳墓前。

按：孙岳墓位于海淀区温泉镇温泉村北京胸科医院（现老年医院）院内，占地面积 5 万余平方米（约 80 亩），坐北朝南。墓前立有张继撰文、沈尹默书写的墓志铭，墓南有纪念碑亭 1 座，亭中立有"孙禹行先生纪念碑"。2003 年孙岳墓被北京市政府公布为北京市重点文物保护单位。孙岳墓旁还有一处孙岳纪念堂，是在其去世 6 年后，冯玉祥等主张修建的，由梁思成设计。

录文：

陆军上将国民政府委员孙君禹行公葬墓志」

沧县张继撰文。高阳崔其枢篆盖。吴兴沈尹默书丹。」

帝运至有清而穷。我先总理孙公倡大义于天下，四方豪俊闻风并起。燕」赵古称多慷慨悲歌之士，侧睨虏廷，人切同仇之气。于是受命会盟，赞襄」挞伐，得文武同志数十辈，久而益恢。遂以历从覆清室，克袁氏暨一切攘」除盗窃诸役。其中文武兼资、勋劳卓著，则莫不推」禹行孙君。君于辛亥革命，率师次江北，为前驱。甲子，褫曹氏于故乡，纠反」正之众，建国民军。乙丑，返车十今河北省，驱寇牧民，用参事员公决，制井」新省府，三举而明三义，海内倾动。今岁国民政府统一，君先卒沪上。河北」肃清，君不及见。政府方欲倚君总北方事，君不及为。此吾党内外所为同」声悼叹者也。君讳岳，明故督师高阳文正公九世孙。文正击胡殉国，忠烈」贯乎后裔，待时复仇，其世志也。少而伤世愤时，倜傥不羁，及袁世凯设校」教军学于保定，君以为及时奋身投籍，学成登进，阴事结纳。辛亥之役，君」从戎吉林，未及有为，为敌觉，斥去，脱身而南。旋以改革中国非从北方入」手不可，乃辗转依曹氏，养晦十年，始得凭借。方其与敌狎处，日蹈危疑，君」夷然不以为意，敌亦重君廉正，未虞君大勇无畏，惟君有之。君之长省」府，统饥军十万，终不违道取财。财至，先以饷友军，终不私己。所用属吏，皆朴直勤恳之士，能信于民。虽为期三月，龃龉备尝，其治绩前未有也。国民」军之绌于南口，君遂舍兵，忧患流离，旧疾日笃。党议轸君劳苦，以枢密处」君，终焉尽瘁。病革之际，

孙岳墓

孙岳墓志

孙岳纪念堂

孙岳纪念碑碑亭

肃容对客，阳阳如平生。君既不事家人生产，身后」荡然。同志等乃迎君柩北平，公葬君于温泉山下，请诸省政府为辟墓园，」得地八十余亩。余时以政治分会事滞留北平，得会葬君，墓石之文，佥以」命余。余与君同籍而又同志，表陇题阡，责又奚辞？爰托文字，毕君大事。所」幸碧霄黄壤，寿不朽之国士；尤赖青珉白砆，留无尽之功名。君生于光绪」四年，其卒以中华民国十七年五月二十七日，年五十一。其葬以十七年」十二月二十五日。君之祖曰良才，妣林氏；父曰迈唐，妣田氏。兄一人，弟二」人。妻梁氏无所出。继妻张氏，生子白琦，生女白琨。又继妻崔氏，亦无所出。」序君事状，例得备书。」

中华民国十七年十二月一日立。」

北平李月亭镌石。」

"三一八"烈士墓表

中华民国十八年（1929）三月十八日

首题：三一八烈士墓表

何其巩撰书

墓碑坐北朝南，为六面体形石质纪念碑，顶部为六角攒尖式碑檐，碑身及碑座为六面体，碑通高5米。碑身正南面竖镌篆文"三一八烈士之墓"一行大字，其右侧竖镌"中华民国十八年四月"，其左竖镌"北平特别市政府立"，字体较小。碑座六面，分镌"三一八烈士墓表"表文，前二面镌刊正文，从第二面末尾直至第六面刊烈士题名，文字均正书。

碑坐北朝南，立于海淀区圆明园遗址西南角九州岛清晏景区内。

录文：

三一八烈士墓表」

中华民国十五年三月，国民」军奋斗于畿郊，因见忌于帝」国主义者，而有大沽口炮舰」入港事。北京民众反对八国」通牒，齐集执政府前号呼请」愿，声气勃勃。乃以金壬弄国，」竟令卫士开枪横射，饮弹毕」命者四十一人，横尸载涂，流」血成渠。其巩目睹心痛，愤憾」至今。及革命军克复旧京，奉」命来长北平市，追念逝者，为」请于中央，准予公葬。葬事」告竣，举其姓名、籍贯、职业之」可考者，得三十九人，其无从」考征亦死斯役者二人。又负」

（第二石）

伤或因伤而致残废者，多不」得而纪。志士埋名，深为遗憾。」会此役者，或为青年女子，或」为徒手工人，或为商贾行旅，」皆无拳无勇，激于主义，而视」死如饴。世以"三一八惨案"称」之，以其为三月十八日事也。」其巩既揭于其阡，并记其事」以告后之览者。」

中华民国十八年三月十八」日。何其巩谨撰书。」

张志成，五十六岁，河北东光人，」传染病医院茶役。」

列炳，五十一岁，广东人，外」交代表团代表。」

陈贵深，三十一岁，广东人，外」交代表团代表。」

（第三石）

李文元，三十岁，河北宛平人，」京绥路工人。」

谭季缄，二十九岁，福建崇安人，」留日学生归国」代表团代表。」

江禹烈，二十八岁，福建崇安人，」工业大学学生。」

杨德群女士，二十六岁，湖南湘」阴人，女师大学生。」

胡锡爵，二十五岁，河南唐河人，」中法大学学生。」

范士融，二十五岁，云南昆明人，师大学生。

王绪，二十五岁，京兆回民，商人。

陈燮，二十四岁，四川长寿人，工业大学学生。

刘葆彝，二十四岁，福建建瓯人，

（第四石）

工业大学学生。

宋昭昷，二十四岁，湖北南漳人，平民大学学生。

彭廷珪，二十四岁，湖南常宁人，中俄大学学生。

赵钟钰，二十四岁，四川达县人，中国大学学生。

富振起，二十四岁，河北大兴人，财政部印刷局工人。

张仲超，二十三岁，陕西三原人，北京大学学生。

刘和珍女士，二十三岁，江西南昌人，女师大学生。

魏士毅女士，二十三岁，河北天津人，燕京大学学生。

林孔唐，二十三岁，四川大竹人，农业大学学生。

韦杰三,二十三岁，广西蒙山人，

（第五石）

清华大学学生。

李行健，二十三岁，湖北汉川人，京兆高级中学学生。

李廉贞，二十三岁，正白汉，京汉路局科员。

张汝春，二十三岁，河北大兴人，影戏人。

沈幼恒，二十三岁，河北清苑人，印刷艺徒。

张学良，二十三岁，河南人，车夫。

李家珍，二十二岁，湖南醴陵人，北京大学学生。

姚宗贤，二十二岁，四川会理人，艺专学生。

唐耀昆，二十一岁，湖南长沙人，汇文学校学生。

李闽学，二十岁，甘肃武威人，

（第六石）

今是学校学生。

黄克仁，十九岁，湖南长沙人，北京大学学生。

张梦庚，十七岁，山东冠县人，大同中学学生。

李二喜，十七岁，河北南宫人，门斋铁路工人。

谢戡，十六岁，江苏武进人，汇文学校学生。

陈时芬，十五岁，广东人，艺文⌋中学学生。⌋
周正铭，十五岁，安徽天长人，⌋第二中学学生。⌋
朱良钧，十三岁，江苏江都人，⌋清明中学学生。⌋
尚刘氏，河北三河人，⌋备工。⌋
王庆竹。⌋

孙岳墓碑

中华民国十八年（1929）五月日

王道元撰文

张海若书丹

碑如意祥云首，须弥座。拓高170厘米，宽101厘米。碑文隶书。

碑现立于海淀区温泉老年病医院孙岳墓后山上。

按：碑阴为民国二十三（1934年）年十一月《孙岳纪念碑》。

录文：

君讳岳，字禹行，籍河北省高阳县人。其远祖文正公孙稚绳以甲科洊至宰辅，有明末造，尝督师蓟榆，辽人震慑。文正以谅直，尝罢去。寇浃，征而复起。以故宗社倚之安危，文章经济，并为海内宗仰，迄于今不衰。明亡，独拒守邑城，累月不下，卒率家族殉国焉。满清入主中夏，孙氏义不仕清者数百年。君生而岐嶷，性慷爽，好与任侠者游，不屑屑章句之学。乡居多异行，辄驰马试剑，饮酒赋诗，尤恶夫妇孺之佞佛者。尝应举茂才，获隽矣，黠者给以落选，竟不看榜文，不俟覆试，掉头以去。其坦直淡泊如此。君固富有革命性，愤国族不竞，考入军校，思委曲以达其志。际清廷以割让为外交，以立宪饵文士，而文士功利之辈亦靡然向之。时中华士族有志革新救国者，显然有君宪、民主之别。君在保定，已加入同盟会，盖黜君宪而右共和也。迨修毕业事，分入陆军第三镇充参谋官，旋被咨遣，入陆军大学。阅三载，考最，仍回镇服务。辛亥秋，武汉起义，君以疑谤削职，南走沪宁。南京已建立军政府，被命为苏淞宁扬镇五路总司令。会张勋据徐州，江北各军乏调协。君往说之，讽以大义，翕然就列，而张逆遂平。君复被任为十九师师长。洎南北和议成，袁世凯为总统，君力主迁都南京，中当道之忌，遂夺君职。当二次革命失败，君走汉城，间道微行，历燕晋入秦，栖迟华岳，结识西北豪俊，咸萃而设共学园。适袁已帝制自为，谋讨伐之，潜出潼关赴沪。永昌即于此时与君邂逅，是为纳交之始。民国六年，从君办保定军官教育团，自此休戚与共，无役不从。十三年，国民军北京首义，君为第三军总司令。其年冬，克复保定，旋任豫陕甘剿匪总司令，移师郑洛，勘定三秦，君复任督办陕西军务。阅数月，有事中原，回师北指，君晋直隶省军务督办兼省长，首设政务会议，行委员制，实以此举为嚆矢。首轻减税捐，以与民休息，渐企达民选省长之隆，辄卒以军事倥偬，措施未竟，与第一军偕同退却，率师西去。自是，历代北，走边塞，以宿疾之躬，转徙朔漠，永昌亦以孤军相随，卒纤道三晋，出娘子关，参预北伐。君被任国民政府委员，扶病入都，翊赞中枢。老成攸赖，且谋护持，新兴之机运而相与发荣滋长也，不意统一甫定，而旧疾转剧，中道殂谢，赍志九原。永昌方师次保定，噩耗飞传，三军抆泪兹者，窀穸奠安，邱山宛在，感怀知遇，用题丰石之碑，略述仪型，式表先生之墓。

其词曰：」

悼彼明德，赫乎高门。经文纬武，轶众绝伦。清通简要，侠骨婆心。久交能敬，送抱推衿。澹泊俭素，崇秩大勋。奕奕」英魄，委草埋尘。哲人萎矣，矜式斯坟。」

前国民军第三军徐永昌偕全体官佐士兵立石。」

王道元撰文。张海若书丹。」

中华民国十八年五月日。」

孙岳墓碑

孙中山先生奉安纪念碑

中华民国十八年（1929）六月一日

碑方尖碑式，通高183厘米，下部边长31厘米，上部边长22厘米。碑文均正书。碑原址在海淀区颐和园东门牌楼西北，现藏北京石刻艺术博物馆。

录文：

碑阳：中国国民党总理孙中山先生奉安纪念碑。」

碑阴：中华民国十八年六月一日立。」

孙中山先生奉安纪念碑碑阳拓片　　孙中山先生奉安纪念碑碑阴拓片　　孙中山先生奉安纪念碑

海宁王静安先生纪念碑

民国十八年（1929）六月三日

义宁陈寅恪撰文

闽县林志钧书丹

鄞县马衡篆额

新会梁思成拟式

武进刘南策监工

北平李桂藻刻石

碑身高 214 厘米，宽 90 厘米。碑阳隶书，碑阴额文篆书，碑文正书。

碑在海淀区清华大学内。

录文：

海宁王静安先生纪念碑」

（碑阴）

额篆：海宁王先」生之碑铭」

海宁王先生自沉后二年，清华研究院同人咸怀思不能自已。其弟子受先生之」陶冶煦育者有年，尤思有以永其念，佥曰，宜铭之贞珉，以昭示于无竟。因以刻石」之辞命寅恪。数辞不获已，谨举先生之志事以普告天下后世。其词曰：」

士之读书治学，盖将以脱心志于俗谛之桎梏，真理因得以发扬。思想而不自由，」毋宁死耳。斯古今仁圣所同殉之精义，夫岂庸鄙之敢望！先生以一死见其独立」自由之意志，非所论于一人之恩怨、一姓之兴亡。呜呼！树兹石于讲舍，系哀思而」不忘。表哲人之奇节，诉真宰之茫茫。来世不可知者也。先生之著述，或有时而不」章。先生之学说，或有时而可商。惟此独立之精神、自由之思想，历千万祀，与天壤」而同久，共三光而永光！」

义宁陈寅恪撰文。闽县林志钧书丹。鄞县马衡篆额。」

新会梁思成拟式。武进刘南策监工。北平李桂藻刻石。」

中华民国十八年六月三日二周年忌日，国立清华大学研究院师生敬立。」

海宁王静安先生纪念碑

梨苓公墓碑

民国十九年（1930）五月

阳额篆：梨苓公墓

阴额题：永垂不朽

时慧宝书丹

碑方首方座。首身高198厘米，宽69厘米，厚18厘米；碑座高52厘米，宽89厘米，厚44厘米。碑阳额文篆书，碑阴额文正书，碑文阳阴均正书。

碑在宣武区湖广会馆。

录文：

额篆：梨苓」公墓」

前清光绪十九年癸巳春季，剧界吴人徐承瀚、皖人程学曾、鄂人」谭金福、吴人时庆，因剧界同乡人在京师落户者，凡多贫富不等，」无茔地者有之。恐岂骸骨飘流，故此商同出资，置买宣武门外南」下洼大猪营地方田地一块，东至道，南至公善堂地，西许姓茔地，」北至大道，共计地十四亩四分五厘零零，已作梨园安苏湖同乡」义园之用。近因变乱，契纸遗失，已经声明，补税新契。蒙」北平特别市财政局发给印契，以凭管业。另有详细图样并豁免」税契金额。右给梨园公益会收执。将重刊碑碣，永固」前辈先生名垂不朽。」

中华民国十九年五月，梨园公益会重建。」

时慧宝敬书。」

（碑阴）

额题：永垂」不朽」

又：于光绪二十五年己亥秋季，又重建安苏湖义园，庙」内添盖东瓦房三间，西平台三间，大门道一间，并补修」佛殿墙垣，共用工料若干。」

癸巳年积款人：谭金福（鑫培）捐银壹佰两。程学曾（绍棠）捐银伍拾两。时庆（小福）捐银伍拾两。徐丞翰捐银壹佰两。

己亥助款人：徐文波捐银贰佰两。余玉琴捐银壹佰两。陈华云捐银壹佰两。

湖广会馆院内

梨苓公墓碑碑阳

梨苓公墓碑碑阴

前清光緒十九年癸巳春季劇界吳人徐永瀚皖人程學曾鄂人譚金福吳人時慶因劇界同鄉人在京師歿戶者幾多貧富不等無塋地者有之恐暴骨飄流故此商酌出資置買宣武門外南下窪大豬營地方田地一塊東至道南至公善堂地西至許姓塋地北至大道共計地十四畝四分五厘零乙巳作為園安蘇湖同鄉義園之用近因變亂契紙遺失已經聲明補稅另有詳細圖樣並豁免北平特別市財政局發給印契以憑管業祝契全額右給梨園公益會收執特重刊碑碣永圓前輩先生名垂不朽

中華民國十九年五月

梨園公益會重建
時慧寶敬書

又於光緒二十五年己亥秋季又重建安蘇湖義園廟内添蓋東義房三間西平台三間大門道一間並補修佛殿牆垣共用工料若干

於辛巳楷書人歌

譚金福　捐銀壹佰兩　記
程學曾　捐銀伍拾兩　助
時慶　福　捐銀壹佰兩
徐文波　捐銀壹佰兩
徐承瀚

徐文波　捐銀貳佰兩
余玉琴　捐銀壹佰兩
陸華雲　捐銀壹佰兩

梨苓公墓碑碑陽拓片　　　　梨苓公墓碑碑陰拓片

重修襄陵会馆碑

民国十九年（1930）秋九月

额题：重修襄陵会馆记

碑身连首拓高108厘米，宽48厘米。额文横题，正书；碑文正书。

碑原址在宣武区韩家胡同五道庙，现下落不详。中国国家图书馆存拓片。

录文：

额题：重修襄陵会馆记」

古语云，开创难，守成亦不易，凡事皆然，大抵在乎人为而已。吾襄陵同乡，居京师者」甚伙。旧有南北两会馆，北馆在延寿寺街北首、佘家胡同东口路北，南馆在虎坊桥」五道庙街中间路东。恭敬梓桑，欢联乡谊，甚盛事也。乡先辈创始经营，良非易易，第」因世远年湮，房屋倾圮。民国十六年秋间，同人集议，重修南馆大殿后院房屋七间。」十九年秋间，又重修大门楼一间、临街西房三间，院内南房两间、北房三间暨前院」神殿、前院铺地，一律重修。庭院整肃，焕然一新。前后两次，共用洋二仟三四百圆，均」有详细登记。惟因存款有限，不敷工用，息借洋四百圆，议定嗣后款项盈余，即行偿」还。工既竣，同人谓宜泐石，俾垂永久。爰为略记如右。所愿我旅京襄人，共尽守成之」责任，勿忘乡先辈创始之艰难，庶几我襄邑之南北两馆，可以永资宇庇，为乡邦人」士欢洽集会之所也。是为记。」

正副董事：吴乐泮、贾丕涣、□月生、刘尚忠。督工人邓宗有、邓学信、苏文耀、席宴宾、段心田、吴福茂、贾文安、范兆熊、乔文□、柴仲□、武宝善、党丕承、张魁元、柴梅五、武丕□、樊占鳌。」

中华民国十九年岁次庚午秋九月吉日立。」

国立北平图书馆碑

民国二十年（1931）六月二十五日

额篆：国立北平图书馆碑记

首题：国立北平图书馆记

蔡元培撰

钱玄同书

碑方首方座。碑首身高 310 厘米，宽 130 厘米，厚 32 厘米；座高 100 厘米，宽 150 厘米，厚 58 厘米。额文篆书，碑文隶书。

碑现立于西城区文津街主楼东花坛内。

按：此碑系就轮习国语骑射碑碑阴磨洗后另刻，以原碑阳作碑阴。

录文：

额隶：国立北｜平图书｜馆碑记｜

国立北平图书馆记｜

蔡元培撰。钱玄同书。｜

国立北平图书馆者，教育部原有之国立北平图书馆、中华教育文化基金董事会自办之北平北｜海图书馆合组而成者也。旧隶教育部之国立北平图书馆，初名京师图书馆，成立于民国纪元前二｜年，馆址僦什刹海广化寺充之。民国二年，设分馆于宣武门外前青厂。未几，本馆

国立北平图书馆碑碑阳

国立北平图书馆碑碑阳局部

轮习国语骑射碑

停办，移贮图书于教育部。四年，部议以方家胡同前国子监南学房舍为馆址，筹备改组，六年一月开馆。十七年七月，更名曰国立北平图书馆。十八年一月，迁馆址于中海居仁堂。馆中藏有文津阁《四库全书》一部、唐人写经八千六百五十一卷，又有普通书十四万八千余册、善本书二万二千余册、明清舆图数百轴及金石墨本数千通，均希世之珍也。顾以馆址无定，灾损堪虞。民国十四年，中华教育文化基金董事会成立，即有与教育部合组国立京师图书馆之议，而牵于政局，未能实现。董事会遂独立购置御马圈地，绘图设计，筹建新馆，同时在北海赁屋，组织北京图书馆，于十五年三月成立。迁都后，更名曰北平北海图书馆。三年以来，规模略具。共购置中文书籍八万余册、西文书籍三万五千余册，分类编目，与各种书籍、杂志索引之纂辑均次第举行，出版事业亦已开始。此两馆未合并以前之略史也。新馆之建筑工程，实始于十八年三月。是年六月，董事会举行第五届年会，教育部重提两馆合组之议。经董事会通过，仍用国立北平图书馆之名，而权以第一馆、第二馆别之。今兹新厦告成，乃合两者之所藏而萃于一馆焉。新馆之建筑，采取欧美最新之材料与结构，书库可容书五十万册，阅览室可容二百余人，而形式则仿吾国宫殿之旧，与北海之环境尤称。自兹以往，集两馆弘富之搜罗，鉴各国悠久之经验，逐渐进行，积久弥光，则所以便利学术研究而贡献于文化前途者，庸有既乎！爰志缘起，用勖将来。

中华民国二十年六月二十五日。

创建徐州会馆刻石

民国二十年（1931）七月吉

首题：创建徐州会馆记

睢宁王玉树记

铜山苏倬书

石为嵌墙横石，高40厘米，宽140厘米。石刻文字正书。

石原址在宣武区米市胡同62号徐州会馆，现藏北京石刻艺术博物馆。

按：徐州会馆创始于光绪十五年（1889），萧县段少沧、宿迁黄伯雨等创修徐州会馆并订定馆章。民国十五年曾有修葺。"徐州旅平同乡会"包括当时属于江苏省的铜山、丰县、沛县、砀山、萧县、邳县、宿迁、睢宁八县暨徐州市人。

录文：

创建徐州会馆记｜

吾徐在旧都本无会馆，故在未建馆以前，凡同｜乡来京应试及朝觐者，多临时僦屋以居，每苦｜不便。清光绪十五年间，萧县段公少沧供职枢｜府，有鉴于此，遂慨然倡义，创修徐州会馆。宿迁｜黄先生伯雨佐段公擘画经营，订定馆章，用期｜垂久。是时徐州兵备道段喆得段公函，欣然赞｜助，八县官绅，亦踊跃拨捐。未期年，集金七千余｜两，因购米市胡同市房册楹，从事建修，馆遂以｜成。是役也，微段公不为功，矧又自捐巨金，以赓｜其事乎？馆成之后，段公复倡义在后厅中间立｜乡贤祠，祀刘子子政，请南通张修撰季直书"传｜经堂"额，自撰联配之，取刘向传经之意也。甲辰｜春，余游学旧都，下榻馆中，时去建馆仅十有五｜年，举凡馆中一切建筑设备及建馆前后经过｜情状，均为余闻见所及。唯前辈先生于辛勤建｜馆，不遗余力，而勒石叙述建馆规画，淡然置之。｜戊午，余与段公同应国会选，遂会商以乡贤万｜年少、阎古古两先生从祀传经堂。顾于创建会｜馆，勒石记事，仍复迟迟。余曩年曾受段公之托，｜董理馆事，因悉藏契，箧中尚存有旧捐册。深虑｜年久湮没，特将建馆渊源及八县拨款姓氏补｜行勒石。按捐款数目下每有余尾若干，此系当｜时汇兑款项，恐成色、分量跌欠，以是捐款者多｜按百分之四附汇耗银故也。特附述之。睢宁王｜玉树记，铜山苏倬书。｜

（其左刻捐资人名及金额，从略。）

中华民国二十年七月吉立。｜

创建徐州会馆刻石拓片

北平米面同业公会成立暨公廨告成始末碑

民国二十年（1931）八月

额篆：永垂不朽

首题：北平米面同业公会成立暨公廨告成始末记

碑身阳拓高137厘米，宽69厘米；阴拓高138厘米，宽68厘米；额阳拓高24厘米，宽19厘米。额文篆书，碑文正书。

碑原址在宣武区煤市街小马神庙（培智胡同27号），现下落不详。中国国家图书馆存拓片。

录文：

额篆：永垂」不朽」

北平米面同业公会成立暨公廨告成始末记」

易曰：乾道变化，各尽性命。又曰，变动不居，周流六虚。盖穷则变，变则通，亦社会中结合团体之缩影矣乎。本会之缘起，实滥」觞于马王会。维时胜清末叶，政体专制，因查验骡票，横被苛吏之纷扰。为共同利害计，势不得不联合同业，起谋反抗。奈集」会结社，格于成例，事既结束，乃藉祀神名义，举会首十四家轮流司事。既乏确定会场，更无固定职务，不过岁时报飨、演剧」酬神，循例开会，作集众合群、联络感情之举已耳。迨民国纪元之二年，铺捐议起。群感于同业团结之必要，兼喻此会之组」织不合法程，遂就前会员为基础，改称为米面商会，设事务所于东珠市口路南，举正副会董各二名以执行会务。是表面」上已具有公会之雏形已。洎民国六年，按照部章，改订会长制，庸附属于京师总商会，票选会长、副会长各一名，会董二十」名，会场亦迁移于西湖营路西。如是者有年。至十八年秋，醵资购得内务府梁文璧之煤市街小马神庙门牌十号房屋一」所，计十六间半，鸠工庀材，筑葺聿新，示朴素而垂久远，公廨宏基，于兹奠定。近以政府南迁，北平称市。照新商会法之委员」制，遵章改组，而各分会亦联带改名为同业公会。序宸等滥竽其间，谬承同业之附托，所冀父相提携，增其式廓而光大之，」以与陆陈米庄各公会分道扬镳，增进夫公共之利益。亦我同人之□志也。上下只廿余年耳，潮流支配转移，几类弈棋，一」变再变，演成今日之世局。后顾茫茫，罔知所届。幸值会场告成，爰撝拾本会经历始末，勒诸贞珉，昭兹来许云。」

中华民国二十年岁在辛未八月谷旦。

（碑阴）

今将本会公廨房屋间数、地基尺寸、购买及添修价款暨经办委员姓氏、会首铺号分晰镌列」于后，庸资信守而垂久远。」

计开：」

房屋间数：原有房屋十六间半，后院拆去两间，新添游廊四小间，又添买东北角小屋一间新（□共现存房十五间半，游廊四小间）。」

地基尺寸：西界线南北直径长九丈一尺六寸，北端面积宽三丈七尺二寸，东界线南北通长共九」丈一尺五寸，计由北端起码量至六丈五尺六寸处面积缩进九寸，至一丈一尺二寸处再缩进三尺七寸，又长」一丈四尺七寸。南端面积宽三丈一尺四寸。」

购买添修价款：房价大洋三千一百五十圆，添修及杂费共洋九百七十九圆零，通共用洋四千一百廿九元零。」

经办委员会主席：徐子翼、刘心甫、赵序宸、李栋臣、马秀甫、范润斋、栾志轩、刘绳五、王子明、张镇五、武汉文、曲华甫、单陆谦、曹子明、武子荣。

会首：永裕店、天和利、德庆程、义成店、天德店、公合店、义聚店、洪义店、福通号、福聚恒、新裕号、祥聚恒、永丰厚、信成永、万聚永、西福泰、庆祥永、元春号、永和信、元兴永、源隆店、德海成、太顺店、长聚兴、龙源兴、广升店、东增号、大顺店、长顺号、魁发德、天丰店。」

北平止园图刻石

（民国）辛未（1931）冬月

首题：北平止园图记

至德周学熙（撰文并书丹）

石为嵌墙横石，高44厘米，宽113厘米。首题后为线刻的止园平面图，图后有辛未冬月题记一则及不同年代〔即甲戌（1934）三月、丙子（1936）三月、丁丑（1937）二月〕诗文3则。图与辛未冬月题记当为同时刻，题记正书。诗文后镌，甲戌（1934）三月、丁丑（1937）二月诗文行楷，丙子（1936）三月诗行书。

石原址在西城区屯绢胡同周学熙宅内，1987年9月18日自北京市文物研究所移交，现藏北京石刻艺术博物馆。

按："止园"为周学熙之宅。周学熙（1865—1947），字止庵，号松云居士，安徽建德（今东至）人，曾任北洋政府财政总长、北京税务处督办。民国二十（1931）年冬，周学熙得此止所，因名"止园"。此刻石有"北平止园图"及周学熙67岁、70岁、72岁、73岁时题并题诗3首。

录文：

余自弱冠始僦居京师，」从事科举，嗣虽游宦南」北而晚年仍息影旧都，」前后约四十余年，未尝」卜筑。今冬偶得城西隅」蔽屋数椽，隙地数弓，因」修葺平治为养疴、读书、」艺蔬、种菊之所。余六十后别字止庵，今幸得止」所，因名为止园。鹪鹩巢」林，不过一枝。此物此志」也。」辛未冬月至德周学熙，时年六十有七。」

四面浓荫绿满城，小园半亩惬幽情。源泉远视思遗泽，温室」繁花悟养生。鱼戏波平春沼暖，鸟啼风定晓窗明。人间自」有桃源境，岂独神仙博美名。甲戌三月，止庵，时年七十。（后钤篆文印"松云居士"）」

且喜鹪鹩占一枝，春花秋月总相宜。性耽泉石闲成痴，」坐拥图书老不知。幸有微疴容游客，若无杰思讳言诗。」浮生岁月皆羁旅，常似扁舟不系时。丙子三月，止庵，年七十二（后钤篆文印"松云居士"覆刻于"十二"上）。」

学尽痴呆歇尽狂，数椽容膝得深藏。盘蔬有味身弥」健，车马无声昼更长。扫净万缘三尺剑，行持半偈一」炉香。老庞非不儿孙念，却笑斤斤八百桑。」丁丑二月，止庵，时年七十有三。〔后钤印三："研耕老人"（隶书）、"止庵"（篆书）、"松云居士"（篆书）。〕」

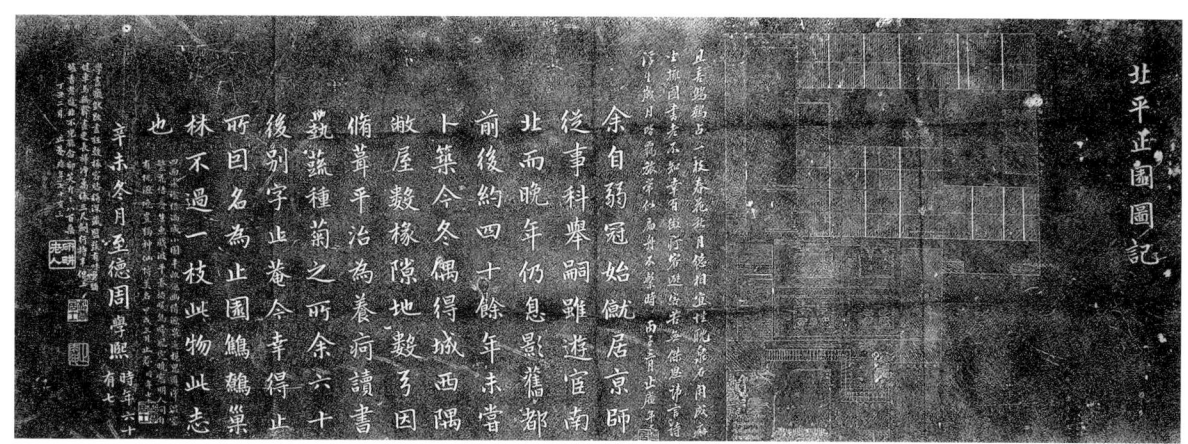

北平止园图记（拓片）

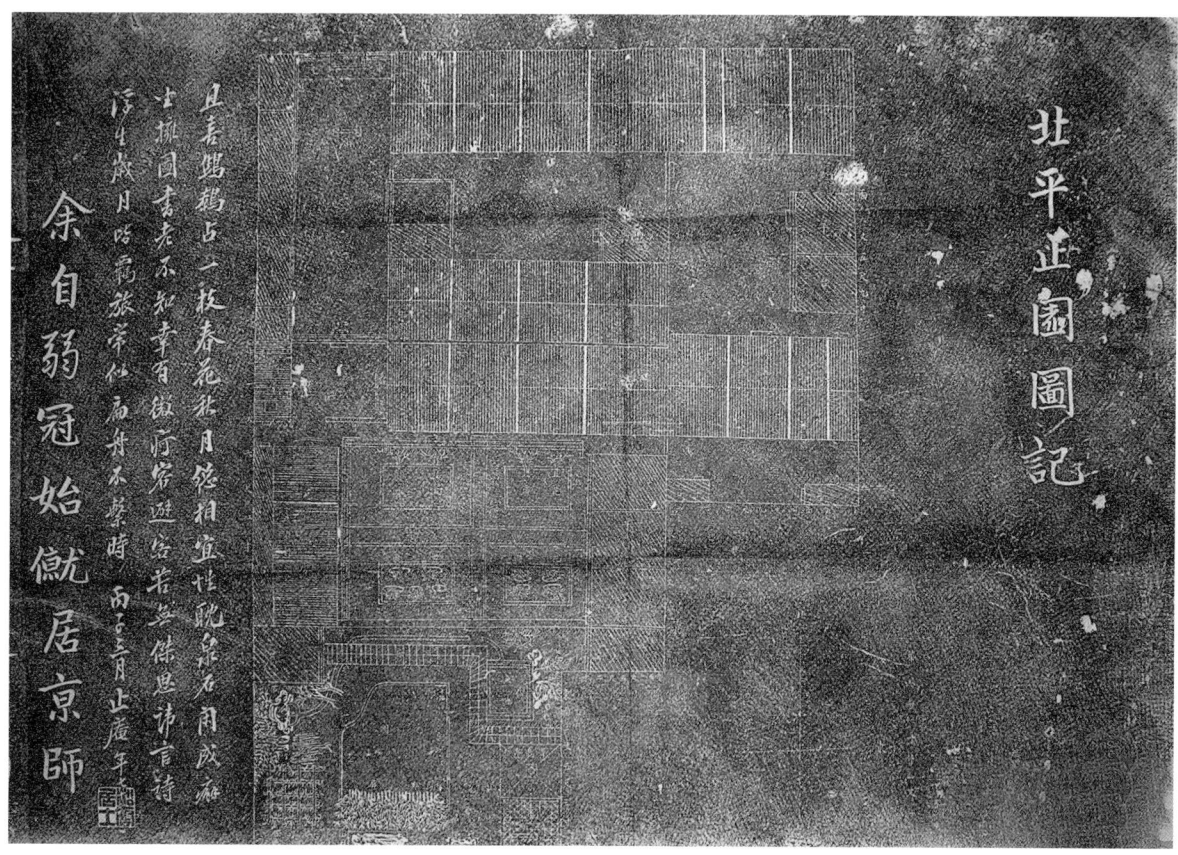

北平止园图刻石（拓片局部）

韦素园墓碑

一九三二年八月一日后刻

鲁迅书

石高 100 厘米,宽 39 厘米。碑阳篆书,碑阴行楷。

石在海淀区万安公墓。

录文:

韦君素园之墓。」

(碑阴)

君以一九〇二年六月十八日生,」一九三二年八月一日卒。乌呼」!宏才远志,厄于短年。文苑」失英,明者永悼。弟丛芜、友」静农、霁野立表,鲁迅书。」

韦素园墓碑碑阳

韦素园墓碑碑阴

陈瀚"黄金台诗"刻石

民国廿一年（1932）壬申冬

陈瀚撰

湘乡陈尔锡书

拓高126厘米，宽48厘米。诗刻正文5行，题款2行，行字不等，均草书。左下方刻阳文印"壬林"和阴文印"旧大理院庭长"。

石在宣武区法源寺。

按：陈瀚，字裕楣，号子峻，一号德轩，湘乡人，贡生，有《剑闲斋遗集》。

录文：

燕昭称好士，起筑黄金台。千丨金致朽骨，闻者如云来。叶公丨好龙岂真龙，九皋相马无凡丨马。千年乔木自风霜，独立苍丨茫知者寡。丨

录先父子峻公《剑闲斋遗集·黄金台》诗。丨廿一年壬申冬，湘乡陈尔锡。丨

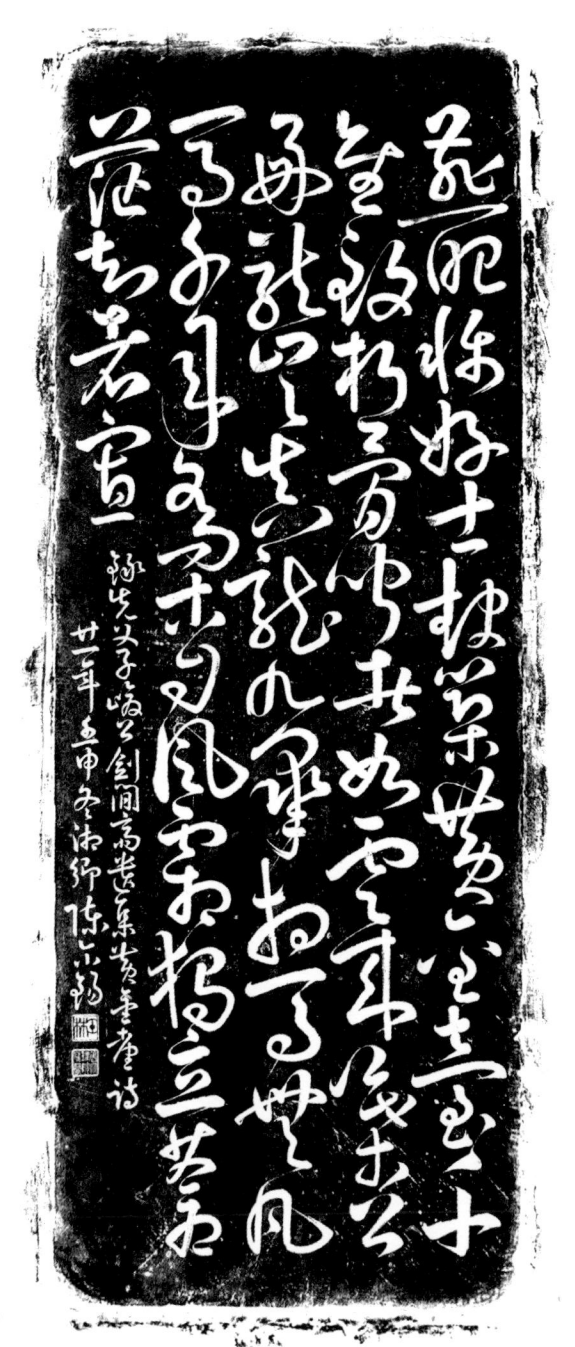

陈瀚"黄金台诗"刻石拓片

帽行公会碑

民国二十二年（1933）三月十日

额篆：万众观瞻

碑阳拓高129厘米，宽64厘米；阴拓高128厘米，宽65厘米；阳额拓高21厘米，宽19厘米。额文篆书，碑文正书。

碑原址在崇文区西打磨厂銮庆胡同39号帽业公会旧址。

按：銮庆胡同39号，民国时为帽行公会所在地，现建筑仍在。1933年帽行公会成立时在院内立碑两通，二碑形制、尺寸相同。此碑原立于东面，现埋入地下。录文录自中国国家图书馆所藏拓本。另一碑即"帽行公会捐资题名碑"在西面，1999年调查时仍立于原处，但已砌入墙中。

录文：

额篆：万众」观瞻」

日中为市而商务兴，百工居肆而事业举。萃群策群力，互为观摩，共同扶助，以期发展，角」逐于商战之场，于是乎而有公会。公会者，系维持同业之总枢纽也。考帽行公会创始前」清乾隆间，假东晓市药王庙为会所，并悬有"冠裳肇式"、"冕服开天"、"冠冕百王"等匾额为证。」庚子事起，受时局影响，团体涣散，而行会遂行瓦解。由是，帽行公会之名，不复闻于市矣。」鼎革后，财政日窘，苛税如林，商民负担，日重一日，大有岌岌不可终日之势。民国十七年，」司平市税权者又拟增加奢侈捐。于是群情鼎沸，互谋团结，向当局呼恳，以冀取消斯议，」而同业凡百八十余家，均为响应，其议遂止。是举也，完全由于我同业一心一德团结之」力而成。用是，同业公意推举郭君子华出而恢复帽行同业公会。由是，行会又复活矣。是」年三月间，为历年大会会期，票选子华君为会长，仍税药王庙房两间为办公室。惟地基」狭隘，不敷应用。当由大会决议，另购会所，以资办公。由各商号捐助和三千元，董事会捐助」一千三百四十元，各会员捐助二千五百二十三元六角，共集六千八百余元，在前门外」銮庆胡同西口内路北地方购买四合房一所，计共瓦房十六间，需价四千五百元，其余」基金，作为常年修理购置等费，不足，再由同业设法筹集。今既幸行会之得以复兴，并祝」同业团体之□□□□□□于此，用以共相策励云尔。」

中华民国二十二年四月四日即夏历三月初十日谷旦立。」

（碑阴）

（碑阴刻捐资商号名录，未完，续刻于西面碑之碑阴，均从略。）

芝麻油业同业工会成立始末暨购置公廨碑

民国二十二年（1933）岁在癸酉夏四月谷旦

额篆：永垂不朽（阳）作范千秋（阴）

首题：芝麻油业同业工会成立始末暨购置公廨记

蓬莱赵汝涌撰文

招远冷家骥书丹

碑方首，碑身上方断裂，座佚。碑首身高195厘米，宽72厘米，厚20厘米。额文均篆书，碑文均正书。

碑原址在崇文区东珠市口大街136号原芝麻油业公会院内，现藏崇文区隆安寺。

按：碑阳记载北京芝麻油业商会因民国十五年改选时发生纠纷，油业商会分出，及新公会购置公廨等事，碑阴刻有房屋地址、面积、购置金额、本会商号名称等。据记载，会馆地址在民国时的门牌为东柳树井102号。

1999年调查时，芝麻油业公会已为民居。碑在院内南房西侧，当时为一居民厨房东墙，碑阳朝东，碑阴遍涂白灰，字迹无法辨认。该碑后移至隆安寺保存。

录文：

额篆：永垂｜不朽｜

芝麻油业同业公会成立始末暨购置公廨记｜

北平市为货殖荟萃之区，芝麻油尤闾阎必需之品。欧风东渐，百廿行非固结团体，不足与言商战也，而公｜会尚已。顾本会设立，实肇自民国四年，凡几经波折，始有今日之景象。初，贾海山等设置专行，垄断渔利，激｜起公愤，轩毓书、马瑞斋、王益亭遂致有法庭之诉。卒至公理胜强权，推倒专行，芝麻油业商会因之成立，代｜征牙税，公推轩毓书为会长，马、王副之。嗣此改选连任，如是者有年。迨民十五，改选李君寿山为会长，孙君｜仁轩、王君范五为副。司雪斋抗不解交，存心破坏，而争执以起。经总商会和平调处，善意息争，着司雪斋另｜组油业商会，每年担任会费二百圆，本会命名为芝麻油业商会，认会费六十圆为交涉条件，在总商会立｜案，分道扬镳，各司其事。二十年，改行委员制，票选李寿山为主席，马瑞斋、郑纫秋为常委。诸君整顿会务，不｜辞劳怨。本会办公地址，向租赁巾帽胡同房屋，今筹措经费，置买得东柳树井西口路南房屋一所，计拾间，｜价洋二仟九百五十圆，又另费约一仟余元，会场于焉确定。本互助主义，振合作精神，皆诸公热心毅力有｜以造成之也。语云，作事谋始，初哉首基。其踵事增华，廓充而光大之，庶属望于继往诸君子。爰勒贞珉，永志｜弗谖云。｜

经办员：马瑞斋、李寿山、郑纫秋、王福兆、轩连亭、张云彩、许乐丰、孙鸣殷、赵象信、孟昭梅、张芸田、徐桂龄、韩广厚、沈道中、孙士荣。

蓬莱赵汝涌撰文。

招远冷家骥书丹。

中华民国二十二年岁在癸酉夏四月谷旦。」

（碑阴）

额篆：作范」千秋」

谨将本会购置公廨原委开列于左，以昭信守而垂久远。」

地址：坐落在东柳树井西口路南，面积经度长六丈一尺二寸，纬度北面宽四丈零六寸，南面宽」三丈九尺七寸，横留交道宽四尺，西南角脱弧地东西一丈二尺四寸，南北一丈零四寸。」

房屋：南房三间代廊子，西头门道半间，北房三间，西头大门道半间，东西房各一间，院后小平台」一间。」

价额：用款大洋贰仟玖佰伍拾圆，税契、修理一切等费用约壹仟余元，由历年本会经费撙节」积余项下动用。」

本会商号：泰麟号、恒昌号、涌利号、大昌号、义丰裕、万聚成、天聚兴、福长永、同合公、广丰久、元丰裕、震泰兴、德丰成、天承合、恒聚永、西恒聚、裕丰成、恒聚号、大有蔚、同利兴、兴盛号、天聚成、西广丰、天承玉、广丰号、隆丰和、同义公、福来号、同聚成、万聚泰、隆聚永、元顺公、元顺成、鹿鸣园、涌利（东栈）。

芝麻油业同业工会成立始末暨购置公廨碑碑阳　　芝麻油业同业工会成立始末暨购置公廨碑碑阴

芝麻油业同业工会成立始末暨购置公廨碑碑阳拓片

芝麻油业同业工会成立始末暨购置公廨碑碑阴拓片

芝麻油业同业工会成立始末暨购置公廨碑

283

重修南枣义园碑

民国二十二年（1933）六月

首题：重修南枣义园碑记

碑无首，座佚。碑身高203厘米，宽70厘米，厚22厘米。碑文正书，碑阴无字。碑原址在宣武区广内大街315号，现藏北京石刻艺术博物馆。

按：南枣义园是河北南宫、枣强二县在京各行行会建立的义园，创建于清乾隆中期。

录文：

重修南枣义园碑记」

北平为明清故都，阛阓栉比，四方人士奔走衣食者咸趋焉。南宫、枣强两县地狭人稠，土地生产不足资人民生活，故两」县在平业工商者人恒数万。清乾隆中，有南宫侯公忠、枣强郑公同者小本营业，刻苦经年，颇积余资。悯两县羁旅之人」一旦捐馆异乡，苦无安魂之所，乃慨捐巨金，购地建房，命名曰南枣义园。后于嘉庆、道光、光绪年间，历经重修，前后购地」二十七段，计共百有余亩，两县寄葬人数不下万余。惜自光绪年修葺之后，瞬又三十余年，旧有房舍，渐次倾圮，且葬者」累累，墓地亦有不足之患。民国二十一年，旅平同乡公议募款改建新舍，并组织保管会，订定章程，共同维持。幸赖两县」同人及四方仁人君子咸乐欤助，募得捐款五千余元。次年春，鸠工庀材，依次拆盖，基址仍旧，规模略宏，阅三月而工竣。」又添购西便门大栅栏地八亩。于是同人共谋刊石纪其事，并将保管会章程另石刊列，俾垂永久，庶前人已成之基业」不致及今废坠，而后有作者，倘更增益而扩大之。则尤今日同人所切望者也。」

南枣义园保管会董事（以下五行为题名，从略）暨全体会员公立。」

中华民国二十二年六月。」

重修南枣义园碑拓片

张绍增墓志

民国二十二年（1933）十二月十三日葬

盖篆：故国务总理树威上将军张公之墓志铭

首题：故国务总理树威上将军张公墓志铭

桐城吴闿生撰文

杭县邵章书丹

合肥李经畲篆盖

志、盖拓均长69厘米，志拓宽72厘米，盖拓宽67厘米。盖文篆书，志文正书。海淀区普觉寺出土，现下落不详。中国国家图书馆存拓片。

按：张绍增墓在海淀区植物园内，墓水泥宝顶已毁，墓冢封土及墓前牌坊尚存。

录文：

盖篆：故国务总｜理树威上｜将军张公｜之墓志铭｜

故国务总理树威上将军张公墓志铭｜

桐城吴闿生撰文。杭县邵章书丹。合肥李经畲篆盖。｜

当辛壬之际，武昌倡义，全国骚然。清廷犹席全盛之势，强兵劲旅皆在北方，根本固未动摇也。｜益以帝制学说深入人心，人民怵于颛制之威，囿于忠君之论，一言改图，辄相顾咋舌。矫国更｜俗，岂不难哉？是时陆军第二十镇统制张公，爱整师旅，近驻滦州，联合诸将领，电陈改革，请立｜行宪政，并拟信约十九条，乞颁示天下，宣誓告庙，与民更始。奏入，举朝震骇，始知形势已变，兵｜力之不足为用。翌日，有诏褒奖，悉依所陈。举数千年君主尊严之政体、臣民奴隶之观念，一朝｜而摧陷之，俾革命大业得以速成，非公英谋奋发，卓识过人，安能至是！其有功民国为何如也！｜公讳绍曾，字敬舆，河北大城人。曾祖德宽、祖玉□、父汝封，世业儒，仁厚著于乡里。公生而早慧，｜倜傥自负，由武备学堂选

张绍增墓牌坊（局部）

赴日本留学，毕业士官学校，归任北洋陆军教练处总办、贵胄学堂 ⌋ 监督，擢二十镇统制。公既以兵谏解职，复使巡阅长江。知不可为，从容谢去。临特大总统孙公 ⌋ 以陆军总长及广东都督相属，公志在调和南北，完成和议，亦辞不就。民国元年，大总统袁公 ⌋ 重公威望，任为绥远城将军。即官后，库伦独立，内蒙受勾煽，岌岌不保。公召开西盟各蒙旗会 ⌋ 议，抚绥慰谕，使内向。外蒙扰边，遣将击走之。又以边患日亟，而行省制不可一蹴，几议建特别 ⌋ 区域，画乌、伊两盟、归绥十二县为一区。政府如所议行。公内安外攘，宽猛兼施，谋富庶以实边， ⌋ 促汉蒙之同化，期年大治。于时国人多主张变更地方行政、公谓，军民固不宜混殽,边治、省治、 ⌋ 市治亦须区分，虽未见诸实行，而后日更定制度，与公所议多合。洪宪事起，公与蔡锷密商，促 ⌋ 其赴滇举兵，当道闻而忌之，百计罗织。会袁公病殂，得解。五年，任陆军训练总监，草定军制，于 ⌋ 国防规画尤详。既而督军团威胁国会，公通电责其乱法。及张勋复辟，首与冯玉祥倡议讨伐， ⌋ 而段祺瑞亦誓师马厂，相为策应，不旬日遂得戡定。九年，湘鄂战起，公奔走调御，号召庐山会 ⌋ 议，以谋解决。十一年，任陆军总长，旋晋国务总理。公思大有所为，力谋统一，主迎孙公入都，共 ⌋ 商大计，为□者所阻。曹、黎竞争大选，公独主放任，以觇民意之依归。以是被挤去位。居恒致慨 ⌋ 于军阀恣横，愤时嫉俗，往往形诸楮墨，见者危之。及国民军北伐，公大喜,语所亲曰："竟吾辛亥 ⌋ 未成之志者，必此后也！"身本北方宿将，部曲遍大河南北，乃有所筹划，又促其至友黄郛南行， ⌋ 主持外交，得以增益国信，收效宏巨。其虑事精详又如此。会褚、张两军迭挫，因疑京津必有主 ⌋ 其策者。侦察日密，而公洒然不以为意。属有设宴款公于某所，方就坐，狙者三人突入环击，公 ⌋ 负创

张绍曾墓牌坊

张绍曾墓华表

张绍曾墓冢

屡起搏，而卒陨命于室隅。惜哉！痛哉！时十七年三月廿一日，年方五十。配句夫人，先卒。继｜配李夫人，妾三：万氏、陈氏、朱氏。子士先、述先、继先。述先卒业英国大学。女义先，适蓬莱吴佩孚｜子道时。公于书无所不读，尤精哲学、算数。间为小诗，多见道之言。晚悟世变，究心佛乘。有所撰｜述，积稿盈尺。与人交，勤恳周挚，无疾言遽色。至尚论国事，则岸然不稍退诎。所友当代贤豪如｜吴禄贞、蓝天蔚、蔡锷、冯玉祥、黄郛辈，皆先后共擘画大计者。凡所施为，动关理乱，可谓闲世之｜伟人也已。二十二年十二月十三日，葬公于北平西郊卧佛寺之东原，友人黄郛等经营厥事。｜是日公葬，礼所宜也。属阎生铭。铭曰：｜

禹甸茫茫，万灵煜晔。圣厎神诹，旁皇周浃。倭迟千载，窳极不还。怒飚四击，砺我河山。爰有张公，｜横戈跃马。碌碌屑庸，观此健者。时迈其邦，悲郁交迸。曰岂有他，我维求定。鞭挞龙蛇，叱呵獝狂。｜薄言震之，莫不战詟。纪纲既正，载辑载安。惠此中国，俾无有残。一傅众咻，孰能容我？崇鼎夏璜，｜蹄于幺麽。来日大难，山摇海战。揖志搏精，抚此多难。前修邈矣，遗烈煌煌。勖哉来裔，式绍毋荒。｜

李大钊墓碑

1933 年刻

碑阳题：中华革命领袖李大钊同志之墓

碑通高 183 厘米，宽 46 厘米，厚 16 厘米。阳额处镌红色五星，五星中央为黑色镰刀斧头。碑阳题"中华革命领袖李大钊同志之墓"。碑阴刻碑文，文字正书。

碑原埋于海淀区万安公墓李大钊灵柩旁，1983 年 3 月 18 日移葬新墓时出土，现藏于万安公墓李大钊纪念馆展厅。

录文：

中华革命领袖李大钊同志之墓

（碑阴）

中华革命领袖李大钊同志之墓碑文

李大钊是马克思列宁主义最忠实最坚决的信徒，曾于一九二一年发起组织中国共产党的运动，并且实际领导北方工农劳苦群众，为他们本身利益和整个阶级利益而斗争！

一九二五年——一九二七年的中国大革命爆发了！使得民族资产阶级国民党竟无耻地投降了帝国主义和封建势力，并且在帝国主义直接指挥之下，于肆月六日大举反共运动，勾结张作霖搜查苏联使馆，拘捕李大钊同志等八十余人，在肆月二十八日被绞死于京师地方法院看守所。同难者二十人。这种伟大的牺牲精神，正奠定了中国反帝与土地革命胜利的基础，给无产阶级战士一个最有力最好的榜样！现在中华苏维埃和红军的巩固与扩大，也正是死难同志们的伟大牺牲的结果！

长城抗战古北口战役阵亡将士公墓碑

民国二十三年（1934）三月

额篆：浩气长存

首题：癸酉年古北口战役阵亡将士公墓

（碑阴）

额题：永垂不朽

何佩珩书丹

吴运龙、谢凤芝镌刻

碑方首抹角，束腰座，通高250厘米，宽54厘米，厚15厘米。碑阳额文双勾篆书，阴额文正书。碑文阳、阴均正书。

碑现立于密云县古北口镇南关外公路西侧山根处长城抗战古北口战役阵亡将士公墓前。

    按：此碑为纪念1933年长城抗战古北口战役阵亡的将士而建。碑阴文字分为两部分，上为墓碑文，下刻立碑从事人员，漫漶。

录文：

额篆：浩气」长存」

中华民国二十三年三月」癸酉年古北口战役阵亡将士公墓」国民政府军事委员会北平分会立」

（碑阴）

额题：永垂」不朽」

呜呼！癸酉之春，古北口战役，阵亡将士甚伙，东南」两关街巷，尸横遍地，山谷无处无之。

古北口长城抗战纪念馆

长城抗战古北口战役阵亡将士公墓

当失陷时期,」街巷之尸运埋民家菜窖,四野山谷,由道人王荣」如不辞辛劳,专事临地掩埋。迨至事定后,除中央」起运白骨五百余具赴蚌埠立墓合葬外,尚遗民」户菜窖肉尸并三四十里浮厝者为数尚巨,嗣经」东南关互助社社长郝子仪等,以阵亡将士乃为」国捐躯,应立公墓,以慰忠魂,志表英烈,启劝在生,」领衔建议,呈奉国民政府军事委员会采纳,咨」行北平分会出员携款来口,建筑此墓,计葬肉体」尸身三百十具,白骨二百十具。聊赘数语,以志颠」末,用感后之官民随时培修保存云。」

　　谨将从事人员勒列于下。」

　　（碑身下部人名漫漶，从略）

长城抗战古北口战役阵亡将士公墓碑

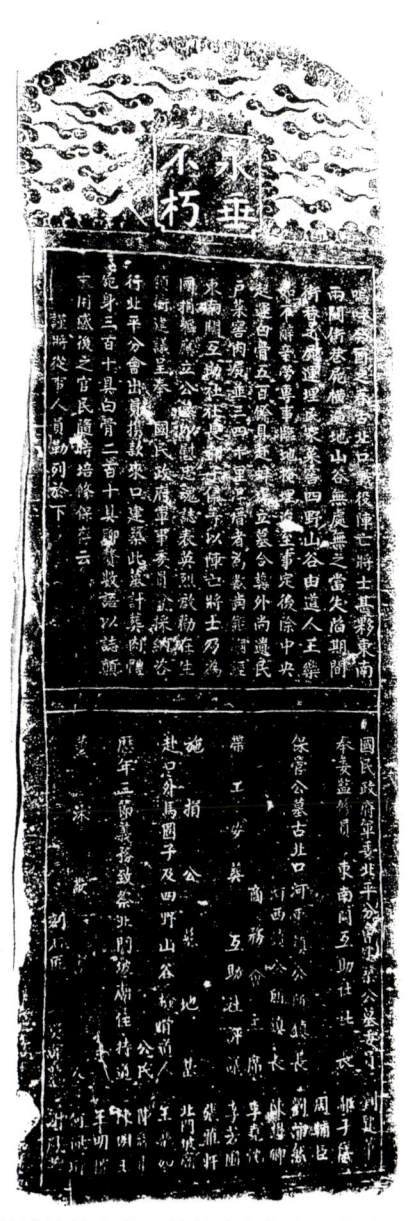

长城抗战古北口战役阵亡将士公墓碑拓片

清真寺财产管理碑

民国二十三年（1934）五月

额题：万古流芳

碑首身一体，方首，方座。首身通高139厘米，宽55厘米，厚16厘米；座高51厘米，宽90厘米，厚36厘米。额文横题正书，碑文正书。碑阴无字，无额题。

碑原址在西城区阜成门外北大街，现藏北京石刻艺术博物馆。

按：碑文前述马振五、马西园等捐给清真寺房屋等事，后记捐乜贴题名及金额。

录文：

额题：万古流芳」

盖维本寺素乏基金供给，经学师生恒感困难。兹承湖南」马振五部长暨本寺董事」马西园先生合购本寺西南角赫□房产一所，计大小房拾贰间，详载契约。价银伍百圆，两家各」出半数，所有税契立碑。修补等费共计贰百余圆，由本郡众董事摊办。嗣后，此产永为本寺所有，」不得变卖及抵当，每月租金收入，以供本寺经学师生津贴，不得移作他用。契纸财政，由现任教」长同众董事经理。及每年开斋大节，本寺教长或董事率领学生，赴两家坟院诵经，世守罔替，兼」代照管。守坟院人勿使其坟院内屋宇、墙垣、树株等物拆毁砍伐，以示纪念。如现任阿衡临别时，」请董事人公同将契纸财政交清，商议请阿衡。到时，经理人将契纸财政仍交现任阿衡经理。」振五部长坟院在三里河寺西二里许晾果树凤凰嘴，」西园先生坟院在本街西头路北。合并记之。」

（捐资人名从略）董事人仝启。」

中华民国二十三年五月立。」

清真寺财产管理碑

金韵梅大夫墓碑

民国二十三年（1934）十一月

碑圆首，方座。拓高115厘米，宽51厘米。碑阳、阴均无额题。碑文正书。碑原址在海淀区大钟寺村，现藏北京石刻艺术博物馆。

按：金韵梅为中国近代第一位女留学生。

录文：

生于有清同治三年四月四日。」金韵梅大夫之墓。」卒于 中华民国二十三年三月。」
（碑阴）

谨录」教育部甲字第一百四十二号」捐资兴学一等奖状：」

　北平市已故金韵梅，先后捐助私立燕京大学价值壹万五千」元之房屋地基，暨现金陆千贰百元，又捐助天津私立木斋学」校洋文书籍壹百五十余卷，约值壹千元，两共计达两万元以」上。按照捐资兴学褒奖条例之规定，特授与一等奖状。此证。」

　教育部部长王世杰。」

　中华民国二十三年十一月日。」

金韵梅大夫墓碑（旧照）

金韵梅大夫墓碑（现状）

金韵梅大夫墓碑

梨苓公墓碑

民国二十三年（1934）

额篆：梨苓公墓

徐兰沅书丹

（碑阴）

乙亥年（1935）仲春

额题：永垂不朽

碑身高231厘米，宽73厘米，厚18厘米；座高42厘米，宽98厘米，厚43厘米。碑阴额文篆书，碑阴额文正书，碑文正书。

碑在宣武区湖广会馆。

按：徐兰沅（1892—1976），江苏苏州人，京剧著名琴师。1913年入富连成任琴师，后为谭鑫培伴奏。1921年开始与梅兰芳合作。其戏路宽，技艺全面，"六场通透"。著有《徐兰沅操琴生活》。

录文：

额篆：梨苓」公墓」

盖闻文王施枯骨之恩，孔圣尽殡友之义，修茔掩骼，积义行仁，皆古今仁」人善士盛德之事也。我剧界中人，素多豪侠之士，慷慨好义，于多奚让焉。」昔者吴人徐蝶仙、皖人程玉珊创立安苏同人义园。嗣有吴人徐文波、皖」人程绍棠、鄂人谭鑫培、吴人时小福见义地之将葬满，复立安苏湖义园，」后先媲美，有足称者。惟是近已四十余年，此园已无隙地。剧界同人怵然」忧之。幸赖梁华亭、萧长华君见义勇为，当仁不让，念同业之人旅榇无寄，」孤魂何依？遂约同杨小楼、余叔岩、梅兰芳、程砚秋、尚小云、荀慧生、高庆奎、」王凤卿、姚玉芙、富连成、叶春善诸同志，醵资买得宣武门外四区南下洼」大猪营田地一方，计十二亩四分，以作剧界同仁义园，诚义举也。因泐石」志其缘起，以扬休风而垂不朽云尔。」

中华民国二十三年 月日，梨园公益会立碑。」

徐兰沅敬书。」

北平文楷斋」刘明堂刻石。」

（碑阴）

额题：永垂」不朽」

筹款置园人：

尚小云助洋叁百元。

梨苓公墓碑碑阳

梨苓公墓碑碑阴

程砚秋助洋叁百元。
梅兰芳助洋叁百元。
荀慧生助洋叁百元。
杨小楼助洋叁百元。
余叔岩助洋叁百元。
姚玉芙助洋壹百元。
叶春善助洋壹白元。
沈秀水助洋贰佰元。
高庆奎助洋贰佰元。
王凤卿助洋壹百元。
于连泉助洋壹百元。
马富禄助洋伍拾元。
刘砚芳助洋伍拾元。
萧长华助洋壹百元。
梁华亭助洋壹百元。
尚富霞助洋伍拾元。

萧盛萱助洋伍拾元。

☐程砚秋先生赴申筹款洋肆百元。

于乙亥年春季改建北平梨园公益会先贤祠，重修大门道」☐一座，西北角后门一座，东灰房五间，周围墙垣四」十余丈。☐☐☐台阶、坎墙等处。」

☐乙亥年仲春。」

梁华亭、赵砚奎、萧长华监修。」

梨苓公墓碑碑阳拓片

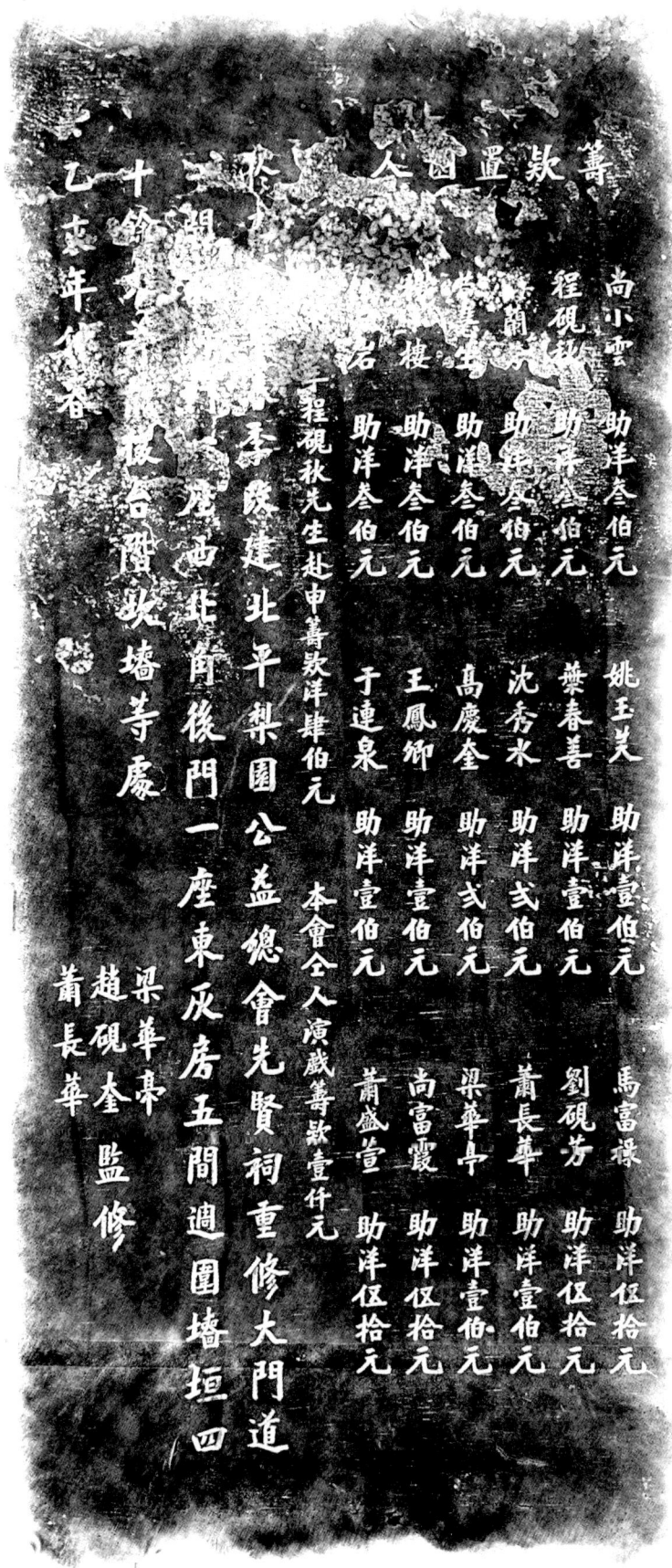

梨苓公墓碑碑阴拓片

西苑驻军公墓碑

民国二十四年（1935）四月六日

额题：西苑驻军公墓

首题：西苑驻军公墓记

陆军上将国民政府军事委员会北平分会常务委员兼陆军第五十三军军长吉林万福麟撰文

铜山张伯英书丹

北平琉璃厂李月庭镌刻

碑首身拓高195厘米，宽64厘米。额文正书，碑文正书。

碑原址在海淀区西苑，现下落不详。中国国家图书馆存拓片。

按：万福麟（1880—1951），字寿山，吉林农安人。曾任黑龙江省军务督办、东北边防军副司令长官、黑龙江省政府委员兼主席，并兼第五编遣区办事处主任委员、防俄军总司令。"九一八事变"后，辞黑龙江省主席，转任北平绥靖公署常务委员。抗战爆发后，任第一集团军副总司令、二十集团军副总司令。1946年任军事委员会委员长东北行营政治委员会委员、国民政府顾问、国民政府主席东北行辕副主任、东北"剿匪"总司令部副总司令。1949年去台湾，任总统府国策顾问。

录文：

额题：西苑驻｜军公墓｜

西苑驻军公墓记｜

吾国行募兵制，入伍之士，恒衣食于军以终其身，或随檄转调，去家数千里，存殁莫相｜知闻者，往往然也。民国二十二年七月，予奉命率所部移驻北平之西苑。自清季创建｜新军，改筑营房，三十年来，西苑恒为大军屯驻之所。士卒殁无所归者，公家辄为敛葬｜营房左近，小垤累累然，皆历来驻军埋骨处也。浅封渴葬，窀穸弗完，又密迩教场，外薄｜公路，有暴露夷毁之虞。予心悯焉。爰建议于当局，划公地之□□者□□□以为西苑｜驻军公墓，得故拱卫军坟址，因而廓治之，凡散葬之坟，悉□而迁焉，后有葬者，亦于此｜营厝焉。为沟以界之，植树以表之，岁时祭扫，主者行之。凡迁葬三百九十余棺，费公帑｜千五百有余元，以二十四年四月蒇事。嗟夫！从军之士，方其辞家远出，固未尝不志于｜功名，而其坚苦卓绝、忠义激发，盖有非寻常人所易及者。邂逅死亡，壮志未遂，薄榇附｜身，荒郊寄骨，尺余残冢犹惧不保，事之可痛，孰有过于是者！古人掩骼埋胔，虽冥漠不｜相识者，犹为之棺敛而奠祭之，况此累累然者，皆吾袍泽之士也乎！记其缘起如右，以｜谂后之驻防于此者。乙亥四月，陆军上将国民政府军事委员会北平分会常务委员」兼陆军第五十三军军长吉林万福麟记。铜山张伯英书。」

中华民国二十有四年四月六日立。」

北平玻璃厂李月庭勒石。」

北平市五金业同业公会创立纪念碑

民国二十四年（1935）五月

额篆：北平市五金业同业公会创立纪念碑

财政部北平农工银行文书课长乐亭韩作舟撰文、书丹并篆额

碑身拓高 136 厘米，宽 55 厘米；额拓高、宽均 17 厘米。额文篆书，碑文行书。

碑原址在崇文区崇文门外大街 55 号，现下落不详。中国国家图书馆存拓片。

录文：

额篆：北平市」五金业」同业公」会创立」纪念碑」

尝考《夏书》，震泽、云梦之地，贡金三品，和夷则饶，璆铁银镂因之，六事修而百□交正。周公董其创置之余，外设□□，」内资冶氏，以采以制，则攻金六工之用始宏。自管仲管山之议行，而五金利赖于日用民生者，譬诸布帛菽粟□尤」重。洎乎西秦、东汉，各置铜铁专官。唐宋以来，并行榷运之法。铜铁所需，遂成为中古一大时代。近自学术昌明，采镕」日臻其妙，而懋迁有无，平市实为冀北中枢。惟□清末以迄民初，关税尚未能自主，厘征更中外悬殊。彼时崇关主」者无暇顾念商艰，又复就重移轻，摧残剥削，或包苴未至，即指斥扣留，难获蝇头，动成雀角，以致业斯业者同感如」虎之苛，乃议亡羊之补。当推万和成邸君占江，偕同义信成马君汇田、公聚德孟君玉兴等代表同业，上书主管机」关，据理以争，几至声嘶力竭。幸蒙当局证其违法稽征之弊，谅我维护公益之诚，卒将例外苛罚，一律剔除，并□修」正合法税率至十数项之多。自此运税既得其平，售价因而大减，凡百工艺，间接具各受其庥。综计常关税收，较前」尚有增无损。是则群策群力之有益于家国也如此。行商鉴及于此，当于民国十二年九月一日拟具规程，成立京」师五金行同业公会，选定邸君占江总董其劳，藉谋团体业务之发展。独是开创之初，事多简陋，办公地点辗转借」居，虽云粗具规模，而底款无着，捉襟见肘，拮据万分。所赖邸君殚力经营，苦心筹划。因天津胜义各栈骤增承运脚」金，每担加至六分或一角四分不等，故以公会名义，另觅□京转运公司，议订运价，每担旧货三角二分，新货三角」七分，比较胜义各栈原价，平均每担低减五分有奇。该公司并愿于所得运费中，提拨公会常年经费大洋一分。似」此难能可贵，千载一时，既与同业之利益无妨，且得会费之源源接济。至二十年四月，奉令始定今名，改组委员，复」加整顿。历兹未及数载，常款积至六千，是则谋事得人而□效之速也又如此。自经费握阿堵之牢，斯会址谋基础」之固，爰于二十三年十月，购置崇外大街五十四、五两号市房一所，缋图勘测，葺而新之，阅四月而落成。如会场，如」礼堂，如延宾接待之室，如办公书记之厅，以及号房、宿舍、庖湢、浣池、门墙、甬道，莫不轮焉奂焉，直与会务竞进而俱」美。是役也，计鸠工建筑者为李君玉振、张君世兰，设计庀材者为李君全恩、李君鸿昆，四委员于督修监视之劳，始」终弗怠，例得并书，故书之。财政部北平农工银行文

书课长乐亭韩作舟撰、书并篆额。」

中华民国二十四年乙亥夏五月谷旦立石。」

陶然亭记刻石

民国二十四年（1935）八月

首题：陶然亭记

彭城张伯英撰文并书丹

刻石高85厘米，宽160厘米，厚12厘米。碑文行书。

石在宣武区陶然亭公园慈悲庵。

录文：

陶然亭都门胜地，春秋佳日，」名流之所宴集，在今北平市自」治十一区。徙都后渐就零落，」王玉树区长葺而新之，游赏者」增与会焉。事之兴替，存乎其人。吾」乡云龙书院，及东坡旧游地，胜概」不减江亭，而数百年古柏斩伐净」尽，台榭无一存，只坡公所谓满冈」乱石，可胜叹哉！兵燹以来，古迹横」被摧残。兹亭得遇玉树，抑何厚幸。」闻十一区自治为全市冠，于此一端，其」废无不举，已可想见。果长区者皆」如玉树，自治之精进当何如？玉树吾」老友，住持德昆为道此事，意」有所感，书以贻之。时乙亥中秋后二」日，病经月未□管，退笔胶墨，」都不成章。 彭城张伯英。」

长春会馆碑

民国二十四年（1935）

首题：长春会馆碑记

额篆：万古长春（阳） 永垂不朽（阴）

邹梓受撰文

李德嵩书丹并篆额

碑方首方座，首身高199厘米，宽72厘米，厚23厘米。碑文阳、阴均隶书。碑原址在宣武区和平门外小沙土园6号长春会馆内，现藏于北京石刻艺术博物馆。

录文：

额篆：万古」长春」

长春会馆碑记」

盖闻创业难，守业尤难。诚哉斯言矣。故都外城海王村琉璃厂迤南小沙土园玉行长春会馆，始于清季」中业，崇祀」邱祖诸神，春秋致祭，典极隆重。溯源报本，相沿迄今，迭逢困难，未曾中辍。历经先贤几度修建，扩充房」间，招商税屋收入租金，储备修葺专款。镌格言于殿右，文曰：玉行建设悠久，接替择公正贤能摄事，勿假」愚人之手，戒之、慎之。遗铭训用昭后人，法至良也。互相递传，于兹百有余年，宏伟馆貌，巍峨依旧。同志等」自惭菲材，忝膺重任，诚惶诚恐。惟有矢慎共勤，遇事和衷共济，所幸尚未陨越，可告无罪与前人耶。当此」时局变迁、人心伪诈之秋，波折丛生，势成危局。倾赖神灵默佑，天心厌乱，我辈艰险不避，同心奋斗，终」使魔障暗消，安然渡过。何敢徼幸，从此安逸？是以继续先贤遗志，兢兢业业，励精图治，以报天庥，而」树后人之模型，志愿如斯。兹因开辟和平门，建筑马路于南新华街，影响本馆西面临街铺房。原有地基」低洼，每届夏令大雨滂沱，室内尽成泽国。若不即日改建，水浸日久，不无倾颓之虞。今为未雨绸缪，积极」筹划，召集董事大会，公同议决。拟定翻盖西面临街铺房勾连搭共计五十间，大门一间，小门二座，平房」共五间，灰棚、厨房共十间。南面大墙接连影壁一座，东南角正门一座，东面大墙一段，小门一座，院内门」房一间，大殿前两院垫高，满漫砖地，修通各院地沟。工程费

长春会馆碑碑阳

长春会馆碑碑阴

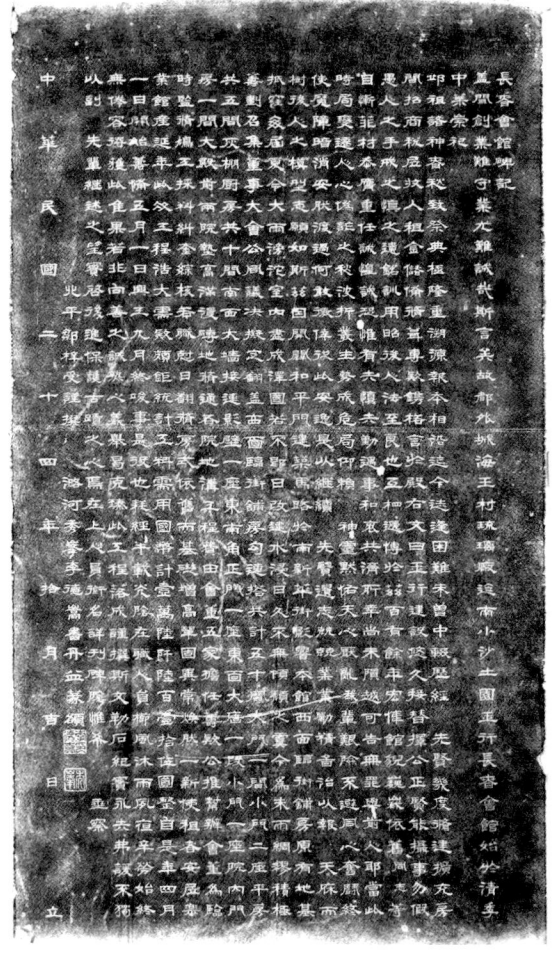

长春会馆碑碑阳拓片

长春会馆碑碑阴拓片

由会董五家担任筹款，公推帮办会董为临」时监修，鸠工采料，纠奎综核各职，克日翻修。房式依旧而基础增高，巩固异常，焕然一新。使租者安屋乐」业，馆产延年。此次工程浩大，需款颇巨。统计工料，需用国币计壹万陆阡陆百壹拾伍圆整。自是年四月」一日开始筹备，五月一日兴工，九月终竣事。是役也，耗经半载光阴，在职人员栉风沐雨，夙夜辛劳，始终」无倦容，得获此佳果。若非向善之诚，热心义举，曷克臻此？工程落成，谨撰斯文，勒石纪实，永志弗谖。不独」以副先辈继述之望，实启后进保护古迹之心焉。在上人员衔名详刊碑阴，惟希垂察。」

北平邹梓受谨撰。潞河秀峰李德嵩书丹并篆额。」

中华民国二十四年拾月吉日立。」

（碑阴）

额篆：永垂不朽（阴）

玉行长春会馆」担任筹款、担任筹备监工职员：」

正值年：聚珍斋、聚盛公、三益公、聚昌源、福顺诚、宝权号。

总监修计划员：王旭东。

协理监修员：潘彩庭、李翰臣、康兰甫。

综核出入账目员：郑植繁、康召臣。

常川夙夜监工员：崔俊峰、杨汇泉。

轮流监工员：齐锦章、苏秀峰、高福廷、张梦九、甘秀峰、吕志亭、梁自忠、李锡臣、董茂亭、武秀山、冯益三、张子樵、李英元、王瑞泉、吴善斋。

会董衔名：郭秀生、王耀庭、李仲五、张寿延、张润田、赵慧迪、田书宸

帮办衔名：吴辅庭、潘仲三、孟镜堂、梁子英、杨彩亭、马清泉、宋镜沈、吕佐臣、王绍勋、梁仲元、张景山、王振海、戎其五、李子泉、孟瑞符、孙寿安、王玉峰、□俊卿、王杰臣、侯仰山、张雁石、潘益三、杨润清、李雨田、穆清泉、朱振□、张星垣、杨梧樵、刘苍深、白焕章、薛恒寿、曹毅之、刘宴如、赵凤亭。

楚学精庐碑

民国二十五年（1936）五月

额篆：楚学精庐刻石

首题：楚学精庐刻石

潜江门下士甘鹏云撰文并书

董事胡钧、傅岳棻、龙骧、李钦、周宗泽、刘文嘉、孙培基、方觉慧监刻

（碑阴）

民国二十五年（1936）夏历丙子七月

额篆：楚学精庐规约及题名

首题：楚学精庐规约

潜江甘鹏云书丹

沔阳胡钧篆额

武强李瑞廷镌

碑螭首龟趺，阳阴边框及两侧均浮雕云龙纹。碑首身通高307厘米，宽94厘米，厚28厘米；龟趺高87厘米，宽100厘米，前后长230厘米。碑阳、阴额文均篆书，碑阳碑文隶书，碑阴碑文正书。

碑原址在西城区背阴胡同，现藏北京石刻艺术博物馆。

录文：

楚学精庐刻石　潜江门下士甘鹏云撰文并书」

南皮张文襄公既正星辰之位，门下士旅都下者每岁八月二十一日齐集积水潭高庙修祀事，既数年矣。其地较」僻远，群谓非便，议募建专祠，番禺梁节阉先生倡之尤力。仓猝觅祠址不可得，适孝感龙骧买得背阴胡同奎公」宅，贝子傅喇塔旧第也，慨然割让，以助其成，祠址乃定。顾京师建专祠，非奉朝命不得为之，盖旧制如此，群以为」难。天门周沈观先生曰："以'精庐'名，其可。"乃榜其楣曰"楚学精庐"，避非制之嫌也。冠以"楚学"者，楚中学风，公振起之，不」忘所自也。精庐落成，于是门下士肃将祀事，镌刻坚珉，以附于畏垒尸祝之义。其辞曰：」

百代茫茫，王迹久熄。大道榛芜，日月无色。玄黄惨黩，晦盲否塞。慨慕唐虞，邈不可得。孰谓我公，旧起南皮。追踪三古：」姚、姒、子、姬。为国桢干，作世蓍龟。砥柱中流，舍公其谁？维公懋学，准今酌古。群经百家，博观约取。沟通汉、宋，不区门户。」但求有用，生气虎虎。通天、地、人，穷源竟委。文章经世，迁、雄诺唯。求才若渴，不弃葑菲。《劝学》两篇，《輶轩》三语。磨砻浸灌，」化以时雨。砭愚订顽，黄钟大吕。阇世得烛，冥行有轨。群士趋风，尫者尽起。维公为政，力固政本。相时所宜，以道为准。」我行我法，众趋不趋。邪说诬民，昌言

307

距之。不讳富强，筹食与兵。稽古不悖，令今可行。尔才尔能，我弟我昆。靖海有策，」补天无痕。闭奸兴良，盗不窥垣。弊政昏俗，掘株铲根。扰畜六夷，海波不扬。信义干橹，玉帛趋跄。内谋国是，外靖边陲。」凡公树立，伊、傅、皋、夔。普天率土，趋公如归。公之存亡，系国安危。今何世乎？恨公不作。异说飙流，海宇混浊。平等自由，」职为乱阶。莘莘学子，化为狼豸。维彼哲人，瞻言百里。读公遗书，泪不可止。宇宙乱机，遂伏于此。龙蛇起陆，丧乱弘多。」父子陌路，兄弟干戈。弱肉强食，骨山血河。人类将尽，彼苍奈何！世变至斯，讵公所料？原陆风狂，如火斯燎。昔也安居，」耕牧渔钓。今也枵腹，啸聚剽盗。斯人不幸，满目疮痍。在天有灵，不其恫而！推究乱源，人罔知耻。正学不明，大乱曷已？」乱极思治，人心所同。愿举遗言，力挽颓风。务本、务通，救亡有药。迪以五知，警钟木铎。贞下起元，人心天心。莽莽神州，」岂遂陆沈？正气迷纶，日星河岳。行公之学，庶振微弱。力张四维，国脉系焉。精庐片石，于万斯年。」

中华民国二十五年五月立石。董事胡钧、傅岳棻、龙骧、李钦、周宗泽、刘文嘉、孙培基、方觉慧监刻。」

（碑阴）

楚学精庐规约：一、为奉祀南皮张文襄公，建祠京师背阴胡同，榜其楣曰"楚学精庐"。二、本精庐为鄂中诸弟子发起捐募建设。三、」本精庐得袝祀楚中诸师儒并有功楚学及祠务者。四、本精庐每年以夏历八月廿一日（即文襄公忌日）为祭祀日。五、本精庐以发起人及」尽力祠务者任奉祀之责。奉祀人后嗣应继续负其责任。六、本精庐得设学会及图书阅览室为同人讲求学术之所。七、本精庐」设董事会，处理祠务及一切应办事宜。董事由大会于奉祀人中推举之。董事会规则另定之。八、捐款人一律题名碑阴以垂永久。」九、无论何人，不得借住精庐。十、本精庐得照长班例酌用雇员负责看守，其一切职务受董事之指挥。十一、本规约由大会通过」施行。中华民国九年八月经大会议决，至二十五年刻石。」

发起人题名：梁鼎芬、甘鹏云、陈篆、赵严威、王璟芳、胡柏年、胡均、余德元、陈元祥、傅岳棻、陈问咸、程明超、张则川、田潜、周宗泽、范鸿泰、萧」安国、陶德琨、张国淦、陈宝书、潘宗瑞、哈汉章、钱葆青、刘道仁、胡鄂公、萧延平、铁忠、李钦、卢弼、陈宧、夏寿东、彭方傅、李步青、郑万瞻、权量、何」佩瑢、陶炯照、何佩瑄、范熙壬、杨熊祥、杨彦洁、蒋义明、刘邦骥、王彭、孔庚、施煊、龙骧、马德润、刘文嘉、石荣暲、孙培基。右题名系照民国七」年八月梁文忠公在十刹海召集筹备时签名勒石。

楚学精庐董事会规则：一、本会依楚学精庐规约第七条规定为执行事务机关。二、本会设董事九人，候补董事三人，由大会就奉」祀人中推举之。三、董事任期三年，但得连任。其未满任期而离职者，由候补董事补充之。四、本会董事互推首席董事一人，常务董」事三人。五、首席董事代表本会并为会议主席，有事故时得由董事互推一人代理之。六、本会事务经会议公决，由常务董事执行」之。关于款项收支，由常务董事分任办理以专责成。七、董事会每月开

楚学精庐碑碑阳拓片

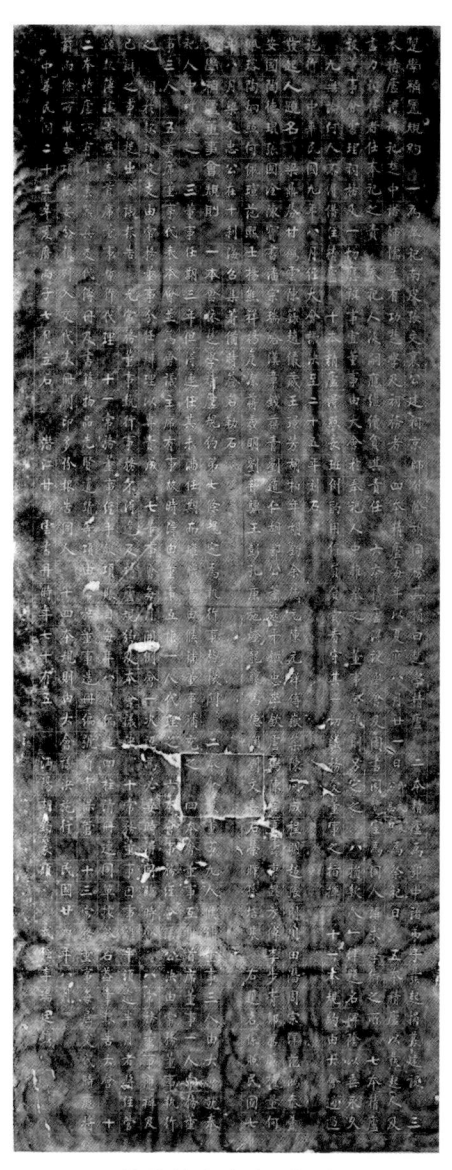
楚学精庐碑碑阴拓片

例会一次，认为必要时，得开临时会。八、常务董事应办及」已办之事，均提出会议报告。九、常务董事执行事务，不得违反精庐规约及本会议决。十、常务董事因事离平须逾半月者，将经管」钱款簿据等点交首席董事暂行代理。十一、常务董事经手款项账目，每年八月编造四柱清册，连同单据，签名盖章报告大会。十」二、本精庐所有产业器具、交代簿册及书籍物品、先贤遗迹等项，由常务董事造册编号，负责保管。十三、常务董事每届交代时，应将」前两条所举各项撮要分类，列入交代表册，刷印多份报告同人。十四、本规则由大会议决施行。 民国廿四年八月。」

中华民国二十五年夏历丙子七月立石。潜江甘鹏云书丹，时年七十有五。沔阳胡均篆额。武强李瑞廷镌。」

张文襄公祠堂碑

民国二十五年（1936）六月

额篆：张文襄公祠堂之碑铭

首题：张文襄公祠堂碑铭

门下士潜江甘鹏云撰文并书

门下士沔阳胡钧篆额

董事傅岳棻、龙骧、李钦、周宗泽、刘文嘉、孙培基、方觉慧监刻

（碑阴）

民国二十五年（1936）太岁在丙子七月

额篆：张文襄公祠捐资题名

首题：张文襄公祠捐资题名

潜江甘鹏云书丹

沔阳胡钧篆额

武强李瑞廷镌

碑螭首龟趺，阳阴边框及两侧均浮雕云龙纹。碑首身通高330厘米，宽107厘米，厚43厘米；龟趺高83厘米，宽104厘米，厚236厘米。阳、阴额文均篆书，碑文均正书。

碑原址在西城区背阴胡同，现藏北京石刻艺术博物馆。

录文：

张文襄公祠堂碑铭

门下士潜江甘」鹏云撰文并书。门下士沔阳胡钧篆额。」

昔者南皮张文襄公之薨于位也，朝野震惧，恤然如大厦之倾颓而无所托足也。不一年，社屋矣，土墟矣，玉步改矣，人亡国殄非虚语矣！」虽然，事成既往，焉可说也？所极不能忘者，我公兴学之盛心、育材之闳愿耳。返百年空疏之习而归于致用，其思至苦，其虑至深，其为国」家谋也重以周，其为天下后世计也大而远，而惜乎天下未厌乱也！顾亭林有言："有亡国，有亡天下。亡国与亡天下奚辨？易姓改号，谓之亡」国；仁义充塞而至于率兽食人，谓之亡天

张文襄公祠堂碑碑阳　　张文襄公祠堂碑碑阴

张文襄公祠堂碑碑阳拓片　　张文襄公祠堂碑碑阴拓片

下。"亭林丁玄黄易位之交，发此沈痛之言，而亡天下之惨祸，亭林固未目睹也，今不幸于吾身」亲见之！倡平等，张自由，去人伦，邪说横行，尘垢海寓，冠履倒置，纪纲陵夷，人人挟其利己之私而逾越乎绳轨之外，毁方败常，视为固然，」相习成风，遂以酿成今日之大乱而未有已。自唐虞迄今四千余年，仁义充塞，殆未有甚于今日者。今距公之没，才甘余年耳，而世变至」此，此岂公之初意所及料耶？在天有灵，当不知若何悲愤也！章实斋之说曰："学业，所以辟风气也。风气未开，学业以开之；风气既弊，学业」以挽之。"公倡学同、光之间，天下学士靡然向风。风气之开，公之力也。今之学风，颓弊极矣，仍当以公之学说挽之。公所著书，力持务本、务」通两说。务本也，所以正人心；务通也，所以应世变。老成墨守旧学，患不知通，不知通，则无应敌制变之术。英年竞讲新学，患不知本，不知」本，则有溃决藩篱之忧。惟公之学说，有体有用，无党无偏，形上形下，一以贯之，足以沟通中西而平新旧水火之争。读公之书，行

311

公之学，」以为教育之规绳，庶几哉可挽横流而救天下之乱亡矣乎！公督楚最久，楚人渥承教泽最深。古者习其道必祭其师，相率建祠北平背」阴胡同以崇祀事，亦犹行古之道也。祠落成于民国八年，梁节庵先生许文其碑，未及为而病，乃属云为之，云逡巡不敢承。未几，先生捐」馆，予益不忍为，蹉跎至今，十有八年矣。同人力督之，不获辞，爰举公之学说，书之坚珉，以讯于热心救国者。天果不欲遽亡中国乎？则公」之学说，或为海内学子所共信也。公功在天下，具详惇史，兹不备书，而系以铭。铭曰：」

公神在天，公勋在国。为国良干，作世仪则。公之政术，树人为先。兴学育材，期以百年。学风颓矣！惟公转之。狂澜倒矣！惟公挽之。明体达用，」道艺兼修。折衷先圣，包纳众流。居贤善俗，佐国康时。纲鳞罗翾，葑菲不遗。学无常师，相时所宜。术果我神，远及四夷。立国根本，端在教育。」教育不良，国脉其蹙。末流滋弊，公乃防微。阶乱速亡，彼何人斯！三海之西，公有祠宇。弟子尸祝，以效畏垒。人心造劫，终有满时。大道不亡，」视此刻辞。中华民国二十五年六月刻石。董事傅岳棻、龙骧、李钦、周宗泽、刘文嘉、孙培基、方觉慧监刻。」

（碑阴题名从略）

故国务总理兼交通总长潘公（复）墓志铭盖

民国二十五年（1936）九月十一日卒

盖篆：故国务总理兼交通总长潘公墓志铭

盖长74厘米，宽74厘米，厚11厘米。盖文篆书。志佚。

1998年9月西城区金融街工地出土。现藏北京石刻艺术博物馆。

按：据《中华民国史事日志》1936年9月11日条："曾任张作霖时代之国务总理潘复卒于北平。"

观福开森古物刻石

民国二十五年（1936）九月十五日

乐陵宋哲元撰文

吉林刘哲书丹

石共两通，均为方石。拓高、宽均49厘米。文字正书。

石原在东城区故宫博物院，现下落不详。中国国家图书馆存拓片。

录文：

第一石：

信而丨好古丨罗惇曧书丨

第二石：

观故宫陈列福开森古物记丨

美洲福开森君，方闻博学，洞达古今，早岁振奇声闻丨与国。当逊清光绪十三年来华，迄今已历五十载。初丨办金陵汇文书院于南京，旋被聘为南洋洋务委员。丨民国而还，复来北平，迭就府院顾问，于吾国军政、教丨育、社会诸事业赞助最多，而成效亦著。福君扬历既丨久，吾国之语言文字、风土人情，故靡不通晓。即经传丨之奥博、艺术之浩繁，亦类能撷其精华，考其流派，虽丨吾国人士，往往谢此精审。尤喜搜集古物，肆力研求。丨所藏若骨甲，若鼎彝，若权量，若泉布，若琮璧，若车饰，丨若陶器，若瓷器，若文玩，若书，若画，若缂丝，若古锦，类丨为若干门，列为若干事，分别部居，未尝杂厕，各详所丨自，藉考流传。福氏之言曰："古物之所以必求之故家丨者，非唯重其物，亦重名贤鉴别之迹，用定精麤真膺丨耳。"尤可异者，福君博古而非玩物，既得，不肯专有。民丨国二十四年七月一日，举而还赠吾国博物院。因辟丨文华殿，为之庋藏陈列，以博众观。哲元从政冀察，忝丨领兼圻，政事之暇，得以遍览，而益叹福君之慷慨。视丨世之藏，弆家得一环宝，辄自珍秘者，其度量相越，奚丨啻天壤耶。丨乐陵宋哲元记。吉林刘哲书。丨

　　中华民国二十五年九月十五日立石。丨

滦州起义诸先烈纪念塔塔铭

民国二十五年（1936）十二月日

首题：滦州起义诸先烈纪念塔塔铭

冯玉祥撰文并书丹。

塔铭高122厘米，宽66厘米。铭文正书。

塔铭嵌于海淀区温泉辛亥滦州革命先烈纪念园内的滦州起义诸先烈纪念塔塔身。

按：辛亥滦州革命先烈纪念园位于海淀区温泉乡显龙山，1936年冯玉祥为纪念滦州起义殉难烈士而建，1937年落成。纪念园坐北朝南，入门处为一座石牌坊，额题"辛亥滦州革命先烈纪念园"，左行，两柱镌一副对联"此日园林簇锦绣，当年勇烈动山川"，阴额亦左行，书"努力革命"，联为"尺山尺水永留血迹，一花一木想见英风"，均隶书，为冯玉祥民国二十五年十一月题。

从园门至山顶白塔，是一条南北中轴线，园中纪念物随山势而列，大致分为山下、山腰、山顶三部分。入园最先进入眼帘的是一座石碑，方首方座，通高2.85米，宽0.95米，厚0.33米，立于长宽各5米的台座上。碑阳刻"辛亥滦州革命诸先烈纪念碑"，隶书，直行，阴刻碑文，首题"国民政府优恤滦州殉难诸先烈明令"。此碑立于1936年，由冯玉祥书丹。该碑原有方形碑亭，后坍毁。

碑后有石板甬道通往山腰。山腰处为一石平台，中间立一座四棱抹角石幢。幢基座为八棱束腰石座。座高1.05米，幢身高2.9米。幢身顶镌刻流云与青天白日徽，正面刻"辛亥滦州革命先烈衣冠冢"及14名烈士英名，从右至左为"追赠少将吕公讳一善、追赠少将戴公讳锡九、追赠少将葛公讳盛臣、追赠少将董公讳锡纯、追赠少将张公讳振甲、追赠上将白讳公雅雨、追赠上将王公讳金铭、追赠上将施公讳从云、追赠少将孙公讳谏声、追赠少将刘公讳瀛、追赠少将王公讳踽雨、追赠少将熊公讳齐贤、追赠少将牟公讳惠来、追赠少将黄公讳云水"。幢

辛亥滦州革命先烈纪念园石牌坊

辛亥滦州革命先烈衣冠冢

身后正北刻滦州起义的参加者韩复榘1936年11月撰书"辛亥滦州革命先烈衣冠冢铭"。石座束腰部位的八面石壁均有题词，正面题"中华民国二十六年五月秦德纯"，从正面往东顺序为冯治安"碧血千秋"、闻承烈"国民先觉"、张自忠"英灵宛在"，从正面往西顺序为赵登禹"杀身成仁"、陈继淹"革命遗迹"、刘汝明"永昭来兹"，北面仅题"邓哲熙"。幢后有一无字卧碑，方首、须弥座，通高2.45米，宽2.06米，厚0.24米。碑下即烈士衣冠冢葬地。卧碑后为一巨型天然岩石，斜面约290平方米，上镌刻1936年11月冯玉祥隶书摩崖题刻，字径高0.45米，宽0.5米，节录了《礼记·礼运篇》关于大同的著名文字："大道之行也，天下为公。选贤与能，讲信修睦。故人不独亲其亲，不独子其子。使老有所终，壮有所用，幼有所长，矜寡孤独废疾者皆有所养。男有分，女有归。货恶其弃于地也，不必藏于己；力恶其不出于身也，不必为己。是故谋闭而不兴，盗窃乱贼而不作。故外户而不闭，是谓大同。"

辛亥滦州革命先烈纪念园摩崖及塔

摩崖两侧各有一石甬道通往山顶的石塔。塔建于长宽各10米的台基上，台基四周设护栏。台基前后立面有冯玉祥1936年11月所书的巨型刻字，阳面为"精神不死"，阴面为"浩气长存"，字径高1.3米，宽1.6米。塔为八角七级密檐式，通高12.2米。各层檐上以灰筒瓦铺砌，檐间各面均饰以青天白日徽，顶部为鎏金铜塔刹。塔身各面高1.22米，宽0.66

滦州起义诸先烈纪念塔塔铭

米，正面刻冯玉祥题"辛亥滦州革命先烈纪念塔"，往西第一面为邹鲁1936年11月撰并书的"辛亥滦州革命先烈纪念塔铭"，往东第一面为于右任1937年撰并书的"滦州革命死难诸烈士纪念塔塔铭"，第二面为冯玉祥于1936年12月撰并书的"滦州起义诸先烈纪念塔塔铭"，第三面为居正于1936年12月撰并书的"滦州烈士纪念塔碑记"。塔身下面的八棱束腰石座八面均有题字，从正面沿逆时针方向分别书"勇继黄岗"、"舍生取义"、"彰勋阐烈"、"功垂不朽"、"浩气凌霄"、"光同日月"、"气壮山河"、"英光万古"。该塔高耸入云，气势雄伟，又雕刻许多重要铭训，是北京地区重要的近代史迹。

录文：

滦州起义诸先烈纪念塔塔铭，冯玉祥并书」

辛亥年十一月十四日为滦州起义先烈立帜之日。」玉祥忝参斯役，屈指已二十五年矣。虽当时张建功」变节以致雷庄失败，要亦为革命过程不可避免之」事实。惟追念良朋潸焉出涕。爰请政府褒扬并予」国葬，建塔以酬旧勋。遂为之铭曰：」

卓哉先烈，死哀生荣。西山垲爽，滦水澄清。」

国家崇德，民众景行。巍巍层塔，万世长城。」

中华民国二十五年十二月日。」

"培根女学校"匾

民国廿五年（1936）

匾横题：培根女学校

匾汉白玉石质，横匾，边框凸起，雕云龙纹，边框与字面之间雕仰莲纹。匾高57厘米，宽162厘米，厚49厘米。匾文正书。

碑原址在西城区六铺炕滨河公园，1998年11月19日征集到馆，现藏北京石刻艺术博物馆。

录文：

民国廿一年六月，」培根女学校，」民国廿五年纪念，」英实夫赠。」

培根女学校匾拓片

刘半农墓碑

中华民国二十五年（1936）

碑阳篆题：刘半农先生之墓

吴敬恒拜题

（碑阴）

额篆：国立北京大学教授刘君之碑

首题：故国立北京大学教授刘君碑铭

绍兴蔡元培撰文

余杭章炳麟篆额

吴兴钱玄同书丹

碑身阳面边框卷草纹，碑阴无边框。碑身上部残缺。碑阴拓高136厘米，宽73厘米。碑阳居中竖题："刘半农先生之墓碑"，篆书；其左竖题"吴敬恒拜题"，行书。碑阴额文篆书，碑文隶书。

碑原在海淀区香山东北方向的玉皇顶，现下落不详（有说已移至江苏江阴市刘半农家乡保存）。中国国家图书馆存拓片。墓前所立碑为1989年元月重建。

录文：

刘半农先生之墓｜吴敬恒拜题｜

（碑阴）

额篆：国立｜北京｜大学｜教授｜刘君｜之碑｜

故国立北京大学教授刘君碑铭｜

绍兴蔡元培撰文｜

余杭章炳麟篆额｜

吴兴钱玄同书丹｜

刘君讳复，号半农，江苏省江阴县人，民国纪元前二十一年五月二十七日生。四岁受父｜教识字。六岁就傅，能为诗。十三岁进翰墨林小学。十七岁进常州府中学。武昌义军起，君｜辍学，参加革命运动。中华民国元年，君在上海，任《中华新报》特约编辑员及中华书局编｜辑员。五年以后，常为文发表于《新青年》杂志。六年，任国立北京大学预科教授，益与《新｜青｜年》诸作者尽力于文学之革新，著有《我之文学改良观》《诗与小说精神上之革新》等文及｜《扬鞭》《瓦釜》等诗集。君所为诗文，均以浅显词句达复杂思想，于精锐之中富诙谐之趣，使｜读者不能释手。然君不以此自足,决游学欧洲。九年,赴英吉利,进伦敦大学之文学院。十｜年,赴法兰西,入巴黎大学,兼在法兰西学院听讲,专研语音学。十四年,提出《汉语字声实｜验录》

及《国语运动史》两论文，应法兰西国家文学博士试，受学位，被推为巴黎语言学会」会员，受法兰西学院伏尔内语言学专奖。回国，返北京大学，任中国文学系教授兼研究」所国学门导师，计画语音乐律实验室。二十年，任北京大学文学院研究教授，君于是创」制刘氏音鼓甲乙两種、乙二声调推断尺、四声摹拟器、审音鉴古准以助语音与乐律之」实验，作调查中国方音音标总表，以收蓄各地方音，为蓄音库之准备。仿汉日晷仪理意，」制新日晷仪，草编纂《中国大字典》计画，参加西北科学考察团，任整理。在居延海发见」之汉文简牍，虽未能一一完成，然君尽瘁于科学之成绩已昭然可略，而君仍不懈于文艺」之述造，如《半农杂文》及其他笔记、调查录等，所著凡数十册，旁及书法、摄影术，无不粹美，」可谓有兼人之才者矣。君于二十三年六月赴绥远考查方言及声调，染回归热证，返北」平，七月十四日卒，年四十有四。妻朱惠、长女育厚、男育伦、次女育敦葬君于北平西郊玉」皇顶南冈。铭曰：」

朴学隽父，同时并进。朋辈多才，如君实仅。甫及中年，身为学殉。嗣音有人，流风无尽。」
中华民国二十五年月。」

附一：

刘半农墓碑（翻刻）

一九八九年元月重建

碑阳题：刘半农先生之墓

吴敬恒拜题

（碑阴）

民国二十五年（1936）

额篆：国立北京大学教授刘君之碑

首题：故国立北京大学教授刘君碑铭

绍兴蔡元培撰文

刘半农墓

余杭章炳麟篆额

吴兴钱玄同书丹

碑无首,碑身阳面边框卷草纹,碑阴无边框。拓高135厘米,宽80厘米。碑阳镌文字4行,2行篆书,1行行书,1行正书。碑阳居中竖题"刘半农」先生之墓碑",2行,篆书。其左竖题"吴敬恒拜题",行书。"一九八九年元月重建",正书。碑阳文字内容除多了一行"一九八九年元月重建"外,与《刘半农墓碑》原碑完全相同。碑阴隶书,文字内容与《刘半农墓碑》原碑完全相同。

碑在海淀区香山东北方向的玉皇顶刘半农墓前立。

刘半农墓碑(碑阳)

刘半农墓碑碑阴

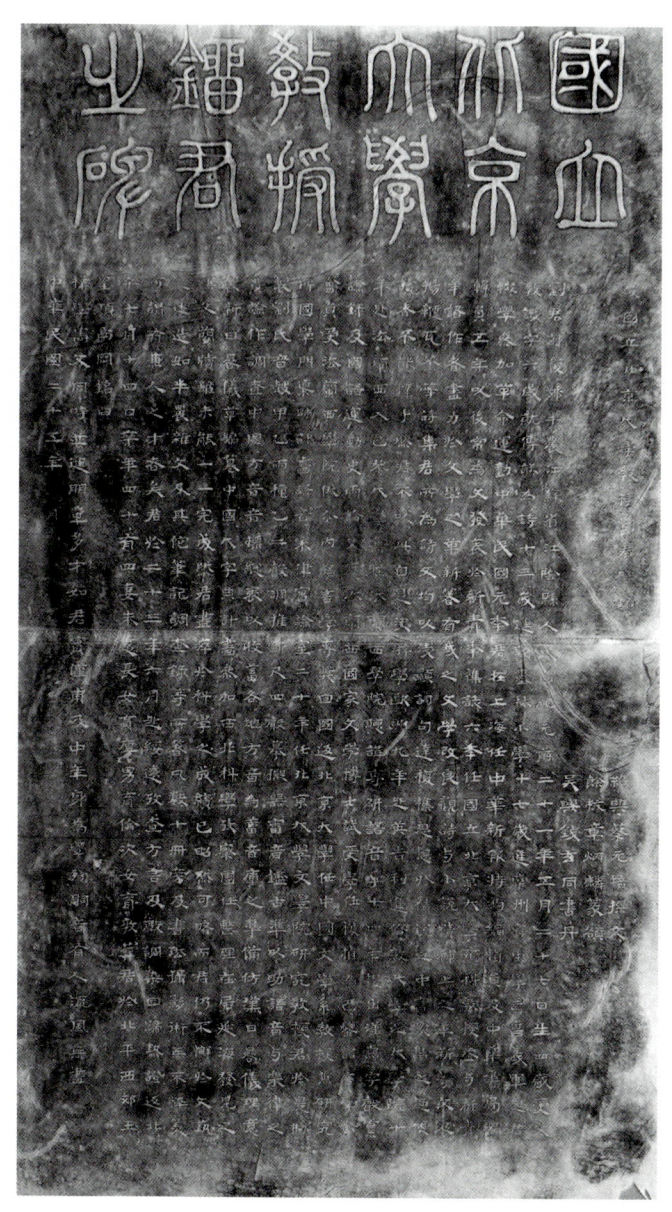

刘半农墓碑碑阴拓片

附二：

刘半农合葬墓碑

☐年一月九日卒〔民国二十五年（1936）后〕

同年六月十六日合葬〔民国二十五年（1936）后〕

绍兴蔡元培撰文

余杭章炳麟篆额

吴兴钱玄同书丹

碑上半部残缺。残高71厘米，宽73.5厘米，厚16厘米；拓高70厘米，宽70厘米。碑文正文隶书，末行年款正书。

碑在海淀区香山东北方向的玉皇顶刘半农墓穴上放置。

按：碑文上半部残缺。残存碑文与中华民国二十五年《刘半农墓碑》正文文字及书体完全一样，不同的是《刘半农墓碑》的书篆人名并列题作三行，该碑书篆人名则在同一行。该碑末尾年款"年一月九日卒，同年六月十六日合葬"正书一行，不见于《刘半农墓碑》。

录文：

☐培撰文。余杭章炳麟篆额。吴兴钱玄同书丹。」

☐县人，民国纪元前二十一年五月二十七日生。四岁受父」☐岁进翰墨林小学。十七岁进常州府中学。武昌义军起，君」☐元年，君在上海，任《中华新报》特约编辑员及中华书局编」☐《新青年》杂志。六年，任国立北京大学预科教授，益与《新青」☐著有《我之文学改良观》、《诗与小说精神上之革新》等文及」☐均以浅显词句达

刘半农墓冢

复杂思想，于精锐之中富诙谐之趣，使」☐足，决游学欧洲。九年，赴英吉利，进伦敦大学之文学院。十」☐法兰西学院听讲，专研语音学。十四年，提出《汉语字声实」☐法兰西国家文学博士试，受学位，被推为巴黎语言学会」☐言学专奖。回国，返北京大学，任中国文学系教授兼研究」☐实验室。二十年，任北京大学文学院研究教授，君于是创」☐调推断尺、四声摹拟器、审音鉴古准以助语音与乐律之」☐表，以收蓄各地方音，为蓄音库之准备。仿汉日晷仪理意，」☐典计画。参加西北科学考察团，任整理。在居延海发见」☐君尽瘁于科学之成绩已昭然可略，而君仍不懈于文艺」☐记、调查录等，所著凡数十册，旁及书法、摄影术，无不粹美，」☐十三年六月赴绥远考查方言及声调，染回归热证，返北」☐妻朱惠、长女育厚、男育伦、次女育敦葬君于北平西郊玉」☐」

▢如君实仪。甫及中年,身为学殉。嗣音有人,流风无尽。」

▢」

▢年一月九日卒,同年六月十六日合葬。」

刘半农合葬墓碑

刘半农合葬墓碑拓片

附三：

刘半农残墓碑

民国二十五年（1936）

绍兴蔡元培撰文

余杭章炳麟篆额

吴兴钱玄同书丹

碑上半部残缺。残高88厘米，宽73厘米，厚15厘米。碑身拓高87厘米，宽70厘米。碑文隶书。碑阴无字。

碑在碑在海淀区香山东北方向的玉皇顶刘半农墓南不远处即刘天华墓后方，仆地。

按：该碑上半部残缺，碑文与《刘半农墓碑》原石文字内容完全一致。

录文：

绍兴蔡元培撰文。」

余杭章炳麟篆额。」

吴兴钱玄同书丹。」

☐人，民国纪元前二十一年五月二十七日生。四岁受父」☐三岁进翰墨林小学。十七岁进常州府中学。武昌义军起，君」☐华民国元年，君在上海，任《中华新报》特约编辑员及中华书局编」☐发表于《新青年》杂志。六年，任国立北京大学预科教授，益与《新青」☐学之革新。著有《我之文学改良观》、《诗与小说精神上之革新》等文及」☐君所为诗文均以浅显词句达复杂思想，于精锐之中富诙谐之趣，使」☐然君不

刘半农残墓碑碑阴

以此自足，决游学欧洲。九年，赴英吉利，进伦敦大学之文学院。十」☐巴黎大学，兼在法兰西学院听讲，专研语音学。十四年，提出《汉语字声实」☐动史两论文，应法兰西国家文学博士试，受学位，被推为巴黎语言学会」☐学院伏尔内语言学专奖。回国，返北京大学，任中国文学系教授兼研究」☐画语音乐律实验室。二十年，任北京大学文学院研究教授，君于是创」☐两种、乙二声调推断尺、四声摹拟器、审音鉴古准以助语音与乐律之」☐方音音标总表，以收蓄各地方音，为蓄音库之准备。仿汉日晷仪理意，」☐中国大字典计画，参加西北科学考察团，任整理。在居延海发见」☐一完成，然君尽瘁于科学之成绩已昭然可略，而君仍不懈于文艺」

刘半农残墓碑碑阳

刘半农残墓碑碑阴拓片

☐及其他笔记、调查录等,所著凡数十册,旁及书法、摄影术,无不粹美,」☐君于二十三年六月赴绥远考查方言及声调,染回归热证,返北」☐十有四。妻朱惠、长女育厚、男育伦、次女育敦葬君于北平西郊玉」☐」

☐多才,如君实仅。甫及中年,身为学殉。嗣音有人,流风无尽。」

故音乐大师刘天华墓碑

民国二十五年（1936）五月后立

胡光炜题

（碑阴）

首题：刘君天华墓表

高阳齐如山表

金陵杨仲予书丹

碑身拓高 134 厘米，宽 70 厘米。碑阳行书，碑阴正书。

碑在海淀区香山东北方向的玉皇顶刘天华墓前立。

按：此碑疑为后来翻刻。

录文：

故音乐大师」刘天华之墓」胡光炜题」

（碑阴）

刘君天华墓表」

刘君天华既卒之三年，其嫠以表墓之文为属。余与君及其伯兄半农，皆相好也。乃不二岁，先后」谢世，怆念畴昔，宛在心目，其敢以不文辞？君朴讷沈潜，与兄半农幼共学，长相依，质疑问，自为」师友，怡怡如也。君性与乐近，嗜之既笃，锲而不舍，于斯学遂无所不通。民国六年，半农既主讲国」立北京大学，闻誉日起，君旋亦北来，执教诸校，中获缔交于杨仲予、溥侗等，所学益猛进，中西兼」擅，理艺并长。常谓国乐、西乐，方域虽殊，理趣

刘天华墓

不二，思有以融会贯通之。君最精琵琶、二胡，于小」提琴亦戛戛独造。每奏一曲，四座倾听，虽欧美音乐专家，亦叹为得未曾有。君时年志英壮，以为」继往开来，匪异人任，而孰知乃止于是耶？往岁梅畹华将游美，余以其歌词浼君为制五线之谱，」移宫换羽，昕夕忘倦，阅七八月乃成，即世传《梅兰芳歌曲谱》是。今天华往矣，徒留此音声于天壤」间，供人低徊歌哭于无穷也，可不悲哉！君挺生于国乐衰微之日，冥心孤往，究极音律，以兴废继」绝为己任。年未四十，中道殒落，人能弘道，无如命何。今而后，合中西之乐、一其涂辄以继述君之」志业者，

将谁属耶？君殁，半农哭之恸，为之董理遗作而梓行之，未二年，遘疾，亦卒，与君同日葬焉,」两墓相去数武耳。乌呼！可伤也已！以君兄弟积学累行，宜可大竟厥施，为吾道光，而皆不克有年,」所谓天道，果难知耶？虽然，薪尽而火传。君之作既大行于世，以视世之独倡而忧无咏者又何如」也？杨君仲予既志其墓，余撮其学谊之著者揭于其阡，以讯后人。其世次、居里、卒葬年月，具于杨」志，不复载云。高阳齐如山表，金陵杨仲予书丹。」

故音乐大师刘天华墓碑碑阳

故音乐大师刘天华墓碑碑阴

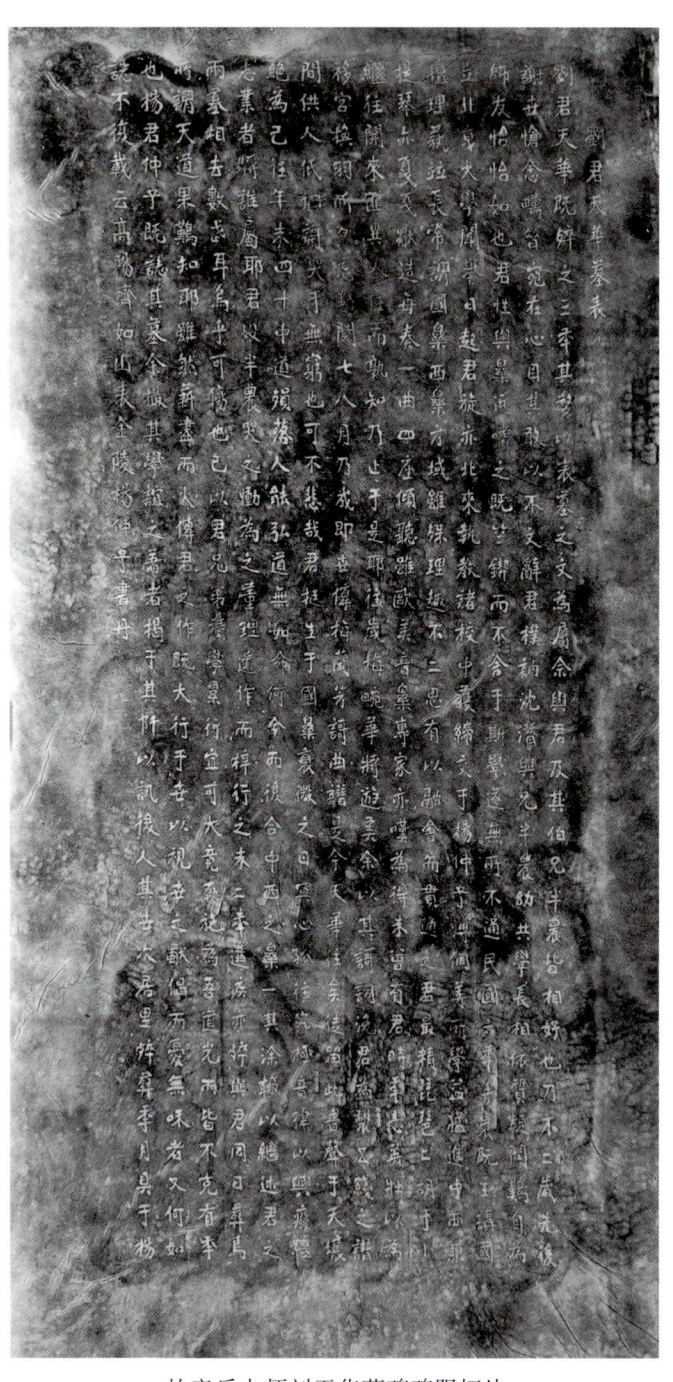

故音乐大师刘天华墓碑碑阴拓片

推断尺刻石之一

民国二十五年（1936）后

周作人撰记并书丹。

石上方刻一推断尺，下刻铭文。拓高73厘米，宽48厘米。石刻文字正书。

石原在北京，现下落不详。中国国家图书馆存拓片。

按：刻石年代据"刘复墓碑"。

录文：

语言文字之声调，皆为音高之起落，此博士治实验 ⌋ 语音学，所贡献于中国声韵学四声问题之结论也。⌋ 音高起落之研究，在语音学中，不外用听辨与实验 ⌋ 二法。实验推断，乃就浪线计圆柱体旋转速度与语 ⌋ 音中各颤动速度相较，而圆柱体之旋转速度应绝 ⌋ 对平均。无已，亦必得相当平均。于不能具有相当平 ⌋ 均之条件中推断音高者，通谓甲种推断，反之，曰乙 ⌋ 种推断。博士曾以乙种推断法之一〔甲乙各分二法〕⌋ 著《汉语字声实验录》，历时数载。深感事倍功半，且于 ⌋ 学者体魄消损，慨焉思有以改善之者。殚精竭虑，成 ⌋ 声调推断尺。制作及应用，详中央研究院历史语言 ⌋ 研究所集刊一本二分。往日尽二日力而成之结果，⌋ 于是竟得之于三小时顷矣。试博士试，以此发明获 ⌋ 声誉。学者知有 LILGRAPHE 也。后更有乙二声调推断 ⌋ 尺之发明，乃名此曰乙一声调推断尺云。⌋

周作人敬书。⌋

推断尺刻石之二

民国二十五年（1936）后
胡适撰记并书丹
上方刻一推断尺，下刻铭文。拓高 72 厘米，宽 46 厘米。石刻文字正书。
石原在北京，现下落不详。中国国家图书馆存拓片。
按：刻石年代据"刘复墓碑"。

录文：
博士既为乙一声调推断尺，犹⌞虑其庞大不便携用，别依乙二⌞推断法制成，构造简单，而轻便⌞行远者一种。自撰文述之于中⌞央研究院历史语言研究所集⌞刊四本四分。新制重量才及法⌞定市衡四两六钱四分，折合时⌞体积不过寻常一铅笔长耳。怀⌞挟易，测算精速，每四字之声调⌞推断作图，首尾需时十二三分⌞钟。博士卒时，距尺成仅数月也。⌞

胡适书。⌞

行健会刊石

民国二十六年（1937）元月

首题：行健会刊石记

吴县张一麐撰

杭县许拜五书

北平陈云亭刊石

拓高66厘米，宽100厘米。石刻文字隶书。

石原立于西城区中山公园来今雨轩南。1999年拓自天安门管理处。

录文：

行健会刊石记」

记曰：勇敢强有力者，天下无事，则用之于礼义；天」下有事，则用之于战胜。用之于战胜则无敌，用之」于礼义则顺治。外无敌，内顺治，此之谓盛德。古人」寓尚武精神于聘□之礼，故易曰："天行健，君子以」自强不息。"湘乡曾氏云："养生之道，在君逸而臣劳。"」谓逸其天君，而劳其肢体。自近世习于文弱，于古」人强力摄生之旨寖以衰微，致讥之者谥为东方」病夫，岂不可耻？民国三年十月，政府开放社稷坛」为公园。翌年五月，内务部长朱君桂辛决定画分」外坛东南隅之地，创设行健会，建屋十余楹，北为」正厅，东南为事务室，东北为会客室，西为棋、球、投」壶、阅报室，南为网球场，东逾走廊，为传达室及浴室、厕所等。综计费银六千九百余元，由本会理事」朱君桂辛、雍君剑秋及金君伯屏、曾君叔度与余」等分别捐助。会内聘武术教师，雇茶役、球童，购置」台球、网球、电灯、电话、报纸各项，亦岁需千余元，皆」取给于会员之常年会费，并承公园董事会赞助。」凡会员持会证入园者，得免购门券。但遇会员激」增之年，约定以溢额名数会费之半送交公园董」事会，以昭公允。此其大略也。入会同人呼吸于景」风淑气之中，习驰驱导引之术，往往病者以起，瘠」者以肥，然后知古人游艺之益，可以使肌肤之会、」筋骸之束，变易于不自知。余离故都十有六年，迄」今仍神游其间，谓此乐不可复得。老友陈君仲平」邮书属为记事，且曰："都人士得此高尚娱乐之地，」君等与有力焉。会员虽出入无常，而常能保持百」数十人之谱，则地之名胜为之也。陈君年将七十，」精神步履无异少年，是能践行健之实者。余年来」蜷伏乡里，老态侵寻，近于古人所谓宴安酖毒者，」尤愿同人之引为炯戒也。民国二十六年元月，谨」识于苏州心太平斋。」

吴县张一麐撰。」

杭县许拜五书。」

北平陈云亭刊石。」

行健会刊石

行健会刊石拓片

奉天会馆碑

民国二十六（1937）年三月

首题：北平奉天会馆碑记

辽阳吴瓯撰文

铁岭张济新书丹

北平琉璃厂李月亭镌刻

碑阳阴及附碑拓片共六纸，高166厘米至180厘米不等，宽166厘米至184厘米不等。碑文正书。碑阴及附碑均题名。

碑原址在西城区复兴门内大街奉天会馆。碑下落不详。中国国家图书馆存拓片。

录文：

北平奉天会馆碑记」

辽阳吴瓯撰文　铁岭张济新书丹」

自元以来北平数为□□毂方舆薮，人文款□之学，如市而集，雅失张淹候为苦。明嘉、隆间初有会」馆，至天、崇而极盛，郡邑往往分帜。清制，非试馆无得近内垣，故会馆多处城外，接闾联廛，或至县设」数馆，馆衔数巷，于以敬恭桑梓，覆帱风华，甚盛事也。吾乡地广丁稀，胜国之初，丰沛豪门，固以靡烦」选谒，其移殖之士，往往笃力田之风，高隐雾之志。若李铁君、石东村诸先生，皆幽栖高蹈，不应公车。」盖非弦歌独后，其气习然矣。乾隆乙巳年，始有省馆在西珠市口，迄今二百余年，簪缨浸盛。改元以」还，海内为一。乡人士不私其有，公馆事于吉、黑二省，于是吉林宋铁楳先生大榜"东三省会馆"于楣，」昭其义也。然地隘无足以广容，吉林宿有专馆，乡人亦浸议更张。二年癸丑春，」前大元师张公雨亭以师旅入告，陈介卿先生方司号禁营，置酒为劳，相与述前型，思来者，辄慨然」欲任其难。嗣国会期集，乡彦萃止，搢绅弦索之士弥增。岁时往还，苦无以举会同之礼，而乡邦多故，」旅食诸君了方欲塞垤纾急弭患于未来，叩阙呼庭，尤感集事之靡托。乙卯秋，张公与冯师长阁臣」再莅都门，遂定募置之议。丙辰岁首，乡人大集于陈君戟门，选乡望，作始具疏启册，据如制。介卿先」生与绅耆十三人者实为首事，以鲍霆九先生综出纳责。议甫定，张公即以三万金倡，桴鼓交应，声」势渐张。复辟役终，张公以定难丰功来都策国是。风云际会，东人冠盖满京，相与治具邠园，颂成功」而张乡宴，高歌雅乐，意气甚豪。介卿先生飞觥掬战，已酣醉，犹刺刺语馆事不能休。张公引满言曰：」"某叨父老力，得济忠于国，身世休戚与父老共。愿蒇馆事，以永今日之欢。其费某独任，有宿言，不敢」以复烦父老。"辞未竟，四座嵩呼，尊爵交集于公前，匄訇豪饮，忘于宾主之仪。介卿先生跌踢曳归，至」一醉七日。既而共与议曰："公无私蓄而肩百用，夙昔不吝，其贤劳惠已厚矣。置馆百年事，忍以累于」一人？"于是唱导呼和，飞声传响，南迄湘澧，北暨龙沙，旌旗所经，声徽所届，自方师联城，下洎百里之」寄、十夫之选，列版挂籍者无不赴义输诚。未期年而醵足十万。呜呼！盛矣！增将军瑞堂者遗惠在东，」于张公有故，其旧刑部街邸第堂皇甲一方，周垣缭绕可二十亩强。知东人諏馆之交相义也，让值」十之四，以六万金为成。厅堂室寮，罘罳庖湢之属无不备。横三第，综二百五十楹。以八年己未夏六」月一日行开馆礼，期而至者千余人。自是而籍有稽，业有息，困有归，宴乡有集，而会同有所托矣。乡」宿任觐枫先生隐日下最久，且七十矣，谓垂老得与盛事，不敢以齿让于仁，为规画建除涂塈之宜，」起歌馆华台于东偏，采焕雕镂，有加于旧。督役作，虽风雪无间。越庚申秋九月而工竣，盖自始议至」斯，历时八载，初感钓丝绞水之叹，继有回流停缆之虞，赖二三耆德坚持不堕，更变乱无所挫，卒以」期岁之力，成不世之功。经始之难，作成之勇，可不思哉？庚申抵今，又十有六年。人事沧桑，至靡可究」诘。予余流走无长物，独余此馆以系心目之思。悲夫！今年春，主事者欲刊石纪事，相谣逮以文，且曰：」"往者馆寄于乡，今乡寄于馆矣。"余心诺而未以应也。或曰："奉天改辽宁而失宁，北京改北平而失平，」名弗祥欤？人事之不臧欤，未可知也。今以失宁之民寄失平之地，茫茫未知其所极。子乡人也，义无」以迟勒石之庸。"余惟举废由人，而兴衰有势。方东人之盛也，力半天下，远近为之□走□□有于斯」馆。今肩喙相承，丧其百有，以流离于四方。馆虽存，宁足以资覆荫？馆寄于乡，乡果寄于馆乎？若夫时」地流转，先后同揆，孰名祥名？孰位□位？执是以为休咎，抑所谓刻舟以求剑也。虽然，物有恒则，事有」定性，不蔽者金石，而常存者宇宙。则夫踵前休，发嗣响，因于斯，著于斯，以观兴于斯。虽馆无其会，会」无其人，千百年后，犹有所以永世者在。余厕乡□后，其何敢以不文辞？是役也，张公雨亭最为功首。」终始肩荷而未已者，盖介卿先生独任其劳，增将军之啬己丰人，任先生之忘年尚义，并足以矜式」来兹。其绅耆十三人者，与诸董事，暨尝戮力于馆事者，皆别有刊记，故弗详云。」

中华民国二十六年岁次丁丑春三月谷旦。」

北平琉璃厂李月庭勒石。」

碑林刻石

民国二十六年（1937）七月

首题：碑林记

陈继淹撰并书

拓高 50 厘米，宽 95 厘米。石刻文字正书。

石原在东城区，现不知下落。中国国家图书馆存拓片。

按：民国时北平市警察局局址即明、清两代的吏部衙署。

录文：

碑林记」

北平市警察局，本前京师警察厅」所改组而成者也。其局址则为明」清二代吏部衙署，历史既长，文化」尤伙。继淹来长斯局，首先既以保」存古物自任。是以公余之暇，辄从」事征文考献，凡局中所有石刻文」字，一一周览之，审订之，即残碑断」碣，亦必挑苔剔藓、摩挲久之，甚至」如没字之碑，且犹不忍听其沈埋」于瓦砾丛中。诚以事关沿革，非可」苟焉。兹择其与本局历史及文化」有关者，如《古藤记》，如《衡鉴要语》，如」《赵邦清铨衡志感》，如题名，如考功。」题名如各科题名碑记二种，皆明」代之记载也。如《重修验封司记》，则」清代之记载也。碑凡有八，一律移」置于秘书室之北窗外，次第罗列，」俾免散佚。工既竣，余自维韩陵片」石，犹堪共语，中郎黄绢，绝妙好辞。」是碑也，虽未足与之等量齐观，而」其有裨于掌故，要不啻本局文史」之林耳。爰名之曰碑林，走笔而为」之记。」

阜平陈继淹撰并书。」

中华民国二十六年七月日。」

"教忠坊"匾发现刻石

民国二十六年（1937）岁在丁丑十一月
旧都文物整理实施事务处谨识
拓高42厘米，宽31厘米。石刻文字正书。
刻石现存东城区府学胡同文天祥祠。

录文：

整理旧都文物第二期季夏之月，次及文丞」相祠起享堂角门阶石，于背面见教忠坊旧」额，字体遒劲，不知何人所书。按道光七年重」修碑记，此石本为二门门额，改砌大门屏壁，」何时沦作阶石无可考问。顾孤忠表节，可以」教叔世而砥横流也。爰弄之祠壁以垂矜式。」

旧都文物整理实施事务处谨识。」

中华民国二十六年岁在丁丑十一月。」

"教忠坊"匾发现刻石拓片

柳林居故村附近迁移公墓纪念碑

民国二十七年（1938）暮春
首题：柳林居故村附近迁移公墓纪念碑
石刻文字隶书。
石原址在海淀区蓝靛厂中坞村，现藏中国人民抗日战争纪念馆。

录文：
柳林居故村附近迁⌞移公墓纪念碑⌞
中华民国二十七年⌞暮春，政府兴建飞机⌞场于京市西郊柳林⌞居村，收用村有民地⌞约三千亩有奇，田园⌞偿以值，庐墓给价□。⌞

铁良墓志

民国戊寅年〔(二十七年(1938))〕五月十一日卒

首题：皇清诰授光禄大夫□□□□□江宁将军予谥庄靖满洲穆尔察公墓志铭

大兴冯恕撰文书石并篆盖。

志长67厘米，宽66厘米。志文漫漶，右上角略有残缺。志文正书，盖篆书。

1949年后海淀区出土。现藏海淀区文物管理所。

录文：

盖篆：皇清诰授光」禄大夫建威」将军前江宁」将军予谥」庄靖满洲穆」尔察公墓志」铭」

皇清诰授光禄大夫建威将军前江宁将军予谥庄靖满洲穆尔察公墓志铭」

大兴冯恕撰文书石并篆盖」

大清宣统三年辛亥，上始六岁。其年冬，奉隆裕太后诏旨，将统治权公诸全国，定为立宪共和政体。已，与」皇帝退处霞闲。时江宁将军穆尔察公铁良方谒告，即奉符印抵继任总督张勋而去。当是时，武昌革命军」起，数省响应，大夫士多避处沪津间。公既去官，间关北上。路梗塞，留寓津沽。越十有四年甲子，乘舆被迫播」越，驻跸天津。前此诇伺严重，朝请久绝。至是，公始得时时献纳焉。越八年辛未，上幸旅顺，偏安鸡林。公以微」疴不从行，悲忧感愤，若焦若熬，疾益甚。戊寅五月，薨于津寓。事闻，上悼怆，命宗支奠爵，锡明器银币，予谥」庄靖。特谕称公练兵理财诸要政，规画精详，器局宏深，不阿权要，斯可谓一代君臣礼忠不替者已。始，公读」书大父吉安太守官舍。吉安卒，随父礼部员外扶丧回京师，受业于母太夫人。居四载，礼部卒，家褒艰，遂弃举」子业，究心经世之学，尤致力治赋治军二者，纵横毋弗，巨细靡遗。意谓救国贫弱，舍是末由也。乃以笔帖式官」工部，考充神机营寓官，兼海军委员，补本部主事，升员外，调户部银库员外，擢通政参议、大理少卿、内阁学士、」户部侍郎。自入仕历二十年，九迁而官尚书。当其绾银库三载，凡赋税、漕仓、盐茶、榷酤、平准、昔稽诸典志者，今」得见实际而知其体要。充神机营翼长，凡陆海军章制、学术、风规、器械、蒐狩，曩歆羡泰西盛强者，今皆深研之」而洞窥其奥窔。每于升擢入谢，奏封辄移晷刻。两宫知公文武有立，可当大事，因念国家承平久，旗兵□弱，」命选满蒙丁壮，交直隶总督袁世凯训练。诏公以户部侍郎为会办，驻保定营次，时为光绪癸卯年。公采放」列国兵法，补短移化，勒习三载，士卒皆有勇知方，所谓近畿第一镇也。秋，诏赴日本阅操。明年，诏往南省检」阅陆军，考核造械合宜地址，兼察财政。公由津遵海至苏、沪、江宁，而皖，而赣，而湘，北折至鄂豫。乙巳春，归朝复」命。所陈军政、财政、冶铸、盐榷各疏，厚盈数寸。奏入，一切报可。是年，升户部尚书兼摄兵部尚书，授军机大臣。军」机大臣即前代宰相，绝尊重。公旦夕随寮寀谋议于上前，有所献替，皆关治乱存亡者。朝退，即裁决部务，发」挥智能，展采错事。综其所设施，若建陆军学堂，创办练兵处，齐一军制，京旗与各省常备军同待遇，各省设督」练公所募练新军，成立后奏派大员检阅，逐年选调大操，选学生出洋肄习，全国枪口一律，而以渐裁汰绿营，」整顿庚子岁币，收回常洋关税权，设学堂培养关税人才诸事，次第举行。两宫倚任日专，公亦忧国如家，忘」身奉上，引天下大事为己任。然嚚媚以公门墙严峻，妨害其营私；憎恶者以公体性忠纯，不与之朋比，于是」机牙四出，钩谤飞谋，卒使杌陧不安，退出枢府，所有理财经武计画，不获竟其设施。有识者所为潸睎而太息」也。时方改官制，任公以陆军部尚书。公谓，大司马虽总理全国戎政，然各省陆军仍应由疆臣训练调遣，近畿」六镇，亦应派大员筦辖，部臣但监督之。又疏陈，各省财政，应为督抚留指挥余地，总之不可骤使大权集归中」

铁良墓志

央也。戊申冬，两官相继殂落，上方幼弱，新政施行，主计者派员四出，监理财政，而督抚失权，陆军部减削」职权，而部同虚设。公知事不可为，遂引疾乞退，屏屈西山者经年，嗣乃起为江宁将军，即日趣之就职。当是时，」枢臣举措失宜，而党人哄之，权臣觊觎非分，而奸佞成之，终至四方麋骋，国亦卒斩矣。时宣统辛亥冬也。公惊」骇跳号，泪尽血出，夫何济哉？夫何济哉！公姓穆尔察氏，字宝臣，满洲镶白旗人，先世居萨哈哩乌拉胡尔哈模」林河。始祖讳福拉他，随太祖征战有功，从大军入关，始居京师。五世祖讳哈靖阿，乾隆乙丑进士，官广西按」察使。高祖讳成书，乾隆甲辰进士，官户部侍郎。曾祖讳那斯洪阿，嘉庆丁丑进士，官内阁学士。大父讳特克绅」布，官江西吉安府。考讳英会，官惠陵礼部员外郎。自阁学下，皆以公贵，赠如公官。曾祖妣氏章佳，祖妣氏汪佳，」妣氏博尔济吉特，皆赠一品夫人。配乌苏氏，封一品夫人，贤有法度，先公九年卒。子五：长魁瀛，二品荫生，法部」主事，陆军学堂毕业，改三等侍卫；次魁澍，一品荫生，邮传部员外郎；三魁濂，青年会毕业，皆乌苏夫人出；四魁」沽，五魁津，侧室苏佳氏出。孙七，女孙四，曾孙三。公生于同治癸亥年二月十八日，薨于共和戊寅年五月十一」日，年七十有六。将以某年某月日葬宛平县六道口祖墓之次，乌苏夫人祔焉。魁瀛等衰绖请铭于冯恕。恕曰，」庄靖公德业，宜著之青史。惟改玉改步，史官星散，谨最公平生政迹关于天下存亡者志之，藏幽之石。至若经」历官职、承受荣贶，无与于兴衰治乱，故不备书。乃为铭曰：」

蔼蔼相公，辅拂高明。高明掩曜，彗茀纵横。摈之挤之，斁其斧柯。神祖圣伏，忧伤奈何！銮舆遁荒，黑水白山。清宫」何日，骑箕问天？公毋问天，积累绵延。敉中汉世，乾象三连。太卜得籑，敬告九泉。」

通州事件棉花关系殉职者慰灵碑

民国二十七昭和十三年（1938）七月

额篆：通州事件棉花关系殉职者慰灵之碑铭

首题：通州事件棉花关系殉职者慰灵碑铭

建设总署署长殷同撰书

通州事件棉花关系殉职者慰灵碑建设委员会敬建

碑身侧面有榫，各有副碑相连，副碑上有碑顶。碑身高243厘米，宽103厘米，厚45厘米。额文篆书，碑文正书。

1996年普查时，碑在通州区梨园潞港标准件有限公司院内。

按：抗日战争时期，日本侵略者借口考察北平农业，派8个日本人进入通州，被抗日志士击毙于棉花田中。日本人令伪政府为其立碑并把方圆几里的庄稼尽数砍光。该碑是日本侵略中国的实物例证。

录文：

额篆：通州丨事件丨棉花丨关系丨殉职丨者慰丨灵之丨碑铭丨

通州事件棉花关系殉职者慰灵碑铭丨

中华民国廿六（昭和十二）年七月之杪，通州变作，日本岩崎元次、今井义□、丨滨口良二、滨口文子、土居下尾、山万代、小川信行、安田秀一关□丨人以供职冀东，同罹于难。嗟夫！诸君子跋涉远道来莅兹土，方□丨于农田水利树艺之业思有以竟其功，为是邦之人谋其乐利。□丨不测使不得竟其功，不宁惟是，且捐厥继以俱殉也，岂不悲哉！□丨壮志伟业足千秋矣。盖诸君子虽逝，后之来者仍踵诸君子，□丨异日土地辟田、野治树艺、□物产充溢、财货饶足，是邦之人咸得丨生。追溯畴昔肇始者之功，相与讴歌而称道之，非诸君子，其孰与。丨倏忽一载，同人拟酾金为之纪念，邑人士亦后先输资输谋，佥同丨□□以彰其事而永其传。今之钦崇已若此，后之历久而不忘，著丨文勒石，用申感慕之怀且以昭示来兹。铭曰：丨

人谁无死？罕有令名。惟诸君子，千载垂声。孰云寂寂，死而犹生。兹丨光荣。丨

中华民国二十七（昭和十三）年七月。丨

通州事件棉花关系殉职者慰灵碑建设委员会敬建。丨

建设总署署长殷同撰书。丨

通州事件棉花关系殉职者慰灵碑　　　　　　通州事件棉花关系殉职者慰灵碑拓片

北平余氏宗祠刻石

民国三十年（1941）六月一日

首题：北平余氏宗祠记

芜湖洪镕敬撰

永新陈继圣敬书

拓宽 84 厘米，高 39 厘米。石刻文字正书。

石原址在西城区德胜门西顺城街 60 号，1996 年 2 月 29 日征集，现藏北京石刻艺术博物馆。

录文：

北平余氏宗祠记」

北平余氏于清咸丰间由会稽来迁。始迁祖」曰宝甫公，而崧龄公继之。两世皆早孤，育于」贤母，单门弱子，宗祐之绵延不绝如线者，盖」五十余年，自崧龄公举四子而族始繁，迨载」门大理起而门乃大，于是京师论族望者必」首屈余氏焉。国都南迁，大理□谢□事，尽志」于讲学课子。尝谓修身齐家为治平之本，立」祖敬宗，为孝弟之□。居□以此教人，亦以此」自励。而余氏□□□酉年□□□□。总之，植」一椽之庇□□□□□□□□□□□□」之后，不□□□典礼□□□□□心滋愧焉。」一日厂肆□人有以金坛王□常给谏墨迹」求售者。读之乃诸暨余氏祠堂碑铭也。大理瞿然曰：有是哉！吾祖先□之佑启小子也！则小子所以继先□□□孝道者，其在斯乎？盖会稽余氏之先，□□诸暨□□，则为会稽之」分支者，必以诸暨为□祖矣。院公者，□建诸」暨祠堂，请御史□□□□□闻□□一念之」诚，有金石为之□□□□□□者，

北平余氏宗祠刻石拓片

况宗庙□物之传祖孙,精诚□□感召者乎?□理□得碑铭,乃卜净业湖太平庵旧址为□□余氏宗祠,构堂三楹,为位□□□□以下□□祀焉。祠成,摹碑铭于堂壁□其□□□□示后人。诗所云昭兹来许,绳其祖武者,大理有焉。祠旁筑小楼为祭余饮馂之所,大理时时吟诗作画于其间。登斯楼也,泛湖烟景,近纳于槛楹间,西山爽气,远挹于几案。镕昔尝游会稽,访若耶云门诸胜,又尝游诸暨,泛浣江而望苧萝,其溪山皆幽深旷远。今观于净业湖,仿佛似之。吾□余氏先灵之托□此者,必无感于燕山越水之殊。大理于此不□□祠宇于诸暨会稽也,不亦踌躇满志也乎?!镕既瞻拜祠下,觞咏楼中,□退而为之记。

中华民国三十年六月一日。芜湖洪镕敬撰。永新陈继圣敬书。

武庙历代名将传赞刻石一组

1. 周卿士方叔传赞刻石
民国三十年（1941）年十二月
华世奎书丹
拓高 34 厘米，宽 45 厘米。石刻文字正书。
石在西城区德胜门果子市。
按：此为武庙历代名将传赞之一。

录文：

周卿士方叔」

方叔，周宣王时卿士。宣王五年」八月，受命帅师，征服荆蛮。《诗·小」雅·采芑》云："蠢尔蛮荆，大邦为仇。」方叔元老，克壮其犹。方叔率止，」执讯获丑。戎车啴啴，啴啴焞焞。」如霆如雷，显允方叔。征伐玁狁，」蛮荆来威。"是年六月，尹吉甫伐」玁狁，至于太原，方叔继之，南北」皆定。」

赞曰：」

中兴桢幹，宏启周京。显允方叔，」受命徂征。已伐玁狁，复定蛮荆。」壮猷克展，治定功成。」
华世奎书。」

2. 李牧传赞刻石
民国三十年（1941）年十二月
张海若书丹
拓高 34 厘米，宽 45 厘米。石刻文字正书。
石在西城区德胜门果子市。
按：此为武庙历代名将传赞之一。

录文：

赵武安君李牧」

李牧，赵北边良将，常居代，备匈」奴，厚遇战士，习射骑，谨烽火，多」间谍。匈奴每入寇，即收保不战。」数载，不亡失。赵王以为怯，使他」人代将。战数不利，乃复使牧选」车骑士卒习战。单于悉众来，牧」多为奇阵，张左右翼击之，大破」匈奴十余万骑，降林胡。赵王以」牧为大将军。破秦军，走桓齮，封」武安君。后为郭开谮杀。」

赞曰：」
北边良将，智略驰名。谨烽厚士，」保聚不争。一旦决战，匈奴为倾。」奈何阉主，自坏长城！」
张海若写。」

3. 蒙恬传赞刻石

民国三十年（1941）年十二月

齐振林书丹

拓高34厘米，宽45厘米。石刻文字正书。

石在西城区德胜门果子市。

按：此为武庙历代名将传赞之一。

录文：

秦将军蒙恬」

蒙恬，秦将军骜之孙。骜为秦攻」取三晋，子武与王翦伐楚，世积」战功。始皇时，恬为将军，攻齐，大」破之，拜为内史。秦已并天下，乃使将三十万众北逐匈奴，收河」南地，筑长城，因地形，用险制塞，」起临洮，至辽东，延袤万余里，威」振匈奴，为中国宏功。后为李斯、」赵高所忌，矫诏赐死。」

赞曰：」

峩峩长城，雄峙万里。创自秦皇，」建于蒙氏。赋役虽繁，厥功足纪。」界限华戎，焜耀青史。」

齐振林敬书。」

4. 管仲传赞刻石

民国三十年（1941）年十二月

华世奎书丹

拓高34厘米，宽45厘米。石刻文字正书。

石在西城区德胜门果子市。

按：此为武庙历代名将传赞之一。

录文：

齐上卿管夷吾」

管夷吾，颍上人，初为齐公子纠」傅。纠死，以鲍叔牙荐为上卿，相」桓公，作内政，寄军令，定轨里连﹂乡之制,国以富强,遂霸诸侯。攘﹂夷尊周,南伐楚,责包茅不贡于﹂王室,北伐山戎,令燕修召公之﹂政,九合诸侯,一匡天下,皆仲之﹂谋。桓公号为仲父,谥敬仲。有《管﹂子》八十六篇。﹂

赞曰：﹂

六韬心法,世守临淄。内政军令,﹂阴符遗规。遂创霸图,尊王攘夷。﹂非天下才,孰与于斯？﹂

华世奎书。﹂

五色鹦鹉冢刻石

民国元默敦牂〔三十一年（1942）〕元月

额篆：五色婴武冢

首题：清宫五色鹦鹉诔辞

古高城潘毓桂书丹

拓高68厘米，宽34厘米。石刻文字正书。

石原址在宣武区陶然亭公园。石已佚。中国国家图书馆存拓片。

按：潘毓桂（1884—1961），字燕生，河北省盐山县人。清末举人，日本早稻田大学法科毕业。曾任伪天津市市长，著名汉奸。

录文：

额篆：五色婴武冢」

清宫五色鹦鹉诔辞

古高城潘毓桂书」

岁在元默敦牂元月，清宫之五色鹦鹉老且死。董其事」者悯其身世，惜其羽毛，不忍其躯壳委诸草莽也，故制」为标本，树其原形于稷园之别室中，以贻后人瞻望凭」吊。盐山潘子燕生蠹然伤之曰："有心哉斯鸟也！其形存，」而其心肝肠腑顾可弃乎哉？"爰取鹦鹉之遗脏，盛以琉」璃之棺，覆以锦绡之被，集故都人士，会葬于江亭赵灵」飞墓侧故鹦鹉冢旁，俾仙禽、美人并传不朽。乃属南皮」张厚谷为辞以告之曰：芝草兮无根，流水兮不腐。能」言而不离飞鸟兮，独羞与不忠者伍。斯濯濯之仙魂兮，」岂庸庸之肺腑？埋绝代之红颜兮，共一抔之黄土。吾将」扪瘞鹤之碑铭兮，抗手华阳而上下其千古。」

李君创设玉器商场碑

民国三十一年（1942）四月吉日

额篆：徵在万年

首题：李君创设玉器商场记

古贳城李生馨撰文

束鹿县刘子久书丹

李门马氏立石

碑方首浮雕二龙戏珠，方座浮雕花卉。碑首身高 250 厘米，宽 75 厘米，厚 25 厘米；座高 63 厘米，宽 103 厘米，厚 44 厘米。额文篆书，碑文正书。碑阴无字。

碑原址不详，碑现藏崇文区隆安寺。

录文：

额篆：徵在」万年」

李君创设玉器商场记」

古贳城李生馨撰文」

束鹿县刘子久书丹」

丽水生金，昆山产玉，故善营利者必居于市廛，发挥一定之规模，预建方来之阀阅。宝肆宏开，贮有货殖，有如于公盛德，自当□□门间也。李」君敬轩讳殿楹，河北深县人，昆仲四人，君序在三，性豁达，识量冲远，喜交游，富勇敢，慷慨尚气节，以任侠学闾里。少挺伟姿壮，有大志，苟使得」志济时，定能陈敷治策。顾乃淡视名场，独效计然术。十七岁来京习珠玉商，四年后自行营业，□业大售，以故微有精器，岁□□□置房产，集」资开设聚义成，收售玉器。民国改建，业尤兴，更远及海外，李氏乃大。民国十二年岁癸亥，东□地震，将历年寄存货物损失一空。常人处此，能」不戚戚？而君揆度机宜，毅然不惑，乃将北京存货及所有房产扫数变卖，清还外债。于是十年之功废于一□，业乃停。后得至友扶持，出以巨」资购得青山居旧址，创设玉器商场，因之各路玉商咸

李君创设玉器商场碑碑阳　　李君创设玉器商场碑碑阴

来是居，纵横列肆，经纬有常，买卖者云集，参观者辐凑，汉璧秦璆、吕璜雍玉，光怪陆离，」目不暇接。每当晨曦初放，售购客先后陆续来，交易而退，各得其所，虽时不在日中，亦若古之市制也。君处衷润穆，藻鉴如神，持躬维诚，温和」可接，遐迩蜚声，令闻籍甚。复于祖籍深县徐家屯村自立李氏义塾，设计建筑靡资巨万，聘名师，聚生徒，无力就学者志招之，来且多方赒恤」之。书声琅琅，彻然不哗，莘莘学子均得其沾溉。君配韩氏，民国七年卒。翌年配马氏，马氏者，巾帼丈夫也，聪明睿喆，读书识道理，运筹擘画，襄」理种切，君之成绩亦资内助之力焉。余与李君素昧生平，二十九年秋始晤于崇效寺，半面初逢，两心莫忤，久思再瞻丰仪，以□□吐，终以俗」冗羁绊，迟迟未果。讵意去年嘉平，竟一病不起，甫几日溘然长逝矣。呜呼！大雅云亡，恸典型之不作；天问无辞，叹招魂之不返。虽云丈夫论定，」须于盖棺之年，而吉士沦殁，每惜永诀之际也。马氏伉俪情深，悲同子敬之琴；华表梦遥，仍望令威之鹤。拟于商场立石，表彰君德，以刘君玺」廷之介，乞文于余。余本不文，何克胜任？然深慕李君之为人，且方命不恭，用是不揣谫陋，为最其要而叙其梗概云。君生于逊清光绪十三年」六月十三日亥时，卒于建国三十年十二月二十日寅时，享年五十有五岁。马氏无出，承嗣子二：文善、文通。」

中华民国三十一年四月吉日。李门马氏立石。」

李君创设玉器商场碑碑阳拓片

钱业公会记刻石

民国三十一年（1942）

首题：北京市钱业同业公会建筑会址记

卢龙姚泽生撰文

卢龙温鹏年书丹

阳、阴拓均高49厘米，宽76厘米。石刻文字正书。

石在宣武区前门西河沿正乙祠。

按：正乙祠过去为银号会馆，现戏楼仍存，其余建筑改为民居。

录文：

北京市钱业同业公会建筑会址记」

慨自海运大开，商业论战，纵横驰逐，经济实为中心。□□有」诚之士，鉴于潮流趋势，多起而经营钱业，以谋社会金融之」圆活，促进各业之发展。国家政府又为之厘定章则，监督管」理。于是各大商埠有钱业同业公会之设立焉。北京钱业同」业公会创自民国十七年秋，原名银钱号公会。二十二年，改」组为银钱业公会。二十四年，炉房公会并入本会，始易为钱」业同业公会。初以前门外北孝顺胡同十三号为会址，二十」五年，迁移东珠市口五十七号，二十七年，又迁移廊房头条」劝业场内。凡此播迁，多缘赁屋而居，以致转徙靡定。至二十」七八年间，都市商业愈趋繁荣，经营钱业者日益多，声请入」会者亦日益众。而会址湫隘，每届召开会议，济济多士，苦不」能容。泽生忝为会长，睹斯现象，于是有购置会址之提议，询」谋佥同，当成立购置会址委员会，推举朱仙洲、贾子青、李□」坡、田汉章、王万青、魏瀛洲、王弼华、马朴存八人为委员，专司」购置事宜。惟时值乱杂，四方多故，人民趋避，麇集京师，庐舍」供不应求，物价续涨无已。一椽难假，尺土寸金，欲于此求得」广厦崇楼堪为会址者，良非易事。然卒以各委员之努力，购」得前门外西河沿二百零二号住房一所，计楼房四十栋，平」房十一栋，用作会址，尚觉适宜。惟梁栋倾斜，装修剥落。假此」集会，仍不免有风雨侵袭之虞，而重修改建之议遂因之而」起。仍以各委员董其事。初议就原有房屋略加改造，油饰见」新。乃泽生暨朱委员仙洲为彻底改观，一劳永逸计，重为计」画。议将后院楼房全部拆卸，南面改建大会场五间，北面改」建客厅五间，东西平房各三间，前院各屋及临街五间，就原」有基址修饰见新，改换外貌，并添筑屏门一道、厨房一间、厕」所一间。计议既定，提会通过。遂招工勘估，绘图建筑，即由各」委员轮流监工。经始于三十年二月，至五月而落成。凡此构」造经营，虽未极堂皇之能事，然值此时艰，亦煞费心力。使多」年移徙靡定之会址，一旦奠其永久之基，亦不可谓非一时」之盛举也。第人世变迁，光阴荏苒。尚希后之贤者随时□□，」永保厥观，更于会务前途发辉光大，实吾钱业之荣焉。斯役」用款，皆由各会员银号平均摊集。工竣，属记于余,爰叙颠末 」如右,并列各会员字号于左。后之览斯文者,其以为信史也 」乎？ 」

 卢龙姚泽生谨撰。 」

 卢龙温鹏年敬书。 」

中华民国三十一年月日 」

（碑阴）

北京市钱业同业公会建筑会址摊款各委员会字号列后： 」

大德恒银号

大德通银号

大信源银号

久丰银号

中裕银号

天兴银号

永增合通记银号

永通银号

永泰成银号

永泰公银号

永昌银号

平易银号

立丰银号

同德银号

同发长银号

同义银号

同蚨银号

同盛银号

金华银号

河北银钱局

恒阳银号

恒升银号

恒泰银号

恒德银号

信诚银号

信泰银号

信裕银号

信昶银号

春和银号

厚生银号

祥瑞兴银号

峻兴和银号

泰昌银号

泰丰银号

晋汇丰银号

益丰银号

蚨亨银号

通盛银号

启明新记银号

启泰银号

崇德银号

崇兴银号

隆信益记银号

裕长厚银号

裕昌厚银号

裕隆银号

裕祥银号

裕德银号

华盛银号

华成银号

华通银号

敦泰永银号

开源银号

集诚银号

万义长银号

万生银号

义聚银号

义聚和银号

义隆银号

义和银号

金和银号
福昌银号
福利银号
福顺德银号
源通厚银号
新丰银号
诚记银号
聚义银号
聚德银号
聚兴银号
荣德银号
肇兴银号
广瑞银号
广信银号
积生银号
积昌银号
余大亨银号
鼎丰银号
德源长银号
德裕成银号
德丰裕记银号
豫华银号
济通银号
鸿庆裕银号
谦益银号
宝生银号
振大银号

白乙化纪念碑

1944年5月刻

额题：纪念碑（阳）纪念碑（阴）

首题：白乙化同志传略

吴涛撰文书丹

碑方首。碑通高143厘米，宽51厘米，厚15厘米。阳、阴额文均横题，双钩正书；碑文正书。

碑原址在密云县马营，即县城西北25公里降蓬山下白乙化牺牲地。中华人民共和国成立后，碑后一直保存在密云县文管所。

录文：

额题：纪念碑」

白团长千古」民族英雄」

倪蔚庭、师军、胡毅敬奠」

中华民国三十三年五月立」

（碑阴）

额双钩题：纪念碑」

白乙化同志传略　吴涛」

白乙化同志，辽宁辽阳人，年三十。生于一九一二年（民元）辽阳石场峪村，聪明过人，十三」岁能诗，闾里咸以白才子呼之。及长，性亢爽，有胆略，胸怀大志。」

日寇对东北侵略阴谋日益加紧，遂宿志武装抗日，入沈阳东北军官教导队。毕业后，复」入讲武堂。因不愿参加军阀混战，一九二九秋逃北平，考入中国大学攻政经。信仰共产主义，」愿以终身事业为无产阶级奋斗。一九三零年秋，加入共产党。」

"九一八事变"后，组织义勇军抗日，旗帜高举辽西、热北。历二年，弹尽援绝，退关内。复入中」国大学政治系，领导学生运动，领导民先。一九三六秋，赴绥西东北垦区工作。」

"七七事变"爆发，乙化同志遂领导垦区起义，组织抗日先锋队，渡黄河，入蒙古，转战晋绥」各地。

烈士陵园

白乙化纪念烈士陵园石牌坊

一九三九春，转平西，与抗日联军合并，任副司令员。未一年，部队走向正规，编十团，任团」长。一九四零年春，开辟平北，大小百战，亲临战场，艰险当前，不畏惧，不退缩，坚决顽强。将一年，」丰、滦、密，已从日寇手中夺回，奠定了抗日民主根据地之基石。」

一九四一年二月四日，马营战斗，乙化同志不幸壮烈牺牲，实我党我军巨大损失。山河」未复，大仇未戮，全党全军继续迈进，踏先烈血迹，奋斗到底！」

白乙化纪念碑碑阳拓片

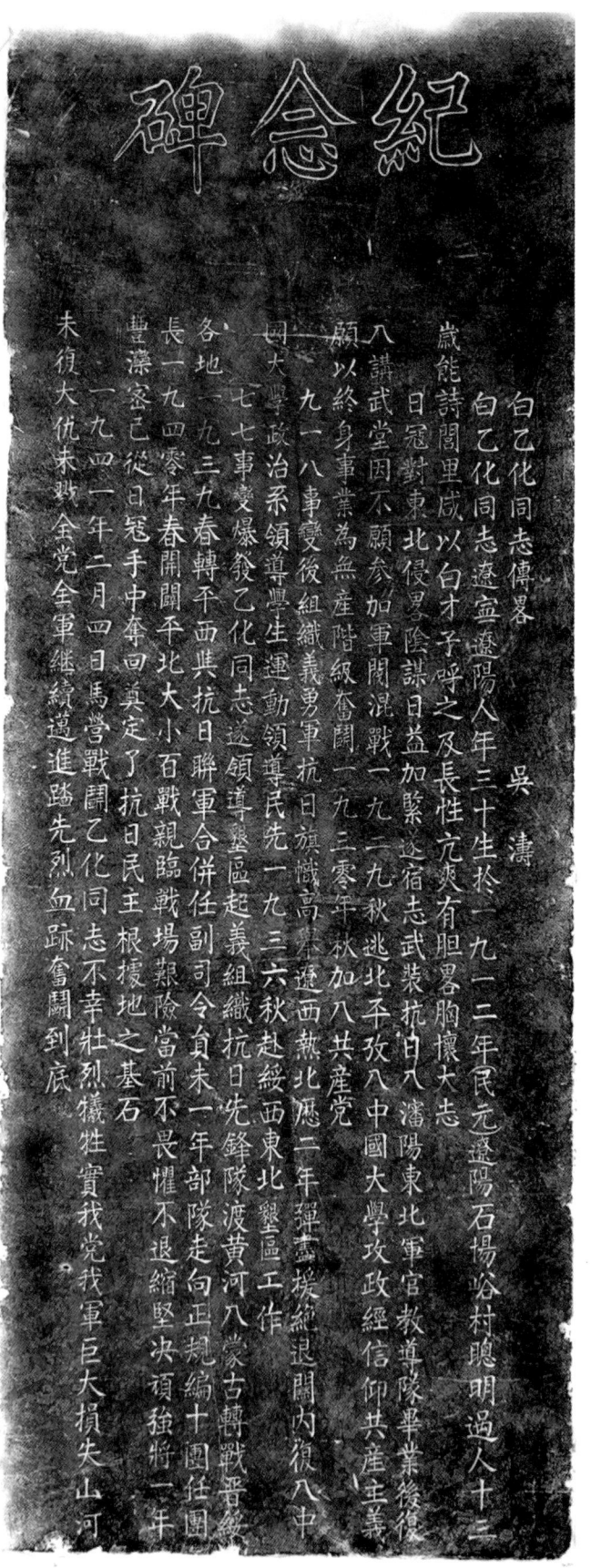

白乙化纪念碑碑阴拓片

玄奘灵骨塔铭

民国三十四年（1945）六月二十四日

拓高27厘米，宽37厘米。塔铭正书。

石出土于西城区北海大圆镜智宝殿遗址，现下落不详。中国国家图书馆存拓片。

按：据记载，民国三十三年（1944）自南京奉持玄奘法师灵骨至北京，供奉在团城承光殿后，中华佛教同愿会号召各界人士募资建塔。曾商议准备在北海北岸观音殿之故基建塔，后来伪华北政务委员会会长王揖唐及汉奸曹汝霖、靳云鹏、殷汝耕等集资，在北海北岸公共体育场（真谛门）内建造灵塔，将玄奘法师部分灵骨贮于塔内。中华民国三十四年（1945）8月12日《中华周报》刊登了《北京玄奘法师灵塔记》一文。抗战胜利后，民国三十五年（1946），经呈报市府，指令将灵塔拆除。

录文：

唐三藏大遍觉法师玄奘灵骨，总章二年，」自瀍东徙葬于樊川，是为兴教寺塔。后因」黄巢发塔，播迁于终南紫阁寺。宋天圣中，」建业僧可政之长安传得，为起塔于雨花」台天禧寺。明洪武十九年，自天禧寺徙葬」于报恩寺之三藏塔。清咸丰初，洪、杨据金陵，」毁寺覆塔，既灭其迹。民国卅一年十二月廿三日，日本」高森隆介发见之，日大使重光葵举以还我」国府。外长褚民谊为起塔于小九华之巅。卅二」年冬，白坚寿冶受分至北京，燕赵鲁齐并豫」四众，爰为建塔于北海观音殿之故基。所愿闻见，」宏扬正法，修明圣教，共济群生，以斯胜因，同登妙果。」

王揖唐、曹汝霖、靳云鹏、汤芗铭、」夏莲居、殷汝耕、刘杰臣、李静贤、」全朗、显宗、梵月、慧三、许静斋、朱华亭。」

中华民国卅四年六月廿四日。」

宛平县人民八年抗战为国牺牲烈士纪念碑

民国三十五年（1946）七月七日谷旦

额题一：豪气长存

额题二：英名万古

首题：宛平县人民八年抗战为国牺牲烈士纪念碑

宛平县政府县长傅万睦暨全县人民公立

宛平县政府民政科长王海如撰稿

纪念碑共四通，上建有8.75米高的方形重檐四门塔式碑楼，碑楼下部有四个券洞砌四通石碑。四碑均高约190厘米，宽约60厘米。碑正文镌于朝南的一面，额文横题于碑上方，双钩正书。首题居碑身中部，竖题阳刻，行楷。首题右侧镌碑文8行，碑右侧边框外还残存旧碑的一行文字"特授顺天府宛平县齐家分司巡政厅加三级纪录三次蔡"，首题左侧镌文字9行，均正书。碑末行题年款，并在年款中的"十"字上面镌一方印，阴文篆书"宛平县政府印"。余三面为牺牲烈士姓名及出生地点，共记载了98村472位烈士。

该纪念碑原址在门头沟区斋堂中学内，1998年迁至斋堂镇九龙头烈士陵园内。1995年被北京市政府公布为北京市第五批文物保护单位。

按：1998年在迁移该纪念碑过程中，发现该纪念碑的四通碑刻均系利用古碑重刻，其所用四块古碑为：

1. 纪念碑南侧碑利用巡政厅告示碑碑阳改制。该碑汉白玉质，圆首，额双钩题"万古流芳"。碑通高192厘米，宽80厘米，厚17厘米。在纪念碑正文的右侧边缘，可见到原告示碑残存的一行文字"特授顺天府宛平县齐家分司巡政厅加三级纪录三次蔡"。巡政厅告示碑碑阴保存完好，为捐资人芳名。巡政厅告示碑两面均未见年款，但从碑阳残存的官职来推断，当是清代所刻。

2. 纪念碑西侧碑利用关帝庙碑碑阳改制。碑石灰石质，圆首雕云纹，额篆"重修关帝庙记"。碑通高150厘米，宽70厘米，厚10厘米。关帝庙碑阴为捐资人芳名，捐资人中有一部分是明代守卫斋堂川的将领。此碑碑阳改刻纪念碑，碑阴无年款。但碑文中有"前任守备白安邦施城壕白地一段永为香火之地"的记载，结合斋堂城义冢碑"钦依沿河守备驻扎斋堂城都指挥恒阳白安邦立，万历三十八年（1610）岁次寅戌仲春吉旦"，可知，此碑当镌于明万历年间。

3. 纪念碑北侧碑通高183厘米，宽68厘米，厚11厘米，也系利用旧碑改制，情况不详。

4. 纪念碑东侧碑利用"齐家司王老爷（王鸣皋）功德碑"碑阴改制。碑石灰石质，通高182厘米，宽66厘米，厚19厘米。碑圆首。此碑碑阳保存完整。斋堂中学在明清时期是官衙所在地，该碑原来就应立在此地。功德碑未落年款，碑文题作"戊午（1858）科举人王金度撰"。（王金度生卒年代不详，为《齐家司志略》的作者。《齐家司志略》成书约在清光绪七或八年，记载斋堂川的历史、名胜、关隘、物产、风俗等。）因此立碑年代应在清咸丰八年（1858）以后。

录文：

额题一：豪气长存

额题二：英名万古

宛平县人民八年抗战为国牺牲烈士纪念碑」

中华民国二十六年，日本帝口（按：该碑中"口"为国字的简体字。）法西斯主义企图野心灭亡中口。七月七日芦沟桥畔的炮声激起全中华民族的英勇抗战。中口」当局稍事抵抗即撤军南下。华北大好山河陷于敌人铁蹄之下，广大群众入于深水热火。幸中口共产党、八路军经万里长征，深入敌」后，北上抗日，创立敌后抗日根据地。一支雄师到达宛平，组织广大群众成立各种抗日救口团体，建立地方民主政府，组织抗日救口」农民武装，领导宛平人民开展对敌游击战争，创立了宛平抗日根据地。斯时也，我宛平人得重见天日。为保卫祖口、家乡、父母、妻子、」田园，成千百优秀革命份子纷纷参加党政军民各个机关团体部队，一齐走上抗日民族解放的战场。」

我宛平党政军民在八年抗日战争中，贡献了莫大的力量，粉碎了日寇无数的进攻、扫荡、蚕食、清剿，反复的袭击敌人、消灭敌人，」保卫了宛平，使宛平根据地日益扩大与巩固。尤其是脱离家乡的战士、英雄们、优秀革命工作者们，他们为了保卫祖口、家乡，曾牺牲了无数头颅，流了无数鲜红热血，卒以战胜日寇，驱逐日本帝国主义出中口，取得抗日战争的最后胜利。」

斋堂镇九龙头烈士陵园

宛平县人民八年抗战为国牺牲烈士纪念碑（正面）

今天，抗日战争的最后胜利，解放区人民的彻底解放与享受民主自由的饱暖生活，是由于中□共产党的英明领导、解放区广大人民的对敌斗争、无数为□牺牲革命烈士的头颅和鲜血而得来而换来的。没有中□共产党的英明领导，没有解放区广大人」民的对敌斗争，没有革命牺牲烈士的头颅和鲜血，则无有中□，则不能打败日本帝□主义，取得抗日战争的最后胜利。我宛平人民」为庆祝抗战胜利，为纪念为□牺牲烈士，特建此碑，以表扬烈士们英勇杀敌、贫贱不移、威武不屈、保卫祖□、保卫家乡的伟大功绩，歌」颂英雄们民族气节与英勇事迹，永垂后世，以兹纪念。诸先烈为了人民解放事叶壮烈殉国是无上光荣，先烈的英名团结着宛平人民的」心，号召和鼓舞着人民的革命热情与斗争意志。我宛平干部及全人民誓将继承先烈遗志，踏着你们的血迹前进，为完成和平民主」事叶而继续奋斗到底，以慰诸先烈之英灵，而安光荣烈属之衷心。每值七七，奉行纪念、追悼，永垂不朽，是为至祷。」

先烈精神不死！宛平县政府县长传万睦暨全县人民公立。民政科长王海如撰稿。」

中华民国三十五年七月七日谷旦。」

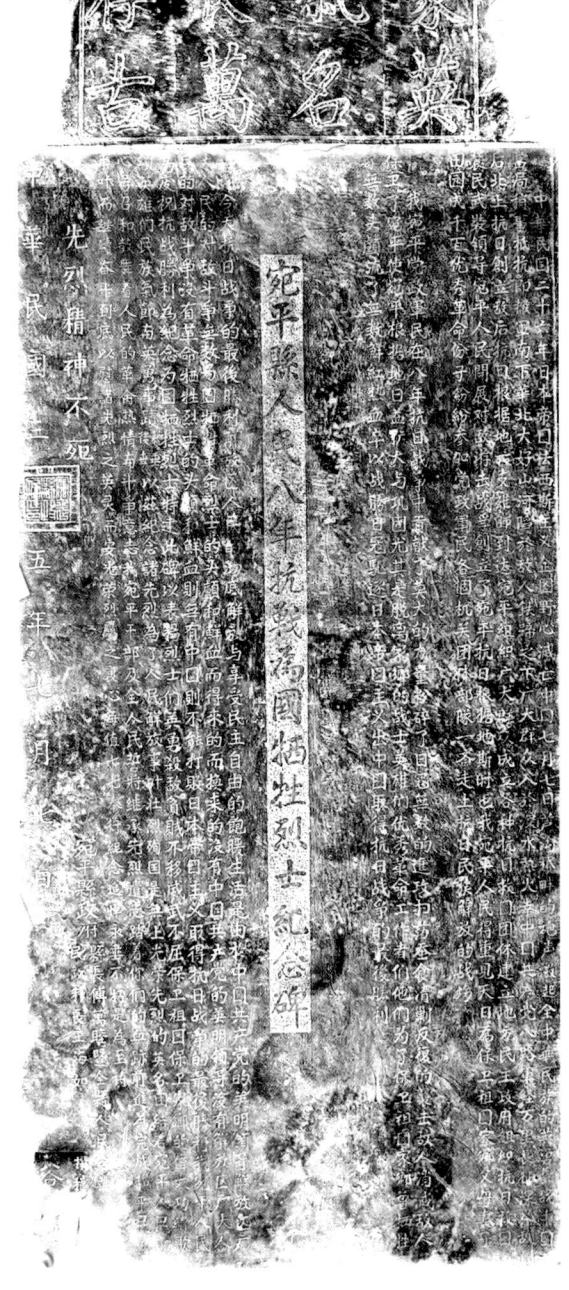

宛平县人民八年抗战为国牺牲烈士纪念碑正面拓片

宛平县人民八年抗战为国牺牲烈士纪念碑题名碑

吴佩孚墓志

民国三十五年（1946）十二月十六日葬

首题：中华民国国民政府追赠陆军上将孚威上将军蓬莱吴公墓志铭

陈廷杰撰文、书丹并篆盖

志文拓高 75 厘米，宽 74 厘米；志盖高、宽均 60 厘米。

墓志出土于海淀区玉泉山西约一公里吴佩孚墓地。

按：志石已佚。墓冢为圆形宝顶，高约六米，直径约五米，外部建筑保存尚好。

录文：

盖篆：蓬莱吴」上将军」墓志铭」

中华民国国民政府追赠陆军上将孚威上将军蓬莱吴公墓志铭」

前四川巡按使巴县陈廷杰撰文书丹并篆盖」

蓬莱隶禹贡青州，襟带山海，名将辈出。明世宗朝，日本娄寇闽浙，戚继光飙发电举，」经数十载，所向皆靡，戚家军冢为天下所伛偻。历三百余年，复有孚威上将军吴公。」公家海频，弱冠亲见甲午燔师，誓雪国耻。曾填词寄意，如岳汤阴所为，世亦以再生」元敬目之。时无张居正、谭纶如助继光者助公，齎志不偿，终且为敌所算。呜呼！可悲」也已！公以诸生即戎，先后毕业开平武备学堂、保定测绘学堂、天津讲武堂，由偏裨」浮跻将帅，任直鲁豫巡阅副使、两湖巡阅使、直鲁豫巡阅使，授勋一位陆军上将孚」威上将军。民国九年，班师衡阳，通电请息内争，公之名即震闻全国。未几，护宪护法」诸役，躬秉雄戟，无坚不摧，群秽扫除，一本民意，中外人士啧啧偁叹。时于洛阳弘开」幕府，礼致宾僚，诸州牧伯，并辐凑以至。公顾廉深简洁，屏绝苞苴，至家不审簿书，未」尝一问有无，费不偿余，清风穆穆。平生奉关、岳为范，膜拜馨香，方圜不易。以不贷外」资、不假借外力、不侪身租借地为自守信则，造次蹎沛，罔辞或渝。某时饷糈告竭，商」民请效输助，不许。某领事请以某款勺注，不受。递欧战初罢，或议，政府曩负法责，改」偿金佛郎，立可大事沾丐。公更痛斥其非，请政府以法严绳。其间收回青岛，赎胶济」铁路，主张国权，余无所与。十六年，释兵游蜀，繇白帝城而大竹、达县，艰危之状日集」于目。公惟致力濂洛关闽之学，暇则递情书画，襟度冲穆，块然廓然。东北沦没，闻讯」急起，半载长征，驶西北数千里而达北平。方略虽具，极形枘凿。时皆畏敌如虎，闻公」之论，哆口挢舌，不能置辞。公知势不可为，即韬掩榱庐，重理编籍。卢沟告变，平城顿」据于日，益削迹不出户庭。虽频来迫胁，以死拒之。会有微疴，遽中敌策。彼苍歼良，朝」野同矜。其经过已具廷杰所著《吴上将军殉国记》。殉国之际，吾与敌尚驰逐疆场，」政府乃特令褒扬，追赠陆军上将。序令推迁，倏逾七稔。公之朋好部属为卜吉壤平」郊玉泉山麓丰户营邨，将于中华民国三十五年十二月十六日作友谊公葬。呜呼！」取谊舍身，于斯已矣！公讳佩孚，字子

361

玉，山东蓬莱吴氏。中华民国二十八年十二月」四日，以不受日本伪职，被害北平。中外人士咸知其事，罔不痛愤。顾以寇焰犹炽，亦」莫能为正谊主持也。春秋六十有六。曾王父恂伊，王父陛宰，父若天；曾王母氏李，王」母氏陶，母氏周。兄观孚、弟文孚，均先卒。配宋夫人，继配李夫人，继配张夫人。以文孚」子道时为嗣。孙运乾、运坤。廷杰于公生死患难之交，谨揭其意，为铭陷幽。铭曰：」

岛夷之肉羴不洁，头为饮器饮其血。英风壮怀诚凄绝，解县汤阴共馨烈。斯恨长埋」玉泉咽，遥望泰山兮永岿巇。」

吴佩孚墓

航空创办人陆军中将秦公国镛墓碑

民国三十六年（1947）五月

拓高 87 厘米，宽 49 厘米。碑文正书。

碑原址不详，现存海淀区大慧寺。

录文：

中华民国三十六年五月日」

航空创办人陆军中将秦公国镛之墓。」

妻王嬔、戴蜀云敬立。」

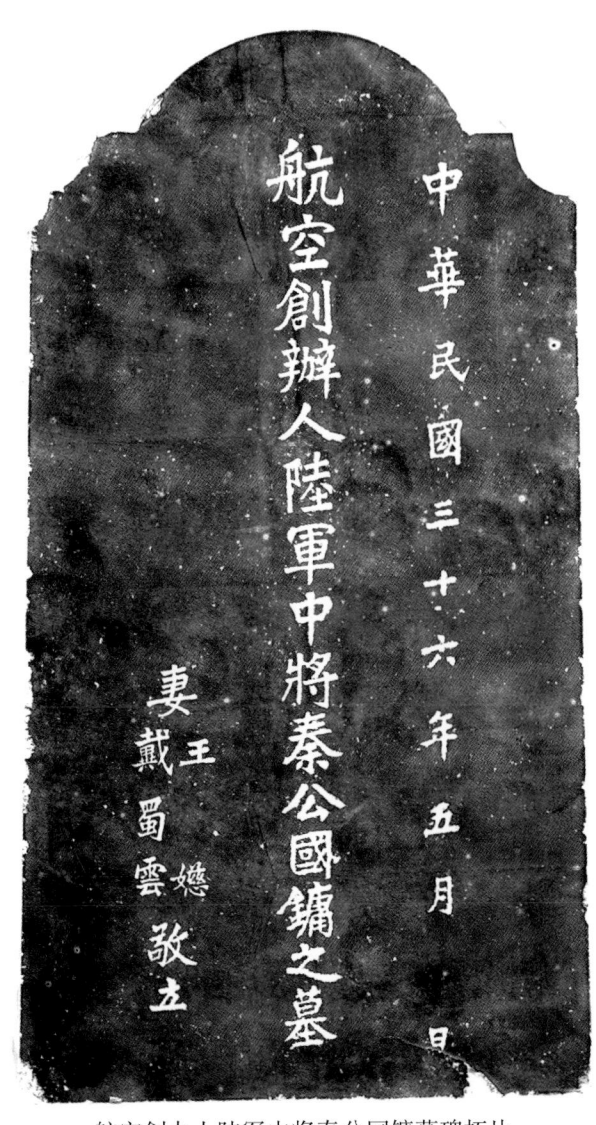

航空创办人陆军中将秦公国镛墓碑拓片

高步瀛墓碑

民国三十六年（1947）五月二十六日后

武陵余嘉锡撰

沈兼士书并篆额

拓高106厘米，宽52厘米。额文篆书，碑文正书。

碑在石景山区福田公墓。

录文：

显考高府君阆仙、妣边氏夫人之墓

（碑阴）

额篆：高阆丨仙先丨生墓丨碑铭丨

高阆仙先生墓碑铭丨

武陵余嘉锡撰，吴兴沈兼士书并篆额丨

河北霸县有真儒，曰高先生，修身励行，以古圣贤自期，用经术文章教授诸丨生，弟子著籍者数千人，撰述至数百卷，蔚然为当代大师。会倭奴入寇，境地日丨削，先生悲愤感激，饥寒困顿，遂郁郁以死。死五年而倭降，国家复兴，先生丨已不及见矣。悲夫！先生讳步瀛，字阆仙。祖庭蕙，清户部主事。父德沛，早卒。丨先生受学桐城吴汝纶，尽得其传，举光绪甲午科乡试，补学部主事。民国肇建，丨为教育部佥事、社会教育司司长。居无何，弃去，任北平师范大学教授，旋讲学辽宁萃升书院。二十年，倭寇入辽，遂归，仍教于师范。为人廉谨，一介不取。保定丨莲池书院强聘为师，辞之不可，率以十四日一往讲授，穷两日乃归，而却其脩丨脯。事母至孝，年五十，犹为孺子慕。好面斥人过，怒则须髯戟张。倭陷北平，遂称丨疾，杜门不出。人或强见之，稍陈说利害，则大怒，叱之去。久之，大困。二十八年，始丨出任私立辅仁大学教授。先生昔尝教于中国大学，至是，其校贫乏，不能延丨师。先生悯焉，愿兼教之，不受一钱，虽有疾，犹自力以往。明年十一月十日，自丨中国大学讲归，忽觉不支。明日，疾大剧，遂卒，年六十有八。所著书二十余种，以丨《文选李注义疏》用力最深。娶边氏，先数年卒。妾王氏，均无子。有女三人，皆毕业丨大学。长淑芳，归姚某。次立芳，今为国立艺术专科学校教授，边夫人出。次芷芳，丨王氏出。三十六年五月二十六日，师范大学诸师弟子将葬先生于公墓，立丨芳来征铭。余辱与先生交有年，其可以辞？铭曰：丨

天之与人异好恶，学通天人犹不遇。先生虽穷士疏附，千乘会葬视封树。年丨年下马来扫墓，历千万岁永无虑。丨

中兴通教寺碑

民国三十七年（1948）二月观音大士圣诞日

额篆：弘法无疆（阳） 因果不昧（阴）

首题：中兴通教寺碑记

住持胜雨立

碑方首方座，首浮雕二龙戏珠。碑首身高196厘米，宽73厘米，厚26厘米；座高46厘米，宽90厘米，厚60厘米。额文篆书。碑文隶书。

碑在东城区针线胡同通教寺内。

录文：

额篆：弘法」无疆」

中兴通教寺碑记」

尝闻经藏云：道场有三：一说道之场，乃弘扬佛法者之住处；二行道之场，系如」法修行者之住处；三证道之场，是明心见性者之住处。故古今凡修道人所住」寺院，皆曰道场。本寺创建于明，重兴于清。及至清末民初，殿宇倾圮，佛像毁坏，」更不堪言。久绝修道之人，可谓不堪设想之场。经我师」开公老人不惮辛苦，于民国三十一年进寺，化费净财，迁移住户，改造大殿，兴」建念佛堂、讲堂、方丈、斋堂、大寮等处。复设立八敬学苑，培育僧才，继而悬挂钟」板。并呈文备案，永作十方常住。以持戒、念佛为宗，学教习观为助。婆心切切，无」微不至，希后来贤者体老人弘法利生之本怀、重兴此寺之艰辛，务必发菩提」心，难行能行，

中兴通教寺碑碑阳

中兴通教寺碑碑阴

中兴通教寺碑碑阴局部

遵守戒规，如法行道，严护常住如己眼珠，如是因果分明，行持有」法则，不昧道场二字，亦不负老人重兴之苦心。二利功德，终必成佛，善自思之，」勉而行之。谨将规模大概，勒之于碑，永作纪念，以告来学，而使遵守。」

中华民国三十七年二月观音大士圣诞日，住持胜雨立。」

（碑阴）

额篆：因果」不昧」

略列规约数则：」

一、住持不论台、贤、济、洞，但以戒行精严、深信净土法门为准。只传贤，不传法，以」杜法眷私属之弊。」

一、专以念佛，亦摄三学。除打念佛七外，概不应酬经忏佛事。」

一、无论何人，如收剃度弟子，须大众公开，虽同意，亦不许挂本寺号。」

一、无论年纪老少，不遵戒律者，概不留单。」

（碑侧）

比丘如慧法师代摹。」

赵子善居士喜舍。」

 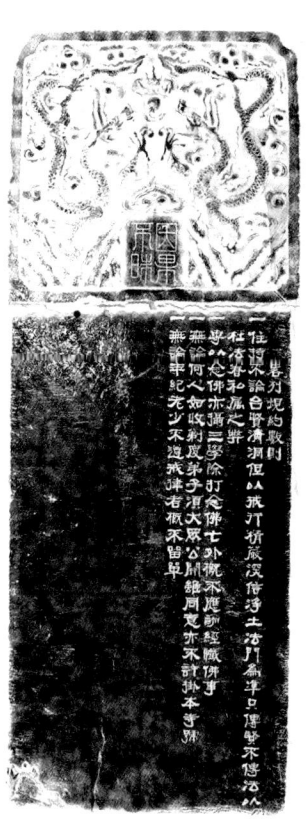 

中兴通教寺碑碑阳拓片　　中兴通教寺碑碑阴拓片　　中兴通教寺碑碑侧拓片

雷孙秀英静宜女士墓碑

民国三十七年（1948）五月十二日卒

此为方尖碑，四面刻字。石高75厘米，宽35厘米。碑正面上方横题大字"千古同慨"，下方居中竖题大字"雷孙秀英静宜女士之墓"，两侧为雷崇义撰写的挽联。碑阴为雷崇义书写两段诗句。碑两侧为雷孙秀英写给雷崇义的情书。四面文字均正书。

碑原址在西城区六铺炕公园内工地，1998年11月19日征集，现藏北京石刻艺术博物馆。

录文：

千古同慨」

雷孙秀英静宜女士之墓」

识一八龄，钦佩妳志向坚强，勇气超众。三四年友谊」弥切，情笃意诚，彼此携手并肩，如兄如弟如胶漆，心」性相符，恩爱缔佳偶，百岁齐眉终就议。」

婚将半载，羡慕君操持勤俭，贤淑愈人，数月间劳瘁」心神，苦耗精血，突然弃我长辞，越思越想越伤悲，肝」肠寸裂，幽冥成永诀，两行清泪暗中流。」

雷崇义挽于一九四八·五·一二终时。」

（碑阴）

春蚕到死丝方尽，蜡炬成灰泪始干。」天长地久终有时，斯恨绵绵无穷期。」

秀英吾妹。」

雷崇义泪，一九四八·五·一二。」

精神永存！」

（碑左侧）

义！别忘了你的英是在苦恋着你的！」

义！别忘了你的英是永远期待着你的！」

义！我们别姑（按：为"辜"之误）负了我们的道德人格良心，光明终」会属于我们的！」

以上这是她于唐时写在我纪念本上的几句话。」志此纪念。」

（碑右侧）

义！使你难过的事情别再想它了，勇敢的生活，」要勇敢的活下去的，荆棘坎坷的荒园，」正需要我们的爱水来灌溉，望你努力吧！」振作精神鼓起勇气来。」

英题赠唐山。」

这是她于生前在我处写赠与我的，至今永垂于心。」志此以示哀念。」

张西曼教授之墓

民国三十八年（1949）八月

碑阳周恩来书

碑阴田汉撰文

李济深书丹

阳、阴拓均高79厘米，宽46厘米。碑阳行书，碑阴隶书。

碑在万安公墓。

录文：

生于一八九五年六月十五日，」

卒于一九四九年七月十日。」

张西曼教授之墓。」

一九四九年八月 张魏希昭率女小曼敬立。」

周恩来敬题于北平。」

（碑阴）

西曼，长沙人，生于一八九五年，适当甲午战后。西曼英年忧国，就学海参威，」即已投身革命。尝在中俄边境募反满骑兵。俄国十月革命影响西曼至深。一九」一九年"五四"，与李大钊等创社会主义研究会，竭力介绍苏联文物制度。孙中山」先生的联俄联共等三大政策，西曼实为建议者之一。及蒋介石背叛革命，西曼耻与与合作，敝屣权位，专力教育著述，当时革命青年多得其救护。抗战军兴，汪精」卫叛迹日著，西曼在武汉公开声讨，请诛逆贼，闻者服其胆识。蒋介石名为抗日，」阴实反共，终于发动反革命内战。西曼在反动凶焰下，口诛笔伐，不忧不惧，先后」主持中俄大学、武昌中山大学法学院、中苏文化协会、《民主与科学》杂志、民主宪」政促进会，尽力民主事业。一九四八年冬，西曼由金陵挈妇携离，冒风雪险阻，渡」江而北，入解放区，目击新中国艰难创业规模，不胜其欢慰感动。复毅然参加民」主东北参观团，遍历关外山河，访问努力生产支持解放前线的工农大众。正期」不断再学习，尽展其平生抱负，为人民服务，贡献于新中国之光辉诞生，乃归平」之后，忽因肺癌不治，赍志以殁。知与不知，无不为西曼叹息。西曼病床赋诗云："卅年」革命为人民，绝未投机背此心。"因为之铭曰：」

权位不动，威武不屈。反帝反封建，四十年如一日。」

风雪万里，追自由之光芒。埋骨于此，山岳皆香。」

田汉作。李济深书。」